문화다양성연구총서 05

문화다양성과 문화 다시 생각하기

이 저서는 2022년 대한민국 교육부와 한국연구재단의 지원을 받아 수행된 연구임(NRF-2022S1A5C2A04093121)

문화다양성연구총서 05

문화다양성과 문화 다시 생각하기

중앙대학교 다문화콘텐츠연구소 기획

김선규·임밝네·강진구·손혜숙·석창훈·구본규·차민영·이행선 지음

경진
출판

문화에 관한 끝없는 질문

우리를 둘러싼 모든 것이 문화라고 말을 하면서도, 문화가 무엇이냐 물으면 대답하기 어렵다. 그것은 분명히 손에 잡힐 듯 보이지만, 다가가면 사라지는 사막의 신기루와 같다. 문화를 분석하는 관점 또한 다양하다. 문화야말로 소쉬르의 말대로 대상이 관점을 만드는 것이 아니라, 관점이 대상을 규정한다. 각 분야는 나름의 방식으로 문화를 분절한다. '문화'라는 단어는, 연구 대상이 아니라 그저 미디어 혹은 주변에서 그저 흘려들었을 때, 아주 달콤하다. 영화, 음악, 뮤지컬, 춤, 모든 것이 문화의 범주 안에 있다. 저런 '콘텐츠'를 보고, 듣고, 즐기는 것은 문화를 '향유'하는 일이 된다. 하지만 문화는 그렇게 포근한 단어가 아니다.

문화는 차별을 위한 단어이다. 문화라는 말을 알고부터 우리는 타자를 받아들여야 한다. 문화는 정체성이 된다. 젊은이의 문화가 있고, 장년층의 문화가 있다. 서양 문화가 있고, 동양 문화가 있다. 지역 문화 역시 제각각이다. 한 주체에게는 이러한 다양한 문화들이 겹친다. 정체성을 형성하는 데 관여하는 이 문화들은 한 인간이 직접 선택하기 힘들다. 이 문화들은 자명한 것처럼 사람들에게 다가온다. 이 정체성은 다른 정체성과 만나면 겉으로 드러난다. 에드워드 사이드는 문화를 일종의 극장으로 규정한다. 앞서 말한 것처럼, 문화란 예술 활동을 대변하는 평화롭고, 안정된 말이 아니다. "문화는 대의명분들을 백주에 드러내 놓고 싸우는 전장이 될 수도 있다. 예컨대 타국의 고전보다는 자국의 고전을 먼저 읽도록 가르침을 받은 미국과 프랑스와 인도의 학생들이 거의 무비판적으로 자기 나라와 자기 전통을 받아들이고 거기에 충성스럽게 속해 있는 반면, 타국의 문화나 전통은 격하시키거나 대항해 싸우는 싸움터가 될 수도 있다는 것이다."(사이드, 1995: 24)

'문화'라는 말에는 다양한 수식어가 붙는다. '다'문화가 대표적이다. 다문화는 모두 알고 있는 것처럼, 공생, 샐러드 볼, 모자이크와 용광로, 이 모든 용어는 서로 다른 문화가 잘 어울려 살기를 바라는 희망을 담고 있다. 하지만 그러지 못해서 만들어진 것이기도 하다. 때로는 선민의식이 보이기도 하고, 때로는 자문화 중심주의가 읽히기도 한다. 그런데 이러한 용어라도 만들어지기까지 수많은 희생이 있었으며, 우리는 차별과 배제의 역사에서 아직 자유롭지 않다. 실제 생활에서 차별 경험은 미디어를 통해 차이의 이미지가 된다. 더 이상 실재나 진정성보다 이미지가 중시되는 현대 사회에서 차별과 배제의 정도는 항상 수치화되어 국가별로 지역별로 비교된다.

계속 이어진 산업혁명으로 교통이 발달하면서 국가 간의 이동이 자유로워졌다. 제국주의의 유산은 인구 구성을 복잡하게 만들었고,

고도로 산업화한 사회에서 출산율 저하와 노동력 부족이 인구이동을 가속화했다. 저소득 국가의 노동자들은 정체성으로서의 문화를 인정받지 못했을 뿐만 아니라, 그 문화가 열등한 것으로 취급받기 일쑤였다. 그런데 이제 이 이주 노동자들이 국적을 획득하면서 이민 2세대의 문제가 발생한다. 예를 들어, 박단(2005)은 프랑스가 겪고 있는 무슬림 문제를 '문화전쟁'이라는 시각에서 본다. 프랑스는 2차 세계대전 이후, 북아프리카 이민을 대거 받아들인다. 문제는 이 이민들이 이슬람 종교를 정체성으로 삼고 있었기 때문에, 프랑스에서도 종교적 정체성과 독특한 문화를 인정받기를 원했다. 이러한 전쟁은 이민 2세대에도 이어졌으며, 프랑스인이면서도 프랑스인일 수 없었던 무슬림 젊은이들은 폭력과 일탈을 일삼게 된다. 프랑스는 동화정책을 통해 지속적으로 프랑스 문화와 사회질서에 편입할 수 있도록 노력하고 있지만, 앞서 언급한 것처럼, 이들의 갈등은 '문화전쟁'으로 번졌다. 이것이 문화라는 용어가 가진 폭력성이다. 제국주의의 폐해와 그 유산으로 이어받은 지금의 갈등은 차치하더라도, 곳곳에서 종교, 인종, 젠더로 벌어지는 갈등은 너무나 시급한 우리의 현실이면서 매번 원인이나 양상을 달리한다. 빠르게 급변하는 문화 갈등 양상으로 인해, 문화 연구의 대상은 확대되고 복잡해지고 있다. 물론, 이와 관련된 연구는 다양한 관점에서 폭넓게 진행되고 있다.

이번에 출간하는 이 책 역시 이러한 문화에 대한 다양한 시선들을 담고 있다. 참여해주신 연구자분들은 각 분야에서 우리가 현실 속에서 경험하는 '문화'를 비판적으로 담아내고 계시다. 이 책은 총 3부로 기획되었다. 1부는 '문화다양성 시대의 철학', 2부는 '다문화의 현실과 문화다양성', 3부는 '디아스포라와 문화다양성'이라는 주제로 구성되었다.

김선규 교수의 「상호문화 철학과 문화다양성: 공약 가능성과 공약 불가능성 논의를 중심으로」는 '상호문화 철학'을 바탕으로 문화 간 대화의 시도라는 철학적 사유를 담고 있다. 이 글은 기존의 인정, 포용 등의 추상적 사고에 진일보한 새로운 시각을 보여줄 수 있을 것이다. 임밝네 교수의 「한국의 '혼혈문제': '거절'에서 '가치 부여'로」는 '혼혈'이라는 사안이 '다문화정책'이라는 국가의 개입을 요하는 사회문제가 되어가는 과정을 담고 있다. 이 글은 일제강점기부터 최근까지 혼혈 양상의 변화를 밀도 있게 추적하고, 국가가 규정하는 '혼혈'의 지위와 대우에 대해 꼼꼼히 설명하고 있다. 강진구 교수의 「팬데믹과 혐오: 베트남 관련 기사의 댓글을 중심으로」는 이 논문은 우선 팬데믹과 초연결 사회의 모순되는 양상이 정보 전달에 끼치는 영향을 주목하고 있다. 특히 초연결 시대에, 초연결을 방해하는 팬데믹 상황이 갈등을 조장하고 나아가 혐오로까지 발전되는 과정을 뉴스의 댓글을 통해 현실감 있게 조명하고 있다. 손혜숙 교수의 「혼종적 주체와 정체성: 소설에 재현된 다문화가정 2세의 정체성 양상」은 한국소설에 나타난 다문화가정 2세의 재현양상을 분석하고 있다. 이 글은 소설에서 기술하는 아이들의 정체성 형성 양상을 제시한다. 또한 이 이야기들을 통해, 우리가 다문화 사회의 현실을 우리가 자기 반성하게 하는 계기도 마련해줄 수 있다는 점도 의의가 있을 것이다. 석창훈 교수의 「다문화사회에서 종교기념일의 이해와 종교 간 대화 탐색」은 다문화공동체를 위한 한국 종교활동에서 변화를 다루고 있다. 특히 종교 간 대화라는 의미 있는 주제가 가능할 수 있는 원리와 더불어, 종교와 관련된 다문화 문제를 치유할 한 이론적 성찰을 보여주고 있다. 구본규 교수의 「소련에서 의사되기: 의사 출신 영주 귀국 사할린 한인들의 생애사를 통해 본 소련 시기 한인 의사들의 의학교육과 진료경험」은 소련에서 의사가 되고 활동한 한인 의사들의 생애사를 담고 있다. 이 글에는 면담을 통한 생애사가 실렸다. 이 글을 통해 한국과는 다른 의료 맥락을 가진 소련의 사회주의 의료체계의 일면을 볼 수 있으며, 선행 연구와의 비교검토를 통해 인터뷰를 검토하고 신뢰성을 확보했다는 점도 이 글의 가치를 돋보이게 하고 있다. 차민영 교수의 「디아스포라의 양상과 치유: 이창래의 『제스처 인생』」은 소설을 통해 피지배 민족과 인종, 젠더의 타자화를 조명하고 있다. 동화되어야 하는 타자가 겪는 의식의 상흔을 구체적으로 기술하고 있다. 초국가 코스모폴리탄이라는 이상적 지점이 현실에서 갖는 한계 역시 볼 수 있는 점에서도 주목할 글이다. 이행선 교수의 「스테프 차의 서사전략과 인종 갈등, '애도와 화해의 불/가능성': 두순자 사건(1991)과 사이구(LA 폭동), 『너의 집이 대가를 치를 것이다』(2019)」는 스테프 차의 범죄소설 『너의 집이 대가를 치를 것이다』를 다루고 있다. 이 소설에 기술된 '두순자 사건'에서 피해자와 가해자의 관계와 이 관계의 전복, 그리고 이 과정에서 벌어지는 애도와 화해의 문제를 조명한다. 이민 역사와 흑인 문제를 근원적으로 다룬 연구라는 점에서 가치가 높다.

 '문화'라는 평화로운 명사의 접근하기 까다로운 일면은 이 시기를 살아가는 주체들에게 짐이 되고 있다. 이해하고 포용하면 다 해결할 수 있을 것 같은 문화 갈등, 나아가 문화 전쟁은 '다문화'라는 명칭 하에서 지금도 들끓고 있다. 정부의 막대한 재정투자와 사회단체의 활동, 관련 논문과 저서와 같은 연구자들의 노력에도 불구하고 새로운 양상으로 계속 우리 곁에 상존한다. 이 책은 중앙대학교 다문화콘텐츠 연구소의 총서로 기획되었다. 이 총서에서, '우리'는 문화의 다양한 얼굴들을 꼼꼼히 기록하는 데 일조하고자 했다. '우리'가 아닌 다른 '우리'도 이와 같은 작업을 해나갈 것이다. 연대로 언젠가 더 큰 '우리' 가 또 다른 연구 성과를 출간할 날을 생각한다. 이 총서가 언제까지 계속될지 알 수 없다. 역사와 현실의 인식, 미래를 향한 희망으로 이 작업은 계속될 것이다. 이 총서에 처음부터 끝까지 관심을 가져주 신 이산호 중앙대학교 문화콘텐츠기술연구원장님과 참여하여 주신 교수님들의 아낌없는 성원과 노고에 깊이 감사드린다. 출간의 모든 걸음에 넉넉한 품으로 도와주신 경진출판 양정섭 사장께 고마움을 전하고 싶다. 연구의 한 페이지를 넘기는 감정도 남다르다. 문화 연구 에 참여하고 있는 모든 연구자께 소중한 성과가 되길 기대해본다.

중앙대학교
문화콘텐츠기술연구원 다문화콘텐츠연구소

차례

책머리에: 문화에 관한 끝없는 질문 _____ 4

제1부 문화다양성 시대의 철학

제2부 다문화의 현실과 문화다양성

제3부 디아스포라와 문화다양성

제1부 문화다양성 시대의 철학

상호문화 철학과 문화다양성

: 공약 가능성과 공약 불가능성 논의를 중심으로

김선규

1. 문화 갈등과 소통의 필요성

2019년 말에 발생한 코로나 펜데믹(COVID-19)은 전 세계가 과거와
는 비교할 수 없을 정도로 긴밀하게 연결되어 있다는 것을 여실히
보여주었다. 또한, 상상 속에서 존재하던 것으로 여겨지던 '나비효과'
를 러시아—우크라이나 전쟁을 통해서도 깊이 체감되었다. 이제 지구
내에서 단지 '그들만의 문제'로 여겨지는 문제는 점점 줄어들고 있다.
이러한 변화는 가속화되고 있는 세계화의 추세에 따라 더욱 두드러지
게 될 것이며, 그만큼 세계는 압축되고 있다. 그런데 외적으로 드러난
신속하면서도 대규모의 상호교류에 비해서 문화 간의 내적인 소통은

잘 이루어지지 못한다. 과학기술의 발달로 인해 서로 다른 문화를 가진 사람들 간의 만남이 증대하면서 문화의 갈등은 오히려 커지고 있다. 안타깝게도 우리의 내적 의식의 변화는 외적인 세계의 변화 속도를 따르지 못한다. 결국, 세계화 속에서 문화적 타자들 간에 발생하는 문제는 더욱 확대될 수밖에 없다.

사고와 행동방식이 다른 사람과 함께 한다는 것이 분명 그리 즐거운 경험은 아니다. 내게 부담을 주는 '타자의 존재는 지옥'이라는 Sartre의 말은 이러한 불편함에 대한 널리 알려진 표현이다. 더구나 다름의 정도가 인간의 삶 전체를 포괄하는 문화로 확대될 경우 불편함을 넘어 대립과 충돌로 이어진다. 그러나 문화적 '우리'만으로 이루어진 세상에서 살 수 없으며, 우리 사이에서도 차이로 인한 갈등은 끊이지를 않는다는 점을 고려하면, 그러한 세상은 존재하지 않는다. 결국, 문화적 타자와의 공존은 당위적으로 요청될 뿐만 아니라, 사실적으로도 불가피하다. 이제 문화 간 소통과 대화는 더욱 필요해지고 있다.

이러한 상황을 반영하여 20세기 말부터 상호문화성, 상호문화 철학에 대한 논의가 독일어권에서 시작되었다.[1] 상호문화 철학은 더욱 증가하게 될 문화의 교류에 발맞추어 문화 간 대화를 적극적으로 시도하는 철학적 사유 실험이다. 대화를 위해서는 문화의 다양성에 대한 인정이 선행되어야 한다는 점에서 상호문화 철학은 문화다양성과 연

---

[1] 상호문화성(interculturality)은 문화 간 교류의 증대에 따라 확대되는 충돌과 갈등을 줄이고, 공생을 모색하는 새로운 사고방식 내지는 태도를 의미한다. 이러한 사고방식은 단지 철학만이 아니라, 상호문화 정치학, 상호문화 경영학, 상호문화 신학, 상호문화 언어학, 상호문화 문학, 상호문화 법학 등 다양한 분과학문에서 논의되는 담론이다(정창호, 2017: 65~66).

관되어 있다.

이 글은 상호문화 철학을 주도하는 인물인 Mall과 Cesana의 논의를 중심으로 상호문화 철학에서 지향하는 바와 그 의의를 살펴보고자 한다. 다만 상호문화 철학은 이들이 스스로 밝히고 있듯이 아직 태동기에 있기에 이론적으로 정립된 것이 아니며, 관련 연구가 세밀하게 진행된 것도 아니다. 따라서 상호문화 철학을 살펴보는 이 글도 완성된 이론에 대한 탐구라기보다는 사고의 유연성과 폭을 확대하는 사고실험의 성격이 짙음을 미리 밝힌다.

2. 세계화와 문화의 문제들

'지구촌' 개념이 IT, 통신 기술 등의 발전으로 인해, 시공간의 물리적 제약이 극복되었음을 의미한다면, '세계화'는 지구촌에서 어떻게 우리가 살아야 하는지, 지역적인 한계를 넘어서야만 한다는 당위를 내포하고 있다. 그런데 세계화는 기술, 문화, 교육, 경제, 정치 등 많은 분야에서 언급되고 있으나, 그 개념이 실제로 무엇을 의미하는지 분명하지 않다. 이는 개념의 외연이 너무 넓다 보니 개념적 모호성이 불가피하게 발생하기 때문이다. Beck에 따르면, 세계화(Globalisierung)는 현재 광고의 캠페인처럼 불분명한 의미로 활용되고 있다(Beck, 2000: 46). 비슷한 관점에서 Tomlinson은 세계화 개념이 모호한 이유를 세계화가 인간의 삶에서 필수 불가결한 정치, 경제, 사회, 상호관계, 기술, 환경, 문화 등 각각 분리해서 논의했던 것들을을 혼합해 버렸기 때문이라고 분석한다(Tomlinson, 2004: 27). 그럼에도 세계화가 드러낸 분명한 성격을 그는 "복합 연계성(complex connectivity)"으로 규정한다. 그에 따르면, 복합 연계성은 "근대의 사회적 삶을 특징짓는 상호연계 및 상호의존의 망이 급속히 발전하면서 전개되고, 그 밀도는 전례 없이 더욱 높아지는 것"(Tomlinson, 2004: 12)이다. 이는 인력, 자본, 자원, 지식 등의 국지성이 사라지고 초국가적 네트워크가 형성되었음을 의미한다.

그러나 외적으로 드러난 세계화의 과정은 주로 문명의 영역에서만 진행되고 있다. 세계화 속에서 문화 간의 갈등과 대립은 오히려 증대하고 있다. Gray에 의하면, 세계화의 근본 조건은 차이와 다름이다. 일반적으로 세계화는 동질성을 추구하는 것으로 여겨지지만, 자본과 재화가 국경을 넘어 전 지구적 시장으로 확대되는 이유를 지방, 국가, 지역 간의 차이 때문에 발생한다고 그는 주장한다(Gray, 1999: 92). 그리고 이러한 차이와 다름으로부터 야기되는 갈등은 기술의 발달로 인해 과거와는 비교되지 않을 정도로 급속도로 확대되고 있다. "외형적으로 진행된 교통의 지구적 단일화로 이어진 그 과정은 오늘날 아주 상이한 가치체계, 믿음의 형태들, 그리고 의미 규정들이 상호 충돌하도록 만들었다"(Cesana, 2010: 271)는 분석은 현재 상황에 대한 정확한 진단이다. 여기서 갈등과 충돌의 원인 중 하나로 여겨지는 것이 문화의 차이다. 문화 간 발생할 수 있는 문제를 이해하고 갈등을 해결하려면 문화에 대한 이해가 선행되어야 한다.[2] 인간이라는 유적 동일성에

---

2) 문화에 대한 논의는 그 자체로 독립된 거대한 주제이기에 구체적으로 다루지는 않으며,

도 불구하고 어떻게 문화의 차이가 공존을 위협하는 갈등을 가져올 수 있을까?

최근 문화의 변화에 주목하고 있는 Van Peursen에 따르면, 전통적인 입장에서 문화는 종교, 예술, 철학, 과학 등의 '고차원적인 인간 정신 활동'의 표현으로 여겼으며, 이러한 문화 개념에 근거해 '문화민족', '원시(미개) 민족' 등의 구분이 가능했다. 그런데 최근에는 각 사람이나 각 민족의 '삶의 표현'을 문화로 보게 되었으며, 이에 따르면, 미개인은 존재하지 않는다. 이는 문화란 단지 정신적인 것이 아니라 일상적인 활동 모두를 포괄하기 때문이다(Van Peursen, 1994: 20~21). 이러한 변화에 대해 그는 간략하게 "예전에는 문화라는 단어를 명사로 이해했지만, 이제는 오히려 동사로 보게 되었다"(Van Peursen, 1994: 21)고 말한다. 그래서 그는 역동성을 강조하여 "문화를 어떤 고정된 상태나 종착점으로 볼 것이 아니라, 하나의 이정표 혹은 과제로 보아야 한다는 것을 함축한다. 문화는 아직 다 하지 못한 이야기이고, 따라서 그것은 계속 이야기되어야 한다"고 강조한다(Van Peursen, 1994: 23). 최근에 문화에 대한 논의가 폭발적으로 증대하는 것은 이러한 변화를 반영하고 있는데 그 중심에는 문화산업이 있다. 산업화된 문화는 기획과 의도에 따라 콘텐츠로 생산되고 마케팅을 통해서 그 외연을 더욱 확장하고 있다.

그러나 자본과 결합한 문화의 산업화가 문화 담론과 문화의 세계화라는 관점에서 중요한 것은 사실이지만, 이러한 측면이 문화의 본질적

이 글과 연관된 부분만 간략하게 일별(一瞥)한다.

인 면은 아니다. 문화산업은 기존에 존재하지 않았던 새로운 영역으로 주목을 받는 것일 뿐, 문화의 핵심은 타자와 나를 구분하게 해주는 정체성과 관련되어 있다.[3] 문화와 정체성의 연결고리를 우리는 사회 고유문화에서 확인할 수 있다. 인간은 사회 속에서만 존재할 수 있기에 사회의 문화는 그의 정체성의 형성에 큰 영향을 끼친다. 결국, 문화적 정체성은 다른 사회와 구별되는 고유한 문화 속에서 형성된다. 즉 "내가 속한 문화가 곧 나의 정체성일 수 있는 것은 내가 그 문화를 나의 몸과 마음으로 느끼고, 그 문화 속에서만 인간으로서의 나의 유일성을 규정할 수 있고, '편안한' 나를 발견할 수 있다."(박이문, 2002: 65) 익숙하지 않은 문화에서 느끼는 어색함은 정체성의 불안과 무관하지 않다.

1) 정체성과 문화 개념의 변화

문화에서 핵심적인 것은 정체성과 연관되어 있음은 의심의 여지가 없다. 그런데 최근 과학기술의 발전에 따라 정체성의 변화가 급격하게 나타나고 있다. Cesana는 문화적 정체성과 연관하여 현대에 나타난 문화 개념의 변화를 '탈중심화'와 '반성적 성격(Reflexivität)'으로 규정한다. 먼저 탈중심화는 문화가, 안정시키는 통일성의 토대로서의 중심

---

3) Smith는 문화를 두 종류로 구분하여, 특정 국가나 민족의 체험을 결여하고 있는 얕은 (shallow) 문화와 특정한 국가나 민족이 갖고 있는 신화, 상징, 역사 등의 체험이 충만한 깊은(deep) 문화를 구분하고 있다. 이에 따르면, 현재 세계화와 함께 유행하고 있는 글로벌문화라고 여겨지는 것들은 뿌리 없는 얕은 문화이다(Smith, 1997: 36~43).

(Mitte als fixierenden Einheitsgrund)을 향한 이전의 근대성을 상실했다. 그 결과 문화의 폐쇄성 내지는 완결성(Geschlossenheit)은 줄어들었다. 그리고 반성적 성격은 문화가 자기 자신에 대한 하나의 개념을 발전시 켰다는 것을 의미한다. 인류의 역사에서 대부분의 시간 동안 인간은 문화 속에서 살면서도 그것을 의식하지 못했다. 그러나 최근 우리는 타자와의 소통이 증대하면서 문화에 대한 자각이 증대하였다. Cesana 에 따르면, 이러한 두 가지 계기는 문화적 다원주의로 연결된다. 이는 서로 다른 문화에 속한 가치 체계들과 종교 형태들이 자신들의 문화적 제약 속에서 인식될 수밖에 없기 때문이다. 그 결과 가치 체계들과 종교 형태들의 문화 침윤성(Kulturelle Einbettung)이 문화가 방향을 제 시하고 있다는 사실을 보여준다. 이에 따라 한 공동체에 '정체성을 제공하는 모든 것'을 포괄하는 것으로서 새로운 문화 개념이 등장하였 다(Cesana, 2010: 277~278). 즉 문화 다원주의 시대에 문화는 인간의 삶에 방향을 제시하며, 가치와 사실에 대한 이해의 토대로서 작용하는 근본적인 것으로 인식되었다. 이러한 점은 1993년 유네스코 사무총장 이 문화를 "경제적, 사회적 그리고 정치적 현실 전체의 이념적 핵 심"(Laszlo, 1993: 10)이라고 정의한 것에서 잘 드러나고 있다.[4)]

1980년대 유네스코에서 내려진 규정에 관하여 Cesana는 "문화적 정체성이 가치 문제와 종교 문제에 있어서 최종적이고 유일하게 권 위 있는 방향 제시의 심급으로 격상"(Cesana, 2010: 279)되었다고 평가

---

4) 이보다 앞선 1982년도 멕시코에서 열린 유네스코 학회의 보고서에 따르면, "문화적 정체 성은 세대를 거쳐 전승된 전통, 역사 그리고 도덕의 옹호이며, 정신적, 윤리적 가치의 옹호"(Cesana, 2010: 279)로 규정한다.

한다.

문화가 현대에 와서 방향 제시의 심급으로 격상되었다는 것은 현재의 문화 개념은 거의 암묵적으로 형이상학 개념을 대체하고 있음을 의미한다. 문화는 모든 실천적 방향설정 그리고 이론적 방향설정이 수행되는 차원들을 위한 이름으로 인식된다. 이런 차원에서 Orth는 문화를 Heidegger의 현존재 분석에서 드러난 '세계' 개념과도 유사하다고 주장한다(Orth, 2010: 116).

Heidegger가 말하는 세계는 주관과 분리되어 존재하는 대상을 의미하지 않는다. 우리가 대상으로 마주하는 세계는 '관계적 맥락'에서 이론적 탐구를 위한 도구적 개념이다(Palmer, 1996: 195). 현존재로서 세계 −내−존재는 세계와 '얽혀 있는 존재(Verschränktsein)'(Bollnow, 1989: 62)이다. 세계는 우리에게 너무나 밀접해서 잘 의식되지 않음에도, 우리는 세계 없이 그 어느 것도 볼 수 없다(Palmer, 1996: 196). Pöggeler는 세계를 "존재자 전체가 보여질 수 있는 방식(Wie)"(Pöggeler, 1994: 59)으로 정의한다. 우리가 있고 그 뒤에 세계이해가 성립하는 것이 아니라, 세계이해가 있어야만 우리의 존재가 비로소 열린다(Heidegger, 1972: 72). 이는 인간의 존재함은 항상 세계적이기 때문이다. 이러한 입장에 따르면, 세계는 하나가 아니라, 문화의 수만큼 많게 된다. 즉 문화가 다른 타자와 함께 하고 있다는 것은 시공간을 함께 점유하고 있으나, 실제로 같은 세계에 거주하는 것이 아니다.

그런데 우리가 세계로서의 문화 또는 문화로서의 세계에 대해서 말할 경우, 불가피하게 우리는 '직관적 사실성'과 그러한 사실성이 갖는 '의미 또는 가치(의미성)'를 포함할 수밖에 없다. 문화의 사실적 특성들과 정신적인 의미성은 공시적이고 통시적으로도 다른 형식들로서 나타난다. 따라서 "문화의 차원은 역동적인 현상으로서, 즉 완전히 다른 강조점을 지니고 출현할 수 있는 현상으로 드러나게 된다"(Orth, 2010: 118). 여기서 서로 다른 강조점은 결국 차이로 이어지고 문화로 인한 갈등을 낳곤 한다.

그런데 문화의 역동성은 문화의 복합성과 미완결성으로 인한 것이다. 그래서 Orth는 문화의 다양성을 단지 객관적인 차이로서 마치 물건을 볼 때처럼 선명한 차이로만 보려고 한다면, 그러한 다양성은 전혀 파악된 것이 아니라고 말한다(Orth, 2010: 120). 비슷한 관점에서 Shusterman은 '순수한' 문화와 정체성을 거부한다. 그에 따르면, 우리의 정체성 속에는 우리가 거의 인지하지 못했던 타자들이 혼재되어 있다. 즉 우리는 문화의 통일성과 자율성을 가정하지만, 자신의 문화적 정체성이 다른 문화의 요소들로 부분적으로나마 구성되는 것을 간과한다. 그래서 우리는 다른 문화들을 자신과는 무관한 타자로 간단히 간주해 버린다(Shusterman, 2012: 304~305).[5] 즉 문화적 자기와 타자를 완벽하게 구분하는 것이 불가능하다는 사실은 동일성의 원리로 환원되지 않는 타자가 항상 존재함을 의미한다. 그래서 Beck은 "문화적인 경험은 획일화와 표준화의 경향에 순응하지 않는다"(Beck, 2000: 173)고 주장한다. 또한 Warnier는 '문화의 세계화'를 잘못된 언어의 사용으로 규정한다. 그에 따르면 영화, 음악, 방송, 언론 매체 등의

---

5) Shusterman은 문화를 비트겐슈타인의 가족유사성과 비슷하게 이해한다. 즉 문화의 이질성과 동일성의 관계는 마치 가족 구성원들의 얼굴이 완전히 동일하지도 동시에 완전히 다르지도 않은 유사함의 관점에서 이해할 수 있는 것과 비슷하다(박이문, 2002: 41).

문화산업의 세계화에 대해서는 말할 수 있으나, 문화산업과 문화를 혼동하는 것은 부분을 전체로 착각하는 오류이다(Warnier, 2000: 151). 동질적인 면이 있다고 하더라도 문화 정체성은 다양할 수밖에 없으며, 근본적으로 문화 정체성은 차이의 영역으로 나타난다. 그리고 이러한 차이는 충돌과 갈등을 야기한다. 이제 우리에게는 평화적인 방법으로 이를 최소화하는 것이 필요하다. 이 글은 그 가능성을 자기 문화 중심주의를 벗어나 타자와 함께 사유하는 것을 추구하는 상호문화 철학에서 찾는다.

3. 상호문화성과 상호문화 철학의 배경

Shusterman에 따르면 문화다양성과 대조되는 용어는 '문화단일론(monoculturalism)'이 아니라 '서구중심주의(Eurocentrism)'(Shusterman, 2012: 283)이다. 그에 따르면, 서구중심주의는 통상적으로 보이는 단순한 자문화 중심주의 이상으로 문화다양성의 걸림돌로 여겨진다. 따라서 문화다양성에 대한 요구는 서구문화가 아닌 다른 문화의 존재와 그 가치에 대한 인정이 우선되어야 한다. 다만 문화다양성에 대한 요구는 자칫 문화들을 소개하는 단순한 전시장으로 머무를 수도 있다. 즉 문화의 다양성에 대한 요구는 문화 간 실제로 벌어졌으며, 앞으로도 계속될 문화 사이의 소통과 상호작용이라는 분명한 사실을 간과할 수도 있다. 상호문화성은 이러한 문제를 넘어서서 문화다양성에서 주장하는 문화에 대한 인정 이상의 적극적인 대화를 추구한다.

상호문화성은 "문화적 다양성을 전제로 함과 동시에 문화와 문화 간의 결합 및 상호작용을 통한 공통의 새로운 문화의 창출"(바인철, 2017: 36)을 지향하고 있다. 따라서 상호문화성은 다양성을 추구할 뿐만 아니라, 공통의 문화를 창출하려는 기획을 담고 있기에 문화적 보편성을 모색한다. 그래서 상호문화성은 "문화적 다양성과 보편성의 중간지대에 존재하는 변증법적인 개념"(박인철, 2017: 36)이다. 그런데 도 통상적으로 상호문화성은 문화다양성 내지는 다문화주의와 유사하게 여겨지곤 한다. 이는 상호문화성에 내재하는 역동적 두 계기 중에서 다양성을 추구하는 것에 강조점을 둔 결과이다. 세계화 가운데 문화보편성이 확대되면서 이에 대한 반발로 등장한 것이 차이에 대한 강조였으며, 이는 상호문화성에서 추구하는 다양성에 부합한다. 또한, 상호문화성이라는 용어 자체가 상호 간의 관계를 강조하는 것, 특히 사이(inter)가 중심이 되면서, 한쪽에 가중치를 두는 것을 거부하는 태도이기에 상호문화성은 다문화, 문화다양성과 부합할 수 있는 것으로 인식된다. 무엇보다도 문화 간 대화를 추구한다는 점에서 문화의 다양성에 대한 인정은 대화의 성립조건이다. 이런 점에서 상호문화성은 자문화 중심주의를 넘어서 문화다양성을 확대하려는 노력과 연결된다. 그러나 상호문화성은 문화 간 대화를 통한 상호 이해 및 의미 재생산을 시도한다는 점에서 대화 가능성을 최소한의 규제적 이념으로 수용한다. 특히 상호문화성은 문화 간 차이를 배타성의 관점에서 보지 않으며, 공존을 위해 타자를 포용하려고 노력한다.[6] 상호문화성

---

6) 서구에서 서구중심주의가 근대 이후로 자연스럽게 받아들여지고 있으나, 서구의 역사는

은 주체와 타자라는 이분법 사고가 아닌 상호 간의 인정에 기반하여 이루어지는 문화적 사이 공간(kulturelle Zwischenposition)을 중요하게 여긴다.

Mall에 따르면 상호문화적 관점은 문화 내적 관점과 다르지 않다. 그 근거로 그는 동일한 문화 내에서도 다양한 인식론적, 윤리적, 정치적 모델들이 존재하는 것을 언급한다. 그에 따르면 상호문화적인 관점은 이러한 모델들의 팔레트를 더욱 다양하게 하며, 모델들 간의 유사성과 차이점을 분명하게 드러내 보여준다. 이런 측면에서 상호문화적 관점은 문화 내적 관점에서 보이는 협소함을 벗어나게 한다(Mall, 2010a: 50~51).

상호문화적 관점은 기존의 서구 중심이라는 제한적인 사유 모델을 벗어나서, 아시아, 아프리카, 라틴아메리카 등의 목소리가 함께 울릴 수 있도록 하는 시도이다. 유럽이 아닌 다른 사유 모델이 유럽에게 말을 건네고 함께 대화에 참여하는 것을 추구한다. Mall에 따르면, 이러한 대화는 크게 4가지 차원으로 이루어질 수 있다. 첫째, 유럽에 의한 유럽의 자기 이해, 둘째, 비유럽적인 문화들과 종교들에 대한 유럽의 이해,7) 셋째, 비서구권이 자기 스스로를 향한 이해, 넷째, 서구

그 스스로 상호문화적인 방식으로 전개되어 왔음을 증명하고 있다. 오랫동안 서구의 사상사에서 기독교는 중심 중의 중심으로서 여겨졌다. 그런데 기독교 철학은 예루살렘의 전통과는 다른 방식으로, 즉 기존에 존재하던 유대교와 그리스철학의 상호문화가 대화하는 방식으로 수립되었다. 동서의 교류를 통한 문화의 확대 및 번영의 사례는 이미 널리 알려진 사실이다.

7) 이에 대한 대표적인 사례는 유럽 내 다양하게 존재하는 제도화된 동양학과 민속학을 들 수 있다.

이외의 문화들이 유럽에 대해서 수행하는 이해가 있다. Mall에 의하면, "기존의 서구 중심의 관점에서 보자면, 다른 관점을 통해서 유럽이 해석될 수 있다는 것은 분명 유럽에 충격을 줄 수 있다"(Mall, 2010a: 51). 동시에 이러한 대화와 해석은 서구 사회가 그동안 서구중심주의에 매몰되어 타문화 이해에 얼마나 소홀했는지를 보여준다. Levinas가 고백하듯이, 서구 사회에서 상호주관적 공간은 대칭적이지 않고 불균형적임은 의심의 여지가 없다(Levinas, 1996: 101). 서구 사회에서 문화적 타자는 동등한 권리를 가진 동반자로서 인정받지 못했고, 이질적인 타자로 간주되었다.

서구 사회가 타자의 이해에 크게 관심을 기울이지 않았다는 것은, 그들이 20세기 중반 이후에 도입한 다문화주의 정책에서도 드러난다. Kymlicka에 따르면, 서구에서 문화다양성과 다문화주의에 대한 논의는 근본적으로 이주민 소수자를 위해서가 아니라, 특정한 목적 하에 그들을 관리하기 위한 것이었다. 제2차 세계대전 이후, 서구에서는 부족한 노동력을 보충하기 위하여 이슬람교 외국인 노동자들을 대거 유입했는데, 그들은 이들을 정착민이 아닌 임시 체류자로 생각했다. 그래서 이들을 관리하기 위한 명분으로 다문화주의 정책이 등장하게 되었다. 이 정책은 이주노동자들이 자신의 언어와 문화를 잊지 않게 도와주려는 것인데, 이는 그들이 다시 본국으로 돌아갈 것이라는 기대에서 나온 것이며, 실제로는 '귀환주의' 정책이다(Kymlicka, 2017: 116~118). 서구에서 문화적 다양성의 추구가 사실상은 귀환을 목적으로 등장했다는 것은 그들의 '문화적 경직성'이 얼마나 심각한지를 보여주었으며, 상호문화 철학의 논의가 더욱 필요함을 드러낸다.

4. 상호문화 철학과 대화 가능성의 이상

Mall은 인간이 자신의 전통과 문화에 의존하고 있다는 Heidegger
의 세계―내―존재 내지는 Gadamer의 영향사 의식에 의해 영향받고
있는 상황에 대한 철학적 이해를 "해석학적 철학"으로 규정한다. 그
리고 해석학적 철학은 현재의 상호문화 철학이 기존과는 다른 방식
으로 유럽과 비유럽이 서로 상호소통하며 해석하는 상황을 반영해야
한다고 주장한다. "실제로 존재하는 해석학적 상황이, 자신의 전통과
자신의 입각점에 의존되어 있음을 통찰해 낼만큼 충분히 개방적인,
해석학적 철학이 필요하다."(Mall, 2010a: 51) 즉 그동안 서구의 비서구
해석은 결국 서구 스스로 세운 보편성의 기준 하에 비서구를 해석해
왔음을, 또 그만큼 상호소통이 없었다는 것에 대한 분명한 자각이
우선 필요하다.

상호문화적 태도를 취하는 해석학은 '이해하고자 하는 의지'와 '이해
받고자 하는 의지'의 양 측면을 똑같은 해석학적 동전의 양면으로
생각하는 원칙적인 상호성에서 출발한다(Mall, 2010a: 109). 그렇기에
상호문화성은 특정한 문화의 보편화에 반대한다. 그럼에도 상호 문화
성은 초―문화적(trans-kulturelle) 심급이라기보다는 철학적, 종교적 정
치적, 교육적 등의 다양한 관점을 가진 하나의 태도를 가리키는 이름
이다(Mall, 2010a: 109~110). 상호문화성은 다양한 관점들을 통찰하고
조망할 수 있도록 함으로써 열린 사회를 지향한다.

Mall에 따르면, 상호문화성은 완전한 공약 가능성(Kommensuralität)
와 근본적인 공약 불가능성(Inkommensurabilität)을 모두 거부한다. 그

는 전적인 공약 가능성을 주장하는 것을 동일성 모델에 경도된 해석학8)으로 여기며, 완전한 공약 불가능성을 주장하는 것을 차이점만을 절대화하는 해석학으로 규정한다. 이러한 해석학들은 문화적 차이에도 불구하고 인간 세계에 존재하는 생물학적, 인간학적, 정치적인 것들, 즉 문화적인 것에 존재하는 겹침(Überlappung)을 반영하지 못하기에 부적합하다. 이와 달리 Mall은 상호문화 철학에 적합한 해석학은 유비의 해석학, 즉 유사성과 차이성을 통해 드러나는 겹침에 주목하는 해석학을 제시한다. 그래서 Mall은 "만약의 삶의 표현들이 전적으로 다르기라도 하다면 해석은 불가능할 것이다. 삶의 표현들 속에 다른 것이 전혀 없기라도 하다면 해석은 불필요할 것이다"(Dilthey, 1973: 225)라는 Dilthey의 주장을 수용한다(Mall, 2010a: 53).

더 나아가 Mall에 따르면, 유비적 해석학은 이해를 추구하는 것에 그치지 않고, 각성과 신념이라는 의미에서의 이해를 고집하지 않고 자신을 포기할 수 있는 것에까지 나아갈 수 있다. 즉 이 해석학은 우리로 하여금 자신의 관점을 포함해서 관점들을 관점들로서 파악하며, 불가결한 개방성과 관용의 자세를 지향한다(Mall, 2010a: 54).

Mall은 상호문화 철학이 어떤 것인지를 설명하기 위하여 상호문화 철학이 아닌 것과 상호문화 철학인 것을 구분한다. 그는 여섯 가지의 태도들을 상호문화 철학이 아니라고 부정적으로 규정하는데, 대표적인 것을 언급하면 다음과 같다(Mall, 2010a: 54~55). 상호문화 철학은

---

8) Mall에 따르면, 동일성 모델을 따르는 해석학은 다른 것, 즉 타자를 이해하려고 함에 있어서 자기이해를 기준으로 이해를 추구하기에 이 가운데 타자는 자기 자신의 반향(Echo)에 불과하다(Mall, 2010a: 52).

유럽적이든 비유럽적이든 간에 특정한 철학적 관습에서부터 유래한 이름이 아니라는 것, 그래서 특정한 근원지를 가질 수 있다는 의미에서 장소에 결부되어 있지만, 장소에 얽매이지 않는다. 또한 철학사에 등장한 여러 전통들을 단순히 병렬적으로 나열하는 절충주의는 아니다. 그리고 다원화된 사회에 궁여지책으로 등장한 정치적 가설도 아니다. 또한 자신에게 부족한 것을 타자에게 발견하고자 하는 방식으로 유럽철학 대 아시아적 지혜를 추구하는 것도 아니다. Mall은 인도의 철학과 종교에 대해 유럽이 가진 선입견을 다음과 같이 비판한다. "유럽 철학자가 인도 철학에게 너무 종교적이라고 비난하고 신학자는 인도 종교를 너무 철학적이라고 여긴다면, (인도 출신인 나에게는) 이상하게 보인다."(Mall, 2010a: 55, 괄호 필자 삽입)9) 그러나 인도만이 아니라, 서구 역시 철학과 신학을 완전히 구분하기는 힘들다. 신의 은총이 아닌 이성의 재발견으로 규정할 수 있는 근대철학의 경우에서도 이는 확연하게 드러난다. Descartes 코기토 이론의 기반은 선한 신의 존재이며, Leibniz의 철학은 최선관(最善觀)과 예정조화라는 신학적 토대 위에 존재하고 있다. 신학부와 논란에 휩싸일 만큼 종교적인 것과는 거리를 두려던 Kant도 윤리학에서 영혼 불멸과 신의 존재를 요청하였다.

---

9) 이러한 유럽의 인도에 대한 평가에는 크게 두 가지의 편견이 담겨 있다. 첫째, 철학은 고대 그리스에서 발생하여 유럽으로 계승된 자신들만의 사고방식임을 주장한다. 이는 유럽에서 출판되는 철학사가 내용적으로 서양의 철학만 다루고 있으면서도 제목상은 아무런 지역적 제한을 표현하고 있지 않음에서도 확인된다. 둘째, 비유럽적 사고에는 철학적으로 연구되어야 할 정도로 중요한 것들이 들어 있지 않다는 편견이 담겨 있다(정창호, 2017: 79~80).

Mall은 부정적 규정에 이어 상호문화 철학적인 것은 어떤 것인지 규정하는데 간략하게 정리하면 다음과 같다. 우선 상호문화 철학은 보편성이라는 이상으로 제기되는 영원의 철학(philosophia perennis)이라는 절대적 지위를 추구하는 것을 거부하는 철학이다. 상호문화 철학은 진리, 문화, 종교, 철학 등의 개념을 해체하는 것이 아니라, 이러한 개념들을 상대적인 방식으로 사용하는 것과 절대적인 방식으로 사용하는 것 모두를 보여주고자 한다. 상호문화 철학은 오랫동안 철학에서 무시되어 왔던 철학적 문화들을 세계 문맥 내에서 다시 조망함으로써 새롭게 대두되는 요구와 갈등을 드러내려고 한다. 이런 의미에서 상호문화 철학은 계몽주의적 해방이 아니라, 서구 일면적인 상(Bilder)들로부터 서구와 비서구의 사유를 해방한다. 비슷한 맥락에서 상호문화 철학은 특정한 철학, 종교, 문화들이 세계화하려는 것을 막는다. 특히 유럽적 하드웨어의 통일성이 문화라는 소프트웨어의 다양성을 통합10)하는 것을 거부한다. 이러한 상호문화 철학의 성향은 인식론적, 방법론적, 형이상학, 윤리적, 정치적, 종교적인 겸손함에 대한 통찰력을 고양하는 것으로 이어진다(Mall, 2010a: 55~57). 이런 점들은 다양한 방면에서 제기될 수 있는 근본주의에 대한 유혹을 이겨낼 수 있게끔 만든다. "상호문화적 시각은 중심들의 존재를 거절하지 않는다. 그것은 다만 어떠한 중심주의를 거절할 뿐이다."(Mall, 2010a: 71)

---

10) 서구의 자연과학이 전 세계로 퍼져가는 것은 자연과학이 형식적이고 기술적인 성격, 즉 초문화적이기에 가능했다. 즉 서구의 자연과학은 근본적으로 문화의존적이지 않기에 세계화될 수 있었다. 이는 서구의 문화가 비서구의 문화에 무차별적으로 영향을 끼치는 것이 정당하지 않음을 의미한다.

상호문화 철학은 새로운 관점에서 조망하는 작업이기에 모든 면에서 아직은 받아들일 만한 출발점이 부재하고 있음에도, 서로 다르지만 근본적으로는 완전히 다르지 않은 진정한 철학에로 향하는 시도라고 Mall은 주장하고 있다. 특히 상호문화 철학은 서로 다른 문화에 기반하고 있는 철학적 사유들이 소통을 시도하는 것이기에 대답보다는 오히려 문제 제기, 즉 물음을 더욱 중요하게 여긴다. 그리고 이러한 사유 방식은 동일한 문화권 내에서도 계속 수행되어야 한다고 그는 주장한다(Mall, 2010a: 57).[11]

5. 상호문화 철학과 대화의 한계로서의 문화 정체성

여기서는 공약 불가능성의 긍정적인 면에 주목하는 Cesana의 논지를 간략히 요약하는 방식으로 논의를 진행하고자 한다. 그는 상호문화 철학의 관점에서 문화 간 소통을 시도할 때, 발생할 수 있는 근본적인 불일치의 상황을 반드시 부정적으로 볼 필요가 없다고 주장한다. 그는 문화적 정체성의 차이라는 근본적인 불일치가 존재한다는 점을 고려할 때, 완전한 소통은 강압적 합의이며, 동일성의 원리로 환원하려는 의지의 발현으로 간주한다.

---

11) 상호문화적 시각과 사고가 기존에 익숙하던 것에서 탈피하는 것이므로 쉽게 수행될 수 있는 것은 아니다. 실제로 Mall도 이러한 상호문화 철학적인 태도를 후설적인 인격적 돌이킴, 현상학적 태도와 유사한 것(Mall, 2010a: 58) 내지는 패러다임의 전환(Mall, 2010a: 71)에 비유하고 있다.

Cesana에 따르면, 상호문화의 소통을 바라보는 우려 섞인 시각은 크게 두 가지이다. 첫째, 상호문화의 소통이 성공하여 이해의 상황에 도달하고 최종적으로 합일(Einigung)에 이르렀다 하더라도 이를 반드시 긍정적으로만 보아야 할 것인가? 이러한 의문은 합일이라는 상황이 정체성에 대한 도전일 수 있으며 나아가 문화적 방향 상실로 이어질 수 있음을 염려한다. 둘째, 문화적 정체성이 불가침의 것으로 여겨질 경우, 진정한 소통이 가능할까? 이는 상호문화 소통 자체를 부정적으로 여기는 것인데, 문화적 정체성은 소통과 이해의 가능성들을 원칙적으로 제한하고 방해할 수도 있기 때문이다(Cesana, 2010: 272).

이러한 우려와 연관하여 Cesana는 근본적인 소통의 불가능성을 새롭게 조명한다. 다만 소통의 불가능성은 대화가 완전히 불가능하다는 의미가 아니라, 근본적인 차원에까지의 합일은 불가능하며, 가능하다 해도 과연 그것을 긍정적으로 볼 수 있겠느냐는 점에 주목한다. 이를 설명하기 위하여 그는 "공약 불가능성"12) 개념을 도입한다. "문화적으로 제약된 가치 표상들과 신념들의 다원성이 존재하고, 그로 인해 지구적 소통의 가능성이 현저히 방해를 받고 있는 것이 현대 인간의 상황이다. 특정한 문화에 기원을 둔 가치 표상들은 다른 문화의 가치 표상들과 비교될 수 없으며, 다시 말해 공약 불가능한데, 이것은 학문적 패러다임 또는 언어 체계가 공약 불가능한 것과 마찬가지이다."(Cesana,

---

12) 공약 불가능성은 "양측 모두가 타당한 기준에 의거하여 양측의 진술을 판단하는 일이 가능하지 않을 때 나타나는 합리적 논증과 연관된 사태"(Cesana, 2010: 273), 내지는 "중립적 비교를 허용할 공통적인 관련 틀이 부재하기에 옳고 그름의 독립적 판단을 가능하게 할 제 삼의 공통적인 아르키메스적 심급이 존재하지 않음"(Cesana, 2010: 274)이다.

2010: 272) 즉 문화는 그 자체로 닫혀 있는 통일성, 그 핵심 영역에서 상호 문화적 비교를 박탈하는 통일성을 지니기에 공약 불가능한 것들의 비교를 가능하게 하는 문화 포괄적 기준은 없다. 따라서 공약 불가능성은 이해 가능성(Verstehenkönnen)과 이해(Verständigung)의 한계이다(Cesana, 2010: 272 ~273).

과학혁명에서 경쟁적인 패러다임 양자 사이에는 어떠한 중첩이 불가능하기에 애초부터 비교 자체가 불가능하다. 그러나 Cesana는 문화 간의 비교 우위를 논하는 것은 불가능함에도 문화 간의 중첩이 있음을 결코 부인하지 않는다. 그는 문화 상호 간에 아무런 공통점이 없다는 "전적인 공약 불가능성을 과장된 차이성의 테제(Differenzthese)"라고 규정한 Mall의 입장에 동의한다. 그럼에도 그는 "문화적 중첩의 존재에도 불구하고, 상호문화적 대화에서는 또한 공약 불가능한 상황 역시 항상 발생한다는 것이 우리의 경험"(Cesana, 2010: 273)이라고 주장한다.

Cesana(2010: 274)에 따르면, 상호문화 소통에 있어서 중요한 점은 공약 불가능할 수 있음을 인정하는 것이다. 그래서 문화적으로 정초된 특정한 가치 표상들 혹은 종교적 확신들을 공약 불가능한 것으로 확인하고 이러한 상황을 투명하게 만들어야 한다. 그런데 그에 따르면, 공약 불가능한 입장들은 극복할 수 없다는 점이 서양의 사상적 전통에서 은폐되어 있었다. 그 이유로 그는 서양사상사에서 두 가지의 표상, 즉 '통일성의 표상'과 '일치 내지는 타협의 표상(Kompromiβ vorstellung)'이 오랫동안 영향력을 발휘해 왔기 때문이라고 주장한다. 즉 서구에서는 가치의 다원성이 있다 하더라도 이를 보편적인 일련의 근본 가치로 환원할 수 있다는, 즉 위계적으로 구조화된 통일성을 추구하는 표상이 받아들여져 왔다.[13] 그러나 이러한 사유방식은 결국 공약 불가능한 요소들에 대한 전망 자체를 차단하는 효과를 가져왔으며, 그 결과 문화다양성에 대한 인식에도 부정적 영향을 끼쳤다. 또한, 일치 내지는 타협의 표상은 다양하고 대립적인 입장이 있다 하더라도 이는 논변을 통해 일치 또는 타협을 성취할 수 있다는 생각을 반영한다. 통일성의 표상과 마찬가지로 여기서도 공약 불가능하다는 사고는 애초에 배제되어 버린다. 그는 공약 불가능한 입장들의 경우에는 그 입장들 간에 근접이 이루어질 수 있도록 노력해야 한다는 주장도 범주적 오류로 간주한다. 공약 불가능한 문화적 차이는 전 가치 체계에 대한 차이로부터 발생한 것인데, 전 가치 체계는 문화적 삶의 형태에 기초를 두고 있으며, 그러한 삶의 형태가 포기되면 문화적 정체성 자체가 사라져 버리게 되는 가치 체계를 의미한다. 이는 입장들 간의 근접은 개별적인 가치들에 대해서는 가능할 수 있어도 전 가치 체계들 간의 차이에는 적용될 수 없기 때문이다(Cesana, 2010: 274~277).

Cesana에 따르면, 다양한 문화적 정체성이 존재한다는 사실은 문화적 자기 존재에 대한 요청이 무제한적으로 보장되어야 한다는 요구를 정당화한다. 그러나 이러한 요구는 사실상 받아들여지기 어려운 결론으로 나아가게 될 수도 있다. 우선 문화적 차이가 있을 때, 상호 간의

---

13) 서양철학에서는 다양한 사유의 형식이 존재할 수 있으나, 이는 궁극적으로 하나의 철학으로 통일될 수 있다는 사고가 지배적이었다. 해체주의와 포스트모더니스트들에 의해 논박당한 이러한 사고의 유형은 실제로 철학사에서 오랫동안 지속되었다. 플라톤의 이데아, 아리스토텔레스의 누스, 근대 이후의 데카르트의 이성, 칸트의 오성, 헤겔의 정신 등은 하나의 통일적 사유의 전형을 보여주고 있다. 종교의 영역에서도 다수의 종교들 배후에는 신의 통일성, 즉 영원한 일자가 존재하고 있다는 사유가 오랫동안 지속되었다.

이해를 추구하는 노력을 저해시킬 수 있으며, 또한 자신의 입장을 고수할 권리와 자신의 가치와 종교적 확신을 이러저러한 평가의 척도로 삼을 수 있는 권리를 스스로에게 부여한다. 즉 문화적 담론에서 상호 간의 문화적 정체성에 따른 차이를 극복할 수 있을 방안을 애초부터 단절시키게 된다. 즉 "문화적 정체성에 대한 긍정은 문화적 소통과 이해에 대한 무제한적인 요구와 모순을 일으킨다"(Cesana, 2010: 280). 이러한 난제를 해결하기 위해 Cesana는 재차 문화의 공약 불가능성에 주목한다. "문화의 공약 불가능성은 문화의 정체성을 손상시키지 않고 어디에 그리고 어떻게 사실상의 경계가 그어져 있으며, 어디서 일치와 단일화가 가능하지 않은지를 최소한 명확히 인식할 수 있게 해준다."(Cesana, 2010: 280) 즉 그에 따르면, 상호문화의 영역에서 공약 불가능성은 합리적인 방식으로 비교 가능한 사안이 아니라는 인식을 드러냄으로써 소통의 문제를 완화시킬 수 있다.

문화적 차이에 대한 상호 간 인정은 단지 무력하게 각자가 상대방을 방임하는 것처럼 보일 수도 있다. 각자는 각자의 삶의 방식을 추구할 뿐, 어떠한 소통의 노력이 있다 하더라도 이는 단지 만남 자체로서의 최소한 의미를 갖는 것으로 여겨질 수도 있다. 그러나 Cesana는 "공약 불가능성에 대한 의식은 변화된 태도로 상호문화적 만남에 임하게 한다. 즉 그것은 자기의 고유한 규범을 부당하게 보편화하는 것을 막고, 환상적이고 반(反)생산적으로 이해하려는 시도에서 벗어나게 하며, 다른 삶의 형식을 존중하게 하며, 그럼에도 다른 규범을 인정해야 한다거나 혹은 최소한 부분적으로 옳은 것으로 수용해야 한다고 나에게 강요하지 않는다."(Cesana, 2010: 281~282)라고 이를 긍정적으로 해석한다. 즉 합의를 통한 보편화를 추구하는 관점에서 보자면, 문화적 차이를 가진 타자와의 만남에서 드러날 수 있는 공약 불가능성에 대한 솔직한 인정은 매우 무기력한 것으로 보일 수 있을 뿐만 아니라, 그다지 유쾌하지 않은 경험이다. 그러나 공약 불가능성은 보편화를 추구한다는 것이 타자에 대한 강압이었다는 것을 보여줄 뿐만 아니라, 상호 간의 문화적 차이를 솔직하게 인정함으로써 세계—내—존재로서 인간의 한계 및 유한성에 대한 분명한 의식을 드러낸다.

문화적 제약이라는 유한성에 대한 자각은 새로운 전망의 계기를 마련할 수 있다. 공약 불가능성에 대한 인정이 그저 무기력한 방임이 아니라, 긍정적인 방식의 새로운 출구일 수 있다는 점을 보여준다. 그것은 공약 가능성에 기반한 상호문화 철학은 "개방적이고 비독단적인 현대의 철학적 사유"(Cesana, 2010: 282)이며, "하나의 고유한 문화를 넘어서 바라보겠다는 의식적인 방향성을 지닌 사유"(Cesana, 2010: 282)이다. 그러나 이러한 상호문화 철학이 '모든 것은 가능하다(Everythings goes)'는 극단적 상대주의의 주장을 옹호하는 것은 결코 아니다. 이는 극단적 상대주의는 대화의 필요성 자체를 거부하기 때문이다. 마찬가지로 자신의 입장이 절대적으로 옳다고 주장하는 사람도 대화의 필요성을 인정하지 않는 것이다.

이러한 입장들과 달리 공약 불가능성을 수용하는 주장은 상호문화적 대화를 시작하는 것과 모든 가능성들을 열어두는 것을 중요하게 여긴다. 그래서 Cesana는 "소통의 절차에서, 논증의 과정에서 어떤 경쟁적 입각점이 더 나은 기초를 지니고 있는지, 혹은 양 입각점의 공약 불가능성으로 인해 어느 것이 더 나은 기초를 지니는지 결정될 수 없다는 것이 드러날 수 있다"(Cesana, 2010: 282)고 주장한다. 결국 그는 "문화적 한계를 넘어서는 진정한 소통의 가능성을 여는 것은 공약 불가능성이며, 소통의 진정성은 대화의 참여자들이 자신의 전통과 유산을 부정하도록 강요되지 않음으로써 확인된다"(Cesana, 2010: 284)고 강조한다.

6. 공약 가능성과 공약 불가능성 사이에서

여기서는 앞에서 논의한 Mall의 주장과 Cesana의 주장을 종합해서 살펴본다. Mall은 문화의 겹침을 통한 대화 가능성에 주목하는 반면, Cesana는 문화의 공약 불가능성을 통해 근원적 대화의 불가능성을 언급한다. 얼핏 두 사람의 주장은 양립하기 어려운 것으로 여겨진다. 그러나 양자의 주장은 단지 겉으로 드러난 논의 이상의 근본적인 논점의 차이가 존재한다. Mall이 대화의 가능성에 주목하는 것은 그의 기본 입장이 해석학적 사유의 모델을 따르기 때문이며, Cesana가 공약 불가능성에 관심을 기울이는 것은 그가 근본적으로 인식론적 태도를 견지하기 때문이다. 이러한 차이는 해석학과 인식론을 구분한 Rorty의 논의에서 분명하게 드러나는데, 그의 논의는 Mall과 Cesana의 주장에도 정확히 부합한다.

Rorty에 따르면, "해석학은 다양한 담화 사이의 관계를 어떤 가능한 대화를 엮어가는 실들의 관계로 본다. 대화가 이어지는 한 동의에의 희망은 결코 버리지 않는다. 이러한 희망은 이전부터 존재하던 공통적인 기반을 발견하려는 희망이 아니라 단지 동의나 적어도 흥미롭고 유용한 불일치에 대한 희망일 뿐이다. 반면 인식론은 동의에의 희망을 공통적인 근거가 존재한다는 징표로 본다. 그 공통적인 근거를 통해서 아마 화자들은 깨닫지 못한 채 공통적인 합리성으로 결합된다. (…중략…) 인식론에서 합리성은 동의가 가능한 경우 모든 공헌을 번역할 수 있는 적절한 용어를 발견하는 것이다. 인식론에서 대화는 암묵적인 탐구이다. 그러나 해석학에서 탐구는 일상적인 대화이다."(Rorty, 1998: 344)

해석학과 인식론의 차이는 탐구의 지향점에서도 분명하게 드러난다. 해석학에서 추구하는 이해는 지식이라기보다 새로운 능력이나 기술을 습득하는 실천, 태도의 문제인 반면, 인식론에서 추구하는 것은 학문적 지식이다. 해석학은 낯선 이들 사이의 차이를 진리의 관점에서 생각하지 않고, 언어나 기호에 의한 견해의 차이로 간주한다. 그렇기에 해석학은 낯선 사람들이 상호 대화의 과정을 거치면서 서로에게 점차 편안해질 수 있다는 사실을 강조한다. 반면 인식론적 관점에서 견해의 차이는 극복해야 할 주관적 차이이다. Rorty에 따르면, "해석학은 어떤 정상적인 담화의 관점에서 비정상적인 담화를 연구하는 분야이다. 즉 무엇이 일어나고 있는지 전혀 확신할 수가 없어서 기술조차 할 수 없으므로, 인식론적인 설명을 적용할 수 없는 상황에서 일어나는 것을 어떻게든 이해해보려는 시도이다."(Rorty, 1998: 347) 반면에 "인식론은 우리가 이해한 것을 가르치고 근거짓기 위해 집성(集成)하려고 한다."(Rorty, 1998: 347) 그래서 그는 "무엇이 일어나는지 이해하지 못할 경우, 뻔뻔하게 당파적인 태도를 취하기보다는 솔직하게 그것을 받아들이기 위해서는 해석학적인 태도를 취해야 한다"(Rorty, 1998: 347)고 주장한다. 결국, 인식론이 아닌 해석학의 관점이 문화적 차이를 이해하고 대화를 추구하는 상호문화 철학에 더 적합하다. 즉 인식론적 태도는 문화 내적 이해에는 적합하지만, 타문화의 이해에는 적용하기 힘들다. Mall에게 이해할 수 없는 타자의 존재는 대화의 시작을 의미하지만, Cesana에게는 탐구의 단절을 의미한다.

해석학의 관점에서 보자면, 공약 불가능한 문화적 정체성의 차이가 명확하게 드러난다는 것은 대화의 종착점이 아니라, 진정한 대화의 시작점이다. 문화적 관점의 차이는 대화의 초기 단계에서는 극복할 수 없는 근본적인 차이, 형이상학적 차이, 오래된 관례와 전승으로서 각기 정당화된 주장들 간의 차이로 여길 수 있으나, 이러한 차이는 소통과 대화를 통한 상대에 대한 이해의 과정에서 어느 정도는 해소될 수 있는 차이로 여겨진다. 이러한 주장은 획일화를 찬성하는 것이 아니라, 다양성과 다원성을 그대로 인정하면서도 상호문화적 대화 가능성을 열어두려 한다.

무엇보다도, Cesana는 상호문화 철학에서 중요한 것은 대화라고 강조(Cesana, 2010: 282)하지만, 실제로 그가 목표하는 것이 대화인지는 불분명하다. 그의 공약 불가능성을 진정 상호문화 철학의 관점, 즉 소통과 대화를 지향하는 것으로 간주할 수 있을까? 단적으로 말해서, 대화 가능성은 합의 가능성 위에서 성립한다. 즉 합의 가능성이 존재하지 않는 상황에서 대화는 사실상 성립할 수 없다. Cesana를 호의적으로 보면, 그는 문화의 갈등에서 발생할 수 있는 충돌을 완화하기 위한 중간 영역을 공약 불가능성으로 설정한 것이다. 그러나

이는 문화적 차이로 인해 발생할 수 있는 현실 문제를 해결하려는 것이라기보다는 문제를 지연14)시키고자 하는 임시방편이다. 왜냐하면, 여기서 문제는 문화적 정체성으로 인한 갈등이 사라지지 않은 한, 계속될 수밖에 없는 문제이기 때문이다.

이러한 점을 분명히 하려면, 상호문화의 소통이 지향하는 바를 생각해보아야 한다. 일반적으로 소통은 상호에 대한 이해 가능성에 의존한다. 이해될 수 없음을 전제하는 소통은 존재하지 않는다. 그런 경우 소통이 아니라 독백에 불과하다. 여기서 상호 간의 이해는 단순한 정신적 작용이 아니라, 상대에 대한 이해를 통한 자신의 변화를 포함하고 있다. 이에 관해 Gadamer는 다음과 같이 주장한다. "대화 당사자들이 서로 상대방에게 적응한다는 말은 어불성설이며, 오히려 성공적인 대화를 수행하면 서로를 새로운 공통점으로 결속시켜 줄 어떤 사태의 진실에 도달하게 된다. 대화를 통해 이루어지는 의사소통은 어느 한쪽의 관점을 관철시키고 상대방의 입장을 무력화하는 것이 아니라, 이미 대화 이전의 상태와는 달라진 새로운 공통의 세계 속으로 진입하면서 서로가 변화를 겪는 과정이다."(Gadamer, 1990: 384)

Cesana의 주장은 극단적인 대화의 소멸 상태에서, 최초의 대화를 열기 위한 조건으로서 유의미할 수 있다. 즉 대화를 수행하기에 앞서, 미리 소통과 대화를 위한 기본 여건 내지는 불가침의 영역을 설정하려는 것이다. 그러나 갈등과 대립이 제로섬 게임의 양상이 아닌 한,

---

14) 실제로 Cesana의 공약 불가능성은 근원적 불일치를 언급한 Derrida의 차연(differance)과 매우 유사하다.

극단적으로 대화가 단절되는 상황은 흔치 않다. 물론 이러한 주장이 항상 대화할 수 있다고 말하는 것은 아니다. 현실적으로 우리는 대화가 단절되고 더 이상 논의가 되지 않는 경험을 한다. 세상의 많은 일은 표면적으로 드러나지 않은 정치적, 경제적 관점들을 포함될 수밖에 없으며, 그 경우 논지 자체가 표면에 드러나지 못할 수도 있다. 그렇다고 그것이 합의를 포기하거나 대화를 모색하는 것을 어리석은 것으로 간주해야 한다는 것을 의미하지는 않는다. 이해받고 싶고 이해할 수 있다는 해석학의 정신, 즉 타자가 옳을 수 있다는 것을 인정하는 한, 우리의 대화는 지속될 수 있으며, 지속되어야 한다.

Gadamer도 "다양한 세계관이 존재한다는 것이 세계의 상대화를 의미하지는 않는다"(Gadamer, 1990: 451)고 말한다. 인간은 전승된 문화에 기반한 특정한 삶의 공동체 속에서 살 수밖에 없음에도, 즉 자신의 특정한 지평을 갖고 있음을 부정하지 않은 채, 다른 공동체의 삶의 경험을 할 수 있다. "우리의 세계경험이 언어의 구속을 받는다고 해서 상이한 관점들이 서로 배타적 관계에 있음을 뜻하지는 않는다. 우리는 다른 언어의 세계 속으로 들어가서 우리 자신의 기존 세계경험이 지닌 한계와 선입견을 극복한다. 그렇다고 해서 우리 자신의 세계를 떠나거나 부정하는 것은 아니다."(Gadamer, 1990: 452)

Mall에 따르면, 문화적 자기 확인(Selbstvergewisserung)이 너무 협소하면, 상호문화적 합의와 소통에 방해가 되며, 반대로 너무 넓으면, 합의와 소통은 희석되어서 문화들의 차이를 드러내지 못한 채, 단순한 문화의 혼합에 그치고 만다(Mall, 2010b: 107). 이에 따르면, Cesana의 논지는 인식론적 관점에서 문화적 차이의 너무 협소하게 바라본 것이다. 문화적 자기 확인은 동일한 문화권 내부에서도 얼마든지 차이를 드러낼 수 있다. 그러나 인류의 다양한 문화권 사이에는 차이보다는 오히려 공통적인 요소가 훨씬 많음은 분명하다.

Appadurai는 "실체로서가 아니라 하나의 국면으로서의 문화라는 관점을 가지면, 문화를 더 이상 개인들과 집단의 산물로 간주하지 않게 되고 우리가 차이들에 대해 대화할 때 사용할 수 있는 발견술적 (heuristic) 도구로 문화를 볼 수 있게 해준다"(Appadurai, 2004: 27~28)고 주장한다. Shusterman은 보다 적극적으로 타자의 존재가 자기 정체성의 확립에 필수적이라고 주장한다. 자신을 이해하는 '자기의 해석학 (Hermeneutik des Selbst)'(Fellmann, 2012: 17)은 자신 안의 문화적 타자들을 발견함으로써 스스로를 더 잘 이해한다. 스스로를 더 잘 이해하는 것은 자신 밖의 타자로 인해 분명해진다. 즉 자기와 다르게 규정되고 구별되는 타자는 자신 스스로를 이해하도록 돕는 매체 혹은 대화의 파트너이다(Shusterman, 2012: 298~298). 이러한 주장들은 차이가 오히려 대화의 조건이며, 대화를 지속해야 한다는 것을 보여준다.

7. 문화다양성과 당위로서의 대화

문화적 타자와의 갈등과 충돌은 단지 다른 나라의 이야기만은 아니다. 국내에서도 외국인과 한국인의 다툼과 분쟁은 점점 증가하고 있다. 특정 민족들의 이주가 증가하고 타운(town)이 형성됨에 따라, 한국인과의 마찰은 불가피해 보인다. 이러한 상황은 특히 한국인들이

민감한 부동산의 문제에까지 영향을 미치는 것으로 드러났다. 한국의 상황이 유럽처럼 아직 확연하게 심각한 것은 아니지만 문화적 차이로 인한 문제들이 점차 증가하고 있다는 점을 고려하면, 이 문제들이 우리와 전혀 무관한 것은 분명 아니다.

갈등을 극복하고 통합을 추구하는 이들에게 다원주의는 분열의 다른 이름으로 보일 수도 있다. Putnam의 다음과 같은 고백은 분명 그만의 불안이 아니다. "우리는 관용과 다원주의를 높이 평가한다. 그러나 이러한 관용과 다원주의의 함께 생겨난, 인식론적 회의주의는 우리를 불안하게 한다."(Putnam, 1995: 2) 그러나 타자의 존재 그리고 갈등과 충돌은 인간 삶에서 벗어날 수 없는 상수(常數)이다. 그리고 타자의 존재와 함께 요구되는 다름에 대한 인정, 즉 문화다양성에 대한 인정은 공존을 위해선 필수적이다. 여기서 상호문화 철학은 문화다양성의 인정에 머물지 않고 미래지향적으로 대화를 통한 상호 간이해를 추구한다. 이 과정에서 해석학적 대화의 원리는 중요한 의미를 갖는다. Gadamer의 "타자가 권리를 가질 수 있다는 가능성이 해석학의 영혼이다"(Grondin, 2008: 263)라는 말에서 이는 잘 드러난다. 독백이 아닌 대화를 위해서는 먼저 타자의 권리를 먼저 인정해야 한다. 유독 '우리 의식'이 강한 한국인에게 타자의 존재, 문화다양성을 언급하고 이에 대한 인식의 변화를 추구하기는 쉽지 않다. 그래서 문화 간 대화라는 것이 아직은 우리에게 어색하다. 그러나 사실과 당위 사이에서 우리가 어색하다는 사실적인 것에만 머무는 한, 우리는 더욱 자문화중심주의에 매몰될 수밖에 없다. 무엇보다도 현재 한국의 문화다양성은 타자의 다름에 대한 '보여주기식'으로 국한되기에 문화 간 대화는 거의 이루어지지 못한다. 이러한 상황은 문화 간 대화가 우리에게 더욱 필요하다는 점을 보여준다.

Grondin도 "이해를 추구하는 해석학에서 대화보다 더 고차적인 원리는 존재하지 않는다"(Grondin, 2008: 265)고 말하며 대화를 강조한다. 또한, 대화는 인간에게 본질적인 면이다. 타자와의 관계 속에서 형성되는 우리는 고정된 실체가 아니라, 상호소통, 교류 즉 대화로서 존재한다. Rorty는 우리 자신을 "역사적 진행의 행렬"(Rorty, 1997: 105)이라고 주장한다. 이를 상호문화의 대화에 적용하면, 당장의 문화 간 대화가 어려워도 우리가 역사적 진행의 일부임을 포기하지 않는 한, 우리는 부단히 그 길을 가야만 하는 것이다. 이런 의미에서 상호문화 철학에서 기획하는 문화 간 대화는 우리에게 당위적으로 요청된다.

참고문헌

Appadurai, A., 차원현 외 옮김(2004), 『고삐 풀린 현대성』, 현실문화연구.

Appiah, K. A. & Gates. H. L.(1997), *The Dictionary of global Culture*, NewYork: Vintage Books USA.

Beck, U., 조만영 옮김(2000), 『지구화의 길』, 거름.

Bollnow, O. F., 최동희 옮김(1989), 『실존철학 입문』, 자작아카데미.

Cesana, A., 주광순 외 옮김(2010), 『상호문화 철학의 논리와 실천』, 시와진실.

Dilthey, W.(1973), *Gesammelte Werke*, Bd. 7, Göttingen.

Fellmann, F., 최성환 옮김(2012), 『행복의 철학사』, 시와진실.

Gadamer, H.-G.(1990), *Gesammelte Werk*, Bd. 1, J. C. B. Mohr Tübingen.

Gray, J., 김승진 옮김(1999), 『가짜 여명: 전 지구적 자본주의의 환상』, 이후.

Heidegger, M.(1972), *Sein und Zeit*, Max Niemeyer Verlag Tübingen.

Kymlicka, W., 이유혁 외 옮김(2017), 『다문화 오디세이』, 소명출판.

Kymlicka, W., 장동진 외 옮김(2010), 『다문화주의 시민권』, 동명사.

Laszlo, E.(1993), *Rettet die Weltkulturen: Der multikulturelle Planet Report einer unabhängigen internationalen Expertengruppe an der UNESCO*, Horizonte Stuttgart.

Levinas, E., 강영안 옮김(1996), 『시간과 타자』, 문예출판사.

Mall, R. A., 주광순 외 옮김(2010a), 「'상호문화적 관점에서 바라보기'란 무엇을 의미하는가?」, 『상호문화 철학의 논리와 실천』, 시와진실.

Mall, R. A., 주광순 외 옮김(2010b), 「전통과 합리성」, 『상호문화 철학의 논리와 실천』, 시와진실.

Martiniello, M., 윤진 옮김(2002), 『현대사회와 다문화주의』, 한울.

Orth, E. B., 주광순 외 옮김(2010), 「문화의 보편성과 개별성」, 『상호문화 철학의 논리와 실천』, 시와진실.

Palmer, R. E., 이한우 옮김(1996), 『해석학이란 무엇인가』, 문예출판사.

Pöggeler, O., 이기상 외 옮김(1994), 『하이데거 사유의 길』, 문예출판사.

Putnam, H.(1995), *Pragmatism: An Open Question*, Blackwell.

Rorty, R., 박지수 옮김(1998), 『철학 그리고 자연의 거울』, 까치.

Rorty, R., 윤병호 옮김(1997), 「해방 없는 세계주의: 리오타르에 대한 답변」, 『현대성과 정체성』, 현대미학사.

Shusterman, R., 허정선 외 옮김(2012), 『삶의 미학』, 이학사.

Smith, A. D., 이재석 옮김(1997), 『세계화 시대의 민족과 민족주의』, 남지.

Tomlinson, J., 김승현 외 옮김(2004), 『세계화와 문화』, 나남.

Van Peursen, C. A., 강영안 옮김(1994), 『급변하는 흐름 속의 문화』, 서광사.

Warnier, J.-P., 주형일 옮김(2000), 『문화의 세계화』, 한울.

박이문(2002), 『역사적 전환기의 문화적 재편성』, 철학과현실사.

박인철(2017), 「상호 문화성과 동질성」, 『코기토』 82, 부산대학교 인문학연구소.

정창호(2017), 「상호문화철학과 독일의 상호문화교육」, 『다문화 사회와 철학』, 자유문고.

제2부 다문화의 현실과 문화다양성

한국의 '혼혈문제'

: '거절'에서 '가치 부여'로

임밝네

1. 한국사회와 혼혈

한국에서 혼혈에 대한 국가·사회적 관심은 1990년대 후반 이후 국제결혼을 통해 한국으로 이주해 온 외국인 여성들의 증가와 함께 시작되었고 혼혈은 현대 한국사회가 경험하고 있는 최근의 사회현상으로 간주된다. 한국인 아버지와 외국인 어머니를 둔 혼혈아들의 급증으로 한국 정부와 사회는 2000년대 중반부터 이들을 '다문화가족', '다문화 아동'이라고 명명하고 이들을 대상으로 다양한 서비스와 정책들을 실천하고 있다. 한편, 일제강점기(1910~1945), 미 군정기와 한국전쟁을 거치면서 국제커플[1]과 이들의 혼혈자녀는 각 시대마다 존재하였지만 오늘날의 결혼이주여성과 이들의 자녀에게 주어지는 동일한 사회적·정치적 관심의 대상이 아니었다. 일제강점기에 태어난 혼혈과 미군 관련 혼혈인에 대한 정확한 숫자 파악은 어려우며(Ressler, Boothby & Steinbock, 1988: 37~43), 2000년 이전 혼혈 관련 연구도 많지 않을 뿐만 아니라 이마저도 모두 미군과 한국인 여성 사이에서 태어난 혼혈로 한정되어 있다.[2] 이처럼 미군 관련 혼혈세대 이전, 일제강점기 한국인과 일본인 사이에서 태어난 일명 '내선혼혈인'은 그 존재가 한국사회에 거의 알려지지 않았고 사회과학 분야에서 관련 연구도 찾아보기 어렵다.

오랜 세월 한국사회에 존재해 온 혼혈에 대한 무관심과 배제는 한국의 순혈 민족주의와 관련 깊으며(설동훈, 2007; 하상복, 2012; 최강민, 2006) 한국인들의 단일민족의식은 10세기 중반부터 일제강점기까지 이어진 중앙집권체제와 한정된 영토 내에서 단일언어와 단일문화를 유지했다는 사실에 기인한다(Shin, 2006; Duncan, 1998). 민족주의자들은 일본제국주의에서 벗어나기 위해 독립된 '순수한' 민족국가를 상상했고 1945년 독립 이후, 남한 정부는 국가권력을 강화하고 확고히 하는데 필요한 인적·물적 자원을 동원하기 위한 수단으로 민족주의를 공식적으로 정책화하였다. 이러한 과정에서 단일민족신화와 민족의 균질성에 대한 강한 신념을 바탕으로 한국인들은 순혈 의식을 발달시

---

1) 일제강점기와 한국전쟁 전후 나타난 남녀의 결합은 '혼인'이라는 법적 제도 안에서 이루어지지 않은 경우가 많았기 때문에 '국제결혼(mixed marriage)'보다는 '국제커플(mixed couple)' 용어를 사용하였고 본 글에서 이는 법적부부와 사실혼 모두를 포함한다.

2) 2000년 이전 혼혈 관련 연구는 김미혜(1982), 원영희(1990), 김양임(1995), 유현숭(1997), 김수연(2000), 백연옥(1993), 서재송(1994), 이경희(1997), 박경태(1999) 참조.

컸고 '순수'하지 않은 혼혈인들은 거절과 배제의 대상이 되어 오랜 세월 사회저으로 낙인화되었다.

따라서 오늘날 '다문화아동'이라고 불리는 혼혈아에 대한 국가·사회적 관심은 한국사회에 전무후무했던 새로운 현상이다. 이러한 변화는 2006년의 하인스 워드 신드롬과 큰 관련이 있다. 한국인 어머니와 아프리카계 미국인 아버지 사이에서 태어나 미국으로 이주한 이후, 미식축구 MVP로 선정된 하인스 워드의 성공 스토리는 이 시기 한국에 처음 도입된 '다문화'라는 용어와 함께 한국사회에 새로운 변화를 일으킨다. 특히 하인스 워드는 자신의 명성을 혼혈아동과 관련한 사회행동을 조직화하고 이들을 위한 사회·정치적 개혁을 장려하는데 활용하였고 이는 이 시기 증가하고 있던 결혼이주여성과 이들의 자녀들의 사회통합정책의 필요성을 제기하게 된다.

이 글은 오랜 세월 동안 민족의 순수성을 이유로 배척되어 온 '혼혈' 문제가 어떻게 오늘날 '다문화정책'으로 불리우는 국가의 적극적인 정책적 개입을 요구하는 사회문제가 되었는가?에 주목하여 각 시대별로 국제커플과 혼혈아 관련 이슈들이 국가와 사회에 의해 어떻게 논의되었고 이러한 논의가 이들의 지위 결정과 정책적 대우에 미친 영향을 검토한다. 한국 근현대사에 나타난 세 가지 큰 역사적 사건인 일제강점기, 한국전쟁, 그리고 세계화는 시대별로 각기 다른 생물학적 특징을 지니는 혼혈인의 탄생과 밀접하게 관련이 있다. 따라서 이 글에서 다루는 혼혈인은 첫째, 일제강점기(1910~1945) 일본인과 한국인 사이에서 태어나 '내선혼혈'이라고 칭해지던 혼혈인, 둘째, 1950년대 한국전쟁과 남북 분단 속에서 미군과 한국인 여성 사이에서 태어나 '혼혈'

또는 '아메라시안'이라고 불렸던 혼혈인, 셋째, 1990년대 말 이후 주로 결혼이주여성과 한국인 남성 사이에서 태어나 2006년부터 '다문화아동' 범주로 분류되는 혼혈인이다.

2. 일제강점기와 내선혼혈(1910~1945)

1) 동화정책과 내선결혼, 순혈민족주의

일본은 1910년 한국에 대한 지배권을 갖게 되었고 이는 2차 세계대전까지 이어진다. 일제강점기 동안 일본은 지배층 일본인과 피지배층 조선인과의 내선결혼(mixed marriage)을 동화정책의 일환으로 장려하였다. 18~19세기 인종주의와 우생학의 발달과 함께 서양의 식민 지배 국가들이 식민지인들과 자국민들 사이의 민족(인종) 간 결혼을 금지하고 동화정책을 포기했던 것과 반대로, 일본은 조선과 일본 두 민족 사이의 인종적 유사성을 이유로 조선인들을 일본인으로 동화시키는 것이 가능할 것이라고 믿었다(Atkins, 2010: 27). 일반적 의미에서 동화 정책은 식민지를 본국의 행정구역 중 하나로 인정하여 본국법, 본국 관습, 본국어를 식민지에도 동일하게 적용하여 본국의 모습으로 식민 지를 변화시키는 것을 말한다(Roberts, 1929: 67). 일본 동화정책은 일본 천왕의 영향력 아래 있는 모든 이들은 동일한 호의와 대접을 받는 다고 천명했고 이는 일본인과 식민지인들이 동일하게 취급되어야 하며 동일한 권리와 의무를 가지는 것을 의미했다. 하지만 식민정책의 실질적인 지침이 아닌 이러한 수사학(rhetoric)적인 조처는 현실과 이상 사이의 큰 괴리를 만들었다(Pcattic, 1984: 97~98).

조선총독부는 식민지 초기부터 조선인과 일본인 사이의 결혼을 조선인에게 일본문화와 관습을 가르치는 데 좋은 수단으로 보고 이를 장려하였다. 특히 1919년 3월 1일 독립만세운동 이후 시행된 문화정치는 내선융화를 강조하였고 내선결혼은 내선융화를 이루는 궁극적인 방법으로 강조된다. 내선융화의 일환으로 일제는 1920년 4월, 조선의 이은 황태자와 일본 나시모토 마사코 공주의 결혼을 추진하였다. 이후 1921년 7월 조선총독부는 내선통혼법안을 발표하여 일반인들도 법적으로 내선결혼을 할 수 있도록 하였고(이정선, 2011: 236~239) 관보를 통해 내선결혼이 양 민족 사이의 영원한 융화의 근본적인 수단임을 강조하였다(매일신보, 1921.06.16). 내선결혼을 통해 새로운 세대가 태어나면 모든 이들이 혈연으로 연결될 것이고 이는 조선인의 후손들이 조선인뿐 아니라 일본인이 되게 하는 결과를 낳을 것이라고 여겼다(매일신보, 1926.10.29).

하지만, 일제의 내선결혼정책에도 불구하고 실제적으로 내선결혼이 많이 이루어지지 않은 이유로 와타나베 아츠요(2004)는 한국인과 일본인 두 민족이 가진 '순혈 민족주의'를 지적한다. 1921년 '내선통혼법'이 통과되어 내선결혼이 증가하면서 이를 주제로 한 신문기사나 잡지의 기사들이 동아일보, 삼천리, 매일신보 등에 등장하기 시작하는데 주로 조선 민족의 우수성을 내세우며 내선결혼의 위험성, 정치적, 전략적 함정에 빠지지 말도록 경고하고 있다. 특히 잡지 『삼천리』 1931년 9월, 3권 9호에 실린 글들은 내선결혼에 대한 인식을 잘 보여준다. 한국인들의 의견이라고 일반화하기는 어려우나 내선결혼은 지배자 일본인들이 의도한 불순한 정치적 수단으로 인식되고 있으며 조선인들의 민족적 특징들이 말살되는 결과를 가져오는 위험한 것으로 여겨진다. 이러한 측면에서 혼혈에 대한 반대 입장이 명확하게 표명된다.

"정치적, 경제적 불순한 동긔밋혜서 이루워지는 외래민족과의 결혼에 대하여는 우리는 조선민족의 순결을 위하야 어대까지든지 피하지 안으면 안될줄 안다." (한용운, 1931: 28)

"국가의 정약상 갑의 민족의 혈통과 을민족의 혈통을 혼합시켜 혼혈인종을 창조하자는 견지에서 하는 소위 동화정책적 결혼이 잇다. 이것은 뿔조아사회에 잇서 정복국가가 흔히 자긔의 식민지에 대하야 식민정책상 쓰는 일이 만타." (우봉운, 1931: 29)

또한 조선총독부와 별개로 일본 정부는 내선결혼 장려에 있어서 신중한 입장이었기 때문에 실질적으로 내선결혼을 방해하는 법적인 요소들을 제거하거나 필요한 조치들을 하지 않음으로써 내선결혼을 어렵게 하였다(와타나베, 2004).

2) 1930년대 말 내선일체 정책과 혼혈
: 혼혈에 대한 연구와 일본의 인종주의적 사고

1930년대 일본의 영토 확장 전쟁을 위한 '총동원체제'를 계기로 조선인들은 '만주로의 강제 이주', '징집', '군수산업과 광산업 종사', '일본으로 강제된 송금', '여성 위안부' 등과 같은 매우 커다란 희생에 직면하게되고 조선인들의 자발적·비자발적인 일본 이주는 1939년과 1944년사이 집중적으로 이루어진다(Tugault, 1984: 1073~1074). 1940년 조선남성과 일본 여성 사이의 결혼은 일본 남성과 한국 여성 간 결혼의3배 이상을 차지했는데, 이러한 경향은 특히 일본 본토에서 두드러지게나타났고(오오야 치히로, 2006: 63), 일본에 거주하는 내선결혼 부부의수는 조선 거주 내선결혼 부부 수의 10배에 달했다(이정선, 2015: 286).1930년대 말에서 1940년대 초 일본 이주 조선 남성의 40%가 일본인배우자를 선택했지만, 이는 일본 정부가 순수한 생물학적 동화를 위해일본 본토에서의 내선결혼을 장려한 데서 기인한 결과는 아니었고,강제로 일본제국에 의해 징집된 조선 노동자들을 잡아두기 위한 구실로써의 내선결혼이었다(鈴木裕子, 1992: 74).

조선 남성들의 일본 본토로의 이주가 증가하면서 일본 여성과 조선남성 사이의 접촉이 증가하고 자연스럽게 내선결혼 부부(사실혼 포함)와 그들의 혼혈자녀들의 수 또한 증가하게 된다. 이에 따라 1941년일본 정부는 혼혈과 관련된 조사를 실시하였고 조사 결과, 우생학에따른 일반적인 상식과 달리 내선혼혈아들은 신체적으로 우수하고 생물학적으로 위험하지 않았다(이정선, 2012: 242~246). 그럼에도 불구하고, 혼혈인들의 민족정체성 문제와 맞물려 일본 정부는 내선결혼과 내선혼혈정책에 신중한 태도를 보인다. 이정선(2012)이 지적하는 대로 일본 민족정체성을 가진 인적자원이 중요시되었던 전시체제기였기 때문에 일본은 혼혈인들을 통해 일본 면족의 질이 저하될 위험성과 국민의식을 고려하여 일본 본토에서의 혼혈 증가는 특히 주의해야 할 일로 여겨졌다.

다시 말해서 일본이 조선과 일본 사이의 지리적·역사적·인종적 유사성을 강조하며 식민지 정책의 일환으로 생물학적 동화를 위해 내선 결혼과 내선혼혈을 용인하였지만 전시체제기의 일본은 일본 민족의 특수성과 우수성을 내세우며 내부 및 국민적 단결을 이루는 데 애썼다. 이러한 상황에서 혼혈인은 지배층 일본인과 피지배층 조선인 사이의 구별을 모호하게 함으로써 일본의 문화적·인종적 단일성을 약화시키는 식민지 지배 질서의 기반을 흔드는 존재로 인식되었고 특히 일본 본토에서 이들은 '배제'와 '거절'의 대상이 되었다. 이러한 혼혈에 대한 사회적 경계는 일본과 조선 두 곳 모두에서 지속되었다.

3) 내선혼혈에 대한 인식: 민족정체성의 문제와 일본침략의 흔적

1930년대 후반, 일본에는 약 16,000명의 내선혼혈아가 있었던 것으로 알려진다(김경수, 1999: 35). 내선결혼과 내선혼혈을 다룬 문학작품들은 식민지 시기 작가들이 가지고 있었던 '인종'과 '혼혈'에 대한 생각을 잘 보여준다. 가장 먼저, 혼혈은 식민지 상황에서 피할 수 없는 생산물이자 문화적 잡종(cultural hybrid)으로 그려진다. '우리'인 동시에

'타인'인 혼혈아가 가진 이중성은 배제/포함의 식민주의적 현실에서 자주 인용된다. 염상섭의 소설 『남충서』(1927)는 '피의 순수성'을 언급하며 내선혼혈인을 한민족으로 취급하지 않는 조선사회, 그를 일본민족으로도 받아들이지 않는 일본사회 속에서 민족정체성의 혼란을 겪는 '내선혼혈인'의 모습을 보여준다. 염상섭은 자신의 소설을 통해 내선혼혈인이 겪는 정체성의 혼란이 개인의 문제가 아닌 사회 구조에서 기인한 문제임을 강조한다. 이와 더불어 정인택의 『껍질』(1942)은 조선인과 일본인 사이의 사랑, 결혼, 혼혈아 출생이라는 자연스러운 단계가 일제강점기에 가정적, 사회적으로 쉽게 수용되지 않았던 이유를 식민주의 상황과 한국의 가부장제 사회에서 찾는다. 즉, 내선간의 결합과 2세 출산은 일본제국과 식민지 사이의 경계를 허무는 위험성 때문에 이들의 결합은 쉽지 않았고(곽은희, 2011: 178) 순혈주의를 강조하는 가부장적 사고는 혼혈아를 가족으로 수용하지 않음으로써 결국 혼혈아의 죽음으로 이어진다. 이 시대 혼혈아들이 겪은 어려움은 현실에서도 찾을 수 있다. 혼혈이기 때문에 당했던 어려움이라고 단정지을 수는 없지만, 이들은 부모에게 버림받고 유기당했으며 동반자살의 대상이 되거나 태어나자마자 살해되기도 했다(동아일보 1927.04.02.; 동아일보 1934.11.30; 조선일보 1925.05.10; 동아일보 1934.06.13).

이처럼 조선과 일본 양쪽의 혼혈에 대한 부정적인 사회적 시각으로 인해 일본의 혼혈정책은 현실적으로 성공하지 못했다. 조선인과 일본인의 외관상 유사성으로 인해 내선결혼이나 내선혼혈은 숨기기 용이했다. 하지만 식민지, 가정 내부에 존재했던 양국의 순혈주의와 식민지 계층구조로 인해 내선결혼가정은 사회와 가정으로부터 소외되고 배제되었다. 민족적 차이에 기인한 일상의 차별은 한국인들의 민족주의 정신을 강화시켰고 순혈에 기반한 민족주의는 일상에서 혼혈인들을 배제하는 또 다른 수단이 되었다. 단군으로부터 이어져 내려온 민족의 단일성을 더럽힐 수 있는 혼혈에 대한 경계심과 순혈 유지를 기반으로 한 독립이 일제강점기의 주된 혼혈 담론이었고 이에 따라 내선혼혈인은 그 존재를 드러낼 수 없었다.

1945년 독립 이후에도 내선결혼부부와 내선혼혈인에 대한 반감은 식민지 경험과 맞물려 나타난다. 혼혈아들은 식민통치라는 나쁜 기억을 떠올리는 모욕적인 상징으로써 한국의 민족정체성을 위협하는 존재로 인식되었고 이들은 놀림의 대상이 되었다. 니시야마 우메코(西山梅子)에 따르면 내선혼혈아들은 삼일절과 8.15 광복절에 한국인들의 일본에 대한 혐오와 혼혈아들에 대한 위협적 시선 때문에 학교에 가기를 꺼려했고(西山梅子, 1972: 274~275), 학교에서 일본침략의 역사를 배운 혼혈아들은 어머니가 일본인인 것을 대중 앞에 밝히는 것을 부끄러워했다(伊藤孝司, 1996: 90). 이러한 현실에서 내선결혼 가족은 냉전체제, 한국전쟁으로 이어진 한국사회의 혼돈 속에서 일본 혈통을 숨겨야만 했다. 이를 증명하듯 내선결혼 부부와 내선혼혈인의 광복 이후 한국사회에서의 삶, 이들이 겪었던 차별과 어려움에 대한 어떤 자료도 한국에 존재하지 않는다. 실제로, 많은 한국인들은 일제강점기 일본이 내선결혼 및 혼혈정책을 실시했으며 이 정책의 결과, 내선혼혈인이 존재했다는 사실마저 알지 못한다. 어떤 이들은 일본인과 한국인 사이의 유사한 외형, 피부색으로 인해 내선혼혈아들이 사회문제를 발생시키지 않았다고 보지만(조하나·박은혜, 2013; 오미영, 2009;

김성환·양재두·최회칠·이의천, 2005), 내선혼혈에 대한 적대적인 사회 분위기에서 이들은 혼혈아로써의 정체성을 숨기고 살아야 했기에 한국사회에서 '자연스러운' 또는 '자발적·의도된' 잊혀진 대상이 되지 않았을까?

3. 미군과 한국 여성 사이에서 태어난 혼혈인(1945~1980)

1) 한국전쟁, 미 군정기와 기지촌 성매매

1945년 8월 15일 한국은 일본제국주의로부터 독립했지만, 냉전체제의 희생양이 되어 북한은 구소련, 남한은 미국의 영향력 안에 들어가게 된다. 미국은 자국의 이익에 반하는 정책을 시행하려는 남한의 지도자들을 방해하기 위해 경제를 통제하였고 빈곤한 남한 사람들이 공산주의에 관심을 갖지 않게 하려는 의도로 남한의 경제를 지원하였다(Han, 2011: 117). 이후 발발한 6.25전쟁은 많은 인명 피해를 가져왔으며 1953년 10월 서울과 워싱턴은 상호방어협정을 체결하여 60,000명의 미군이 남한 영토 전역에 영구주둔하게 된다(Hanley, Choe & Mendoza, 2002). 전쟁 이후 미국은 산업 전반에 걸쳐 남한에 막대한 투자를 한다. 미국의 원조는 1945년과 1961년 사이 남한 총생산의 8%, 전체 투자액의 70%를 차지했고 수입의 70%가 미국산이었다(Barjot, 2011).

하지만, 1945~1948년 미 군정기 동안 미군들에 의해 한국 여성들은 강간 피해를 입었고(동아일보, 1946.03.13; 경향신문, 1947.02.05), 1951

년 5월 31일에서 1953년 5월 30일 사이, 23명의 미군이 강간 혐의, 9명이 강간 미수로 군법정에 섰다(Brownmiller, 1975: 99). 미군과 한국 정부는 이러한 형태의 성폭력을 허용하였고(이임하, 2004), 미군에 의한 강간과 성매매는 이 시대 혼혈아들의 탄생의 주된 원인이 되었다. 미군 상대 성매매는 전쟁으로 가족과 삶의 수단을 잃은 채, 가족을 부양해야 하는 여성들의 증가와 관련이 있다. 1965년 용산의 성매매 여성 105명을 대상으로 한 조사에서 이들이 부양해야 하는 가족의 수는 1인당 1~8명으로 나타났고 53%의 여성들이 생계 수단으로 성매매를 선택했다(경향신문, 1958.8.11). 또한 절대 빈곤과 가족 해체를 경험한 후, 일을 찾아 수도권으로 올라온 여성들에게 국가 주도의 취업이 알선되었고, 이는 미군 상대 성매매였다(Brock & Thistlethwaite, 1996: 73). 1963년, 경기도 파주지역 기지촌에서 미군과 직업적으로 또는 개인적으로 친밀한 관계를 가진 여성은 약 8,000명이었고, 이 중에 '양공주'로 불리던 성매매 여성은 3,845명을 차지했다(경향신문, 1963.12.30).

캐더린 문(Katherine Moon, 1997), 이나영(2007), 박정미(2011)가 밝히듯이 기지촌 내의 성매매 업소는 한국 정부에 의한 관리 규제의 핵심 대상이었다. 미군과 성매매 여성 사이의 접촉을 금지하는 대신, 미군은 한국 정부가 미군과 성적으로 접촉할 가능성이 있는 한국 여성들에 대한 대책을 강구하기를 원했고 미군 주둔이 정치적, 군사적, 경제적 이유로 필요했던 한국 정부는 성매매 여성들을 관리 및 규제하기 시작한다. 1953~1988년 한국 정부의 성매매 관광정책을 분석한 박정미(2014)에 따르면 미군과 미군기지를 관광객과 관광지로 인식하여 이들에게 휴식과 오락, 성매매를 제공하여 외국 자본의 유입을 원했던 한국 정부는 기지촌 성매매 여성들에 대한 엄격한 관리를 통해 경제적 손실을 최소화하고 자본을 벌어들이고자 노력했다. 따라서 자신의 군인들을 위해 이들이 원하면 언제든지 '깨끗'하고 '안전한' 성의 구매가 가능하기를 원했던 미국과 성매매를 통해 국가안보와 경제성장을 이루려 했던 한국, 두 정부 사이의 경제적·사회적·정치적 이해관계에 따라 많은 한국 여성들은 성매매업에 종사하게 되었고 이후 이들과 백인 및 흑인 미군 사이에서 '혼혈', '아메라시안'이라고 불리는 아이들이 태어나게 된다.

2) 국제커플과 혼혈인에 대한 국가와 사회적 인식

1950년대 외국인과 결혼한 한국 여성들을 바라보는 사회적 시각은 일반적으로 부정적이었다. 배우자의 국적과 상관없이, 국제커플은 미군과 성매매 여성 사이의 결합으로 인식되었고 외국인과 결혼한 한국 여성들은 경멸적인 의미를 내포하는 '양공주', '양색시'로 불렸다. 즉, 이 용어들은 미군 대상 성매매 여성뿐만 아니라 미군과 결혼한 여성 모두를 지칭하는 말로 사용되었다. '양공주', '양색시', '따링누나'로 불리우던 한국 여성들은 한국사회의 성도덕에 악영향을 미치는 존재로 묘사되기 시작하고 이들에 대한 사회적 시각은 고스란히 그들의 혼혈 자녀에게 전달된다. 즉, 전쟁과 분단 이후, 어려웠던 정치적·사회적 상황이 파생시킨 성매매의 증가에 대한 논의 없이 가부장제와 혈연주의에 기반하여 형성된 한국사회가 성매매 여성들에게 부과한 부정적

이미지는 혼혈아들을 성매매를 목적으로 한 매춘 행위의 결과물로 자연스럽게 연결시키는 결과를 초래하였다. 다음의 기사는 이러한 사회적 시각을 잘 보여준다.

"〈따링누나〉로 표현된 윤락여들의 양산이 미군의 대량상륙 및 그 후 기지촌의 생성과 비례함으로써 성도덕의 타락현상이 가속되지 않을 수 없음을 알 수 있다. (…중략…) 윤락녀의 존재는 우리 사회에 혼혈아라는 새로운 문제를 제기했다. 보사부가 집계한 미군과 따링누나와의 혼혈아는 7천8백57명(55~67년 말까지 공식집계). 미군에 의한 혼혈아의 양산은 그들이 성년에 가까와짐에 따라 비극의 씨가 잉태되는 사회문제로 등장되었다." (경향신문, 1968.09.16)

6.25전쟁 전후 미디어에 나타난 혼혈담론을 연구한 강진구(2011)에 따르면, 혼혈아는 다른 피의 결합에 대한 막연한 공포심, 미군 점령자의 성에 대한 거부감, 이들을 낳은 양공주에 대한 관심을 불러일으키며 등장한다. 이들은 한국인과 완전히 다른 외모, 피부색, 부계혈통을 가지고 태어남으로써 일반적으로 한국사회에서 '혼혈인'으로 인식 및 인정되는 첫 세대이다. 이들은 성매매 여성들이 혼혈아 문제를 일으킨다는 부정적 인식에서 그들 자신을 보호할 수 없었다. 외국인과 사귀거나 결혼한 한국 여성들에게 자동적으로 주어졌던 '양공주'라는 낙인은 가부장제와 유교주의 전통 가운데, 여성들은 혼외 출산을 할 선택권이 없었고, 따라서 혼외 출산을 한 어머니를 가진 대부분의 혼혈아들은 그들의 어머니들이 겪었던 동일한 차별, 낙인, 배제에 노출될

수밖에 없었다.

3) 혼혈: 범주화(categorisation), '국민' 또는 '비국민'의 문제

혼혈아의 대부분은 미군에 의해 버림받은 성매매 여성들의 자녀였고 이들 중 약 10,000명의 혼혈아들은 6.25전쟁 이후 노숙 생활을 하였다(Ressler, Boothby & Steinbock, 1988: 37~43). 정확한 혼혈인 수는 알려지지 않는다. 예를 들어, 보건복지부에 따르면 1955년에서 1967년 사이 혼혈인의 수는 7,857명인 데 반해(경향신문, 1968.09.16) 허원무는 1950년에서 1965년 사이 12,280명의 혼혈인이 있었고 이 중 절반이 미국이나 다른 서양 국가로 입양되었다고 추정한다(Hurh, 1972: 12~13). 신뢰할 만한 통계가 존재하지 않지만 1950년대 이후 미군과 한국 여성 사이에서 태어난 아동들의 수는 국토 전역에서 증가하였고 이들은 '혼혈', '아메라시안', 'Half-person' 등 다양한 용어로 불리기 시작한다.

전쟁과 분단 이후 정부는 국가 재건을 위해 국민의 수를 늘려야 했고, 이 과정에서 '국민', '한민족', '국가정체성'의 정의는 중요한 문제로 대두되었다. 그리고 '순혈주의'에 기반한 국가정체성은 혼혈인을 한국사회에서 배제시키는 가장 주요한 기준으로 작용하게 된다. 특히 혼혈아를 생산하는 '남성'이 누구이냐가 중요한 시기였기 때문에 이는 혼혈아의 아버지가 미국인이라는 사실에서 파생하는 '계급(class)'의 문제와도 관련이 있다. 사회과학 분야에서 혼혈문제가 종족, 제국주의(식민주의), 순혈주의, 젠더, 계급 등과 밀접하게 관련 있음을 보여주는 연구는 다양하다(Clancy-smith & Gouda, 1998; Saada, 2007; Stoler, 2002; Belmessous, 2005; Jean-baptiste, 2011). 하지만 6.25전쟁 이후, 정치·사회·경제 전반에 있어서 미국의 강한 영향력 아래 있었던 한국사회에서 모든 반미운동은 의도적으로 억제되고 논의되지 못했고 미군과 관련된 혼혈 관련 연구들은 연구자들에 의해 경시되었다. 그럼에도 불구하고, 기지촌과 한국전쟁 관련 소설과 당시 신문기사들을 통해 파악할 수 있는 사실은 대부분의 혼혈아는 미군 아버지에게 인지되지 못한 채 버려졌고 이들의 어머니는 더 빠른 해외 입양을 위해 흑인혼혈보다 백인혼혈아를 원했으며 더러는 낙태, 유기, 살인의 대상이 됨으로써 한국사회에서 환영받지 못했다는 점이다(동아일보, 1955.09.27; 경향신문, 1952.04.21; 동아일보, 1953.07.18; 조정래, 1999; 김순덕, 1992).

다른 종족(인종) 간 피의 혼합, 다른 부계혈통을 가지고 태어난 혼혈아는 사회적으로 수용되지 못하는 존재였고(Park Nelson, 2009: 3), 부계 중심의 한국사회에서 아버지 국적이 한국인이 아닌 이들은 한국인이 아니었고(강진구, 2009: 10), '한민족'으로 인정되지 못한 이들은 신생국가 대한민국의 '국민'이라는 범주에서 또한 제외되었다. 부계혈통주의 국적법에 따라 혼외 관계에서 출생하여 국적 없이 부모에 의해 버려진 이들은 '혼혈아'인 동시에 '사생아'였다(박정미, 2020: 93).

민족정체성은 혈통에 대한 믿음에 근거하지만 이 믿음은 실제이기보다는 허구성을 지닌다. 혈통으로 연결되었다는 의식이 형성되었을 때, 정치적 공동체가 구성되고, 함께 산다는 사실은 공통된 언어, 종교, 문화의 점진적인 발전을 이끈다(Weber, 1995: 130). 한국의 민족국가 형성 과정 또한 베버의 이론과 일치한다. 타민족과의 혼혈 없이 단일혈통을 유지하며 살았다는 믿음은 단일인종, 단일문화, 단일언어에 대한 놀라운 믿음을 가져왔다. 단일혈통은 '국민'을 정의하는 요소이자 새로운 민족국가의 통합을 위한 중요한 요소로 작용하였고 이러한 의식은 혼혈인을 민족공동체 일원으로 인정하지 않을 뿐 아니라 이들에 대한 차별적 대우를 정당화하는 요인으로 작동한다.

'국민'의 범주에 포함되지 않던 혼혈인들은 국가의 법적·제도적 보호 대상이 아니었고 이들을 한국 영토에서 없애는 것이 가장 효율적인 방법으로 간주된다. 대통령과 장관 대부분이 혼혈아들의 해외 입양을 지지했고(제32회 국무회의록, 1953: 825~826) 정부는 펄벅, 홀트와 같은 민간단체를 통한 해외 입양을 장려한다. 혼혈아 문제의 가장 궁극적인 해결책으로 여겨진 미국 입양은 한국 정부와 미국 정부의 협력에 따라 큰 어려움 없이 진행되었고 박정희 정권에 이르기까지 해외 입양은 줄어들지 않는다. 하지만 1962년 미국 개정이민법의 강화로 해외 입양이 어려워지면서 야기된 혼혈아들의 증가 앞에, 대부분의 해외 입양은 민간기관과 개인을 통해 이루어졌고, 정부는 버려진 혼혈아 숫자의 증가와 관련해서 명확한 입장을 보이지 않았다(김아람, 2009: 66). 즉, 해외 입양을 제외한 이들의 한국 내 사회적 통합을 위한 국가적·정책적 개입에 대한 논의는 전혀 이루어지지 않는다. 1974년 동아일보의 기사는 입양되지 못하거나 이를 원하지 않아 한국에 남아 성인이 된 혼혈인들의 실태를 보여준다.

혼혈아에게는 조국이 없다. 이들에게는 마땅한 살 곳도 일자리도 없다. 6.25의 잿더미 속에서 태어나 이제 성인의 문턱을 넘어선 혼혈아들은 사회의 냉대로 자립할 길을 찾지 못하고 아무도 같이 나누려 하지 않는 자기들만의 슬픔을 되씹으며 외로운 방황을 하고 있다. (…중략…) 현재 국내에 있는 비정상적인 결혼관계에서 태어난 혼혈아는 2천 1백 81명. (…중략…) 대부분의 혼혈아들은 확실한 직장을 갖지 못하고 있으며 천대와 멸시하는 조국을 떠난 어딘가로 가기를 원하고 있다. 혼혈아를 마치 죄인처럼 백안시하는 사회를 떠나 한 인간으로 대우받는 사회에서 살기를 바라고 있다는 것이다. 한 혼혈아는 "지금도 결합할 수 없는 동족들과 함께 살고 있다. 혼혈인이기 때문에 이럴 수도 저럴 수도 없는 난처한 입장에 빠져 있는 우리는 도대체 어떻게 해야 하냐"고 탄식한다. (동아일보, 1974.11.02)

1982년 미국의 이민법 개정이 이루어지면서 한국에 거주하고 있던 95%의 혼혈인들은 미국 이민을 원했고 많은 이들이 미국으로 떠났다 (김동심 등, 2003: 28). 이후, 성공한 혼혈 가수나 운동선수들의 이야기를 제외하고 미디어는 거의 미군 관련 혼혈인에 대해서 다루지 않는다. 1982~2000년 사이 한국에 남은 혼혈인과 그들의 어머니의 문제를 다룬 기사는 1995년 2월 10일 동아일보 기사가 유일하다(동아일보, 1995.02.10). 이렇듯 순혈주의, 한미의 복잡한 관계, 가부장제 등 다양한 요인들이 혼혈문제에 개입되어 미군 관련 혼혈인들은 한민족의 구성원으로, 더 나아가 완전한 시민으로 인정되지 못했다. 국가는 이들을 해외 입양과 이민을 통해 한국사회에서 분리시키기 원했고 결국 '우리'가 아닌 '타인'으로 규정된 이들은 한국사회에서 자신들의 '혼혈 정체성'을 숨긴 채 살도록 강요되었고 잊혀진 존재가 되었다. 1984년 이후 국가에 의해 어떤 실태조사도 이루어지지 않았고 현재 500여

명의 미군 관련 혼혈인이 한국에 살고 있는 것으로 추정될 뿐이다(김동심 등, 2003: 43).

4. 결혼이주자와 한국인 사이에서 태어난 자녀
: 이주와 '다문화주의'

1) 세계화, 이주, 국제결혼, 혼혈

한국에서 혼혈의 세 번째 세대는 세계화와 국제이주의 발달과 관련 있다. 1950년대 6.25전쟁과 남북 분단으로 인해 황폐화된 대한민국은 1960년대 중반 이후 가속화된 경제발전으로 1970년 81억 달러였던 국내 총생산(GDP)이 1980년 638억 달러, 1990년 2,637억 달러, 2000년 5,118억 달러, 2020년 1조 6,309억 달러에 이르렀고 2020년 세계 10대 경제대국이 되었다(The World bank, 2020). 하지만 빠른 경제성장으로 인한 1, 2, 3차 산업의 생산 구조의 불균형은 이러한 영역 사이의 고용구조의 변화와 경제성장으로 인한 사회적 변화를 수반하게 된다. 농촌에서 대도시로의 국내 이주, 이로 인한 농촌 지역의 노동력 부족과 농촌 총각들의 결혼 문제는 1990년대부터 외국인노동자의 노동이주와 외국인 신부의 결혼 이주를 야기한다. 이들의 이주를 시작으로 이주민의 증가는 최근 몇 십 년 동안 한국사회가 겪고 있는 가장 중요한 변화 중 하나이다. OECD 국가들과 비교할 때, 한국의 체류외국인 증가 속도는 매우 빠른 편이다. 2000년과 2008년 사이 OECD 국가들의 평균 체류외국인 증가율이 5.9%인 데 반해, 한국은 동일 기간 19.9%의 증가율을 보였고 이는 OECD 국가 중에서 가장 높은 증가율이었다(나라경제, 2011.10.17). 전체 인구 대비 체류외국인 비율은 2019년 4.87%로 매년 증가하다가 코로나19의 영향으로 2020년 말에는 2,036,075명으로 전체 인구의 3.93%를 차지하였다(법무부, 2021).

1990년대 초 '농촌총각 장가보내기' 캠페인과 함께 국가의 산업화의 혜택에서 제외된 나이 많은 한국 남성과 한국보다 경제적으로 낙후된 나라 출신 외국인 여성 사이의 국제결혼이 큰 폭으로 증가하게 된다(Kim, 2011: 153). 이들의 결혼은 '다문화'에 대한 활발한 논의를 일으키고 결혼이주여성과 이들의 혼혈자녀는 다문화정책으로 일컬어지는 사회통합정책 논의의 중심에 놓이게 된다. 1990년대 초기 국제결혼은 한국인 여성과 이주노동자 사이의 결합이었고 이러한 형태의 결혼은 실질적으로 논쟁거리가 되지 않았다. 또한 1992년 중국과의 수교가 체결된 이후 한국인 남성과 중국동포 여성 사이의 결혼이 증가했는데 이 결혼은 민족적·인종적 갈등을 야기하지 않는 '한민족' 사이의 결혼으로 이해되었기 때문에 이들의 혼혈 자녀의 사회통합과 관련된 논의는 일어나지 않았다(설동훈, 2014: 286~287). 하지만 1994년 한국인 남성의 국제결혼율이 한국인 여성의 국제결혼율을 초과하기 시작하고 결혼이주여성의 국적이 베트남, 필리핀, 태국, 우즈베키스탄 등으로 다양화되면서 한국 역사에서 처음으로 외국인 배우자의 이주와 관련된 이슈들이 공론화되기 시작한다. 1990년 1.2%에 불과했던 국제결혼율은 2005년 전체 결혼의 13.5%를 차지하게 되고 이후 배우자 비자 심사의 강화, 사회 통합이수제 의무화, 국제결혼중개업 관리법 제정

등의 조치로 인해(김유경, 2011: 46) 최근 몇 년간 8~9% 전후에 머물다가 2021년 6.8%로 나타나고 있다(E-나라지표, 2022).

인구고령화와 출산율 감소는 외국인 여성들을 한국 남성의 배우자로 불러들이게 된 중요한 요인 중 하나이다. 통계청에 따르면 2006년 합계출산율은 1.12로 이후 점차 감소하여 2021년 현재 0.84로 OECD 국가 중 가장 낮은 수치이다(E-나라지표, 2021). 남북통일이나 이주민의 유입 없이 이러한 현상이 지속될 경우 한국의 인구는 2750년 자연소멸될 것으로 예측되며 국가 유지를 위한 적정 생산 가능 인구를 확보하기 위해 한국은 1,500만 명의 이주민이 필요할 것으로 예상된다(The telegraph, 2014.08.25). 이러한 인구학적 현실은 국가로부터 결혼이주여성의 한국 거주 및 사회 통합을 장려하게 하는 정치적 장치를 마련하게 한다.

따라서 결혼이주여성과 한국 남성의 국제결혼을 통해 태어난 혼혈아는 앞서 살펴본 앞선 두 세대의 혼혈인과는 완전히 다른 상황에서 태어났으며 이들에 대한 사회적 논의 또한 매우 다른 양상으로 발전한다. 2006년에서 2014년 사이 국제결혼을 통해 태어난 혼혈아의 수는 7배나 증가하였고 이러한 추세를 반영하면 2020년 전체 출생 신생아의 3분의 1이 혼혈아가 되고 이들은 전체 국민의 3.3%에 이를 것으로 전망되었다(Business Insider UK, 2015.06.20). 이는 가족과 사회의 지형 변화에 영향을 미치게 되고 국제결혼으로 이루어진 가족은 '다문화 한국사회'의 출현에 실질적인 동력이 된다. 2010년 이후 국제결혼 관련 혼혈아 수는 지속적으로 증가하고 있으며 2016년 전체 출생아의 4.8%, 2020년 6%를 차지하였다(〈그림 1〉).

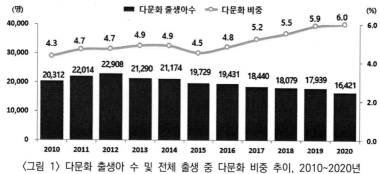

〈그림 1〉 다문화 출생아 수 및 전체 출생 중 다문화 비중 추이, 2010~2020년

자료: 통계청(2021), 2020년 다문화 인구동태 통계, 22쪽.

1990년대 정부는 이들을 대상으로 본격적인 통계조사를 실시하는 데 이러한 시도도 이전 세대 혼혈과 비교해서 변화된 정부의 시각과 관심을 반영한다. 1990년 이전에는 출판된 통계 열람만 가능하고 국제결혼부부에 대한 통계자료 접근도 어려웠지만 2001년 이후 국제결혼가족과 관련된 통계는 전산화되어 인터넷 사이트를 통해 쉽게 열람이 가능하다. 출입국·외국인 정책본부는 2005년부터 결혼이주자들과 관련된 유용하고 자세한 통계조사를 시작하고 이는 통계연보에 삽입된다. 이후 2006년 보건복지부는 「결혼이주여성 실태조사」를 실시하고 '외국인과의 혼인'은 통계청의 「인구동태통계」에 하나의 범주로 포함되게 된다. 흥미로운 것은 2008년 '다문화가족지원법'의 시행에 따라 3년마다 실시되는 「다문화가족 실태조사」이다. 이 조사는 개인, 가족 범주로 나누어 성별, 나이, 국적, 거주지, 직업뿐만 아니라 양부모 가족, 한부모가족 그리고 자녀의 수 등을 표기하고 있다. 2011년부터 동일법에 의거, 통계청은 「다문화 인구동태통계」라는 새로운 조사를 실시하여 다문화 혼인(성별, 나이, 국적, 거주지), 다문화 이혼, 다문화 출생, 다문화 사망과 같은 여러 가지 항목에 따른 통계를 생산한다. 결혼이주여성 주무부처인 여성가족부에 따르면 통계 측면에서 국제결혼가족의 상황을 파악하는 것은 다문화가족을 대상으로 한 정책을 발전시키는데 필수적인 과정인데(E-나라지표, 2022), 이는 '다문화가족=국제결혼가족'이라는 정부의 인식을 반영한다.

따라서 국제결혼부부는 국가의 사회 통합 관련 정책 및 서비스의 주요 대상이 됨으로써 과거 이들에게 부과되었던 부정적인 인식들은 '다문화주의'라는 이름 아래 사회적·경제적으로 취약계층인 동시에 '다문화' 한국사회의 사회통합을 위해 가장 중요한 대상으로 간주되고 있으며 이러한 국제결혼에 대한 국가의 인식은 혼혈에 대한 인식의 변화를 가져오게 된다. 즉, 오랜 세월 거절과 배제의 대상이었던 '혼혈'은 '다문화아동'이라는 보다 긍정적인 뜻을 내포하는 용어로 대체되기 시작하고 '다문화 가족정책'이라고 명명되는 국가 주도 사회통합정책의 주된 대상이 되었다. 혼혈이 오늘날 완벽하게 긍정적인 이미지를 지니는 용어가 되었다고 단정지을 수는 없지만 지난 20여 년 간 혼혈의 대표성에는 분명한 변화가 있었다. 그럼에도 불구하고, 오늘날 한국사회의 혼혈에 대한 관점의 변화와 다문화아동과 관련된 최근의 논의, 다문화정책의 형성 과정에 이전 세대 혼혈 이슈와 관련된 인종주의·민족주의적 요소들이 여전히 남아서 영향을 주고 있으며 이러한 요소들이 '다문화주의'가 없는 '한국식 다문화정책'을 형성하고 있다.

2) 결혼이주민 중심 '다문화주의'의 형성 과정
: '다문화주의'가 없는 한국의 '다문화정책'

　1980~90년대 국가 안전, 인종주의, 급진주의, 이슬람주의, 이민법, 불법 이민자에 대한 논의는 유럽과 미국에서 이주 관련 논쟁의 핵심이었고 각 나라들은 자신에게 가장 적절한 사회 통합모델을 찾고자 노력했다. 한국의 경우, 이주민 관련 논의는 주로 결혼이주여성과 이들의 혼혈 자녀들을 향하게 되었고 연구자와 미디어의 상호작용에 의해 형성된 담론은 국가의 정치적 결정에 영향을 주게 된다.

　가장 먼저, 정책적 결정은 기술적 능력과 학식, 전문지식이라는 이름 아래 전문가(연구자)들의 영향을 받는다. 아셍퇴펠(Patrick Hassenteufel, 2011: 204)에 따르면, "정치적 결정은 집합적 토론의 결과물로 여겨지며 전문가들은 시민과 정치가들 사이의 중재자의 역할을 한다". 새로운 연구영역으로써 이주 현상에 대한 학술적 연구는 1990년 중반 사회과학 분야의 학술논문을 시작으로 2000년대 본격적으로 이루어지는데 주로 이주노동자가 겪는 차별, 노동권, 경제적 지위, 빈곤, 체류지위와 관련된 것이었다(김현덕, 2003; 한건수, 2003; 설동훈, 2007). 2000년대 중반 이후 사회과학 분야의 많은 연구들은 '국제결혼', '결혼이주', '결혼이주여성'과 관련된 다양한 주제들을 다루고 있으며 특히 결혼이주여성들이 경험하는 문제들은 사회 통합의 주된 장애물로 지적되고 이를 해결하기 위한 사회적·제도적 장치의 필요성이 많은 연구자들에 의해 제기된다(최운선, 2007; 양옥경·김연수·이방현, 2007; 김교헌·권선정·박은진, 2007; 이성우, 2008). 2006년 '다문화주의' 용어가 채택되면서 이후 다문화와 관련된 연구들은 자연스럽게 결혼이주여성과 이들의 자녀로 귀결된다. 결혼이주여성 자녀들이 겪는 다양한 문제들이 연구를 통해 드러나면서(정덕희, 2008; 조혜영·이창호·권순희·서덕희·이은하, 2007; 김승희, 2011) 이들은 '다문화아동'이라고 명명되기 시작하고 "가정, 경제, 문화적으로 다양한 문제를 가진 아동"이라는 공통된 인식을 기반으로 이들을 대상으로 하는 정책적 지원의 필요성이 크게 대두된다.

오늘날 신문, 텔레비전, 라디오, 인터넷, 사회관계망서비스와 같은 다양한 대중매체의 발달은 사회구성원들의 사고와 행동에 큰 영향을 미치게 되었고, 결혼이주여성 가정의 복지를 보장하기 위한 한국식 다문화주의가 발달하는 데 중요한 역할을 하게 된다. 2005년 이후, 언론은 한국 남성의 국제결혼과 이들 가정에서 태어난 혼혈아에 대해 다루기 시작하는데 이들은 저소득층, 부부·가족 문제, 언어 문제, 학업 문제를 갖는 가정으로 묘사되고(동아일보, 2006.02.09; 동아일보, 2006.01.14; 조선일보, 2009.01.17) 이들에 대한 국가 개입의 필요성을 역설하기 시작한다. 주요 텔레비전 방송국들도(MBC, KBS, SBS) 다문화가정들을 대상으로 적지 않은 프로그램을 편성하기 시작한다.[3] 여기서 주목해야 할 점은 모든 방송이 다문화를 이야기하지만 어떤 방송도 이주노동자와 그들의 자녀를 다문화가정의 범주 아래 다루지 않고 결혼이주여성과 이들의 가정만이 다문화 한국사회를 만드는 유일한 주체인 것처럼 보여준다는 점이다. 또한 이 혼혈아들은 경제·문

---

3) KBS 〈글로벌가족 이(李)가네 며느리들〉, 〈러브 人 아시아〉, 〈외국인 며느리 골든벨〉; MBC 〈다문화 희망 프로젝트=우리는 한국인〉, 〈최강 외국인 며느리 열전〉; SBS 〈외국인 며느리 열전〉; EBS 〈다문화 고부열전〉 등 참고.

화적 차원에서 국가이미지의 개선과 국가경쟁력에 기여할 주체로써 강조되어 나타난다(한겨레, 2006. 04.06; 조선일보, 2009.08.13; 동아일보, 2008.01.04).

2000년대 중반 150만 명의 체류외국인의 존재를 통해 다문화정책의 필요성이 제기되었지만 이처럼 결혼이주여성에 집중된 연구와 미디어의 관심은 다문화정책의 실제 대상이 약 15만 명의 결혼이주자 중 86%를 차지하고 있는 결혼이주여성들과 그들의 자녀로 한정되는 데 큰 역할을 하였다. 결혼이민자 정책은 2005년 5월 22일 노무현 대통령이 결혼이주여성과 이들의 혼혈자녀의 국가 개입 파악과 차별 개선 추진을 대통령 지시과제로 지시하면서 시작되었다. 2006년 3월 5일 노대통령은 사회 통합을 위한 첫 번째 지원계획을 승인했고, 같은 해 하인스 워드의 성공신화는 외국인, 특히 혼혈인에 대해 부재했던 사회적 수용성에 대한 운동의 촉매제로 작용했다(대한민국 정책브리핑, 2007.02.23). 하인스 워드의 방한은 국제결혼 가정 차별금지법 제정 논의, 혼혈인에 대한 대학쿼터제, 외국인 배우자들에게 영주권과 간이 귀화의 부여, '혼혈인' 용어의 차별성 내포로 인한 '결혼이민자의 자녀' 로의 용어 대체에도 영향을 주었다(출입국외국인 정책본부, 2006). 그리고 2007년 7월 18일, 마침내 결혼이민자와 그들의 자녀들의 대한민국 사회 적응을 돕고 사회 통합을 위한 목적으로 '재한외국인처우기본법' 이 제정된다(재한외국인처우기본법 제1조, 12조, 2007).

3) 결혼이주여성과 한국인 사이의 자녀

: '다문화아동'이라는 사회적 범주화(social categorisation)

2007년 '재한외국인처우기본법'이 제정되면서 이 '새로운' 혼혈 집단은 한국의 이주민 관련 첫 번째 국가정책에서 가장 우선시되는 대상이 된다. 혼혈인들을 '결혼이민자의 자녀'로 명명하자는 국가의 제안은 앞의 2절, 3절에서 다루었던 이전 세대 혼혈인들과 비교해서 완전히 달라진 사회와 국가의 인식을 보여준다. 국가는 미군과 한국 여성 사이에서 태어난 혼혈인 하인스 워드 신드롬에도 불구하고 한국사회에 존재했던 이전 혼혈세대의 역사와 정체성에 대한 인정과 지원정책 마련보다 또 다른 혼혈세대인 결혼이민자 자녀만을 '국민'으로 인정하고 사회 통합의 대상으로 삼는다.

'재한외국인처우기본법' 제5조는 5년마다 외국인 정책 기본 계획을 수립할 것을 규정하고 있으며 외국인 정책은 국경 및 출입국 관리, 국적 부여 정책과 이민자 사회통합 정책을 포괄하는 이민정책(Immigration Policy)을 의미한다(법무부, 2018: 4). 즉, 한국에서 '외국인 정책'은 '이민 정책'으로 이해할 수 있다. 1차 외국인 정책 기본 계획(2008~2012년)은 다문화에 대한 이해 증진, 결혼이민자의 안정적 정착, 이민자 자녀의 건강한 성장환경 조성이 2차 기본 계획(2013~2017년)에서는 자립과 통합을 고려한 국적 및 영주제도 개선, 체계적인 이민자 사회 통합프로그램 운영, 국제결혼 피해 방지 및 결혼이민자 정착 지원, 이민 배경 자녀의 건강한 성장환경 조성, 이민자 사회 통합을 위한 인프라 구축이 결혼이민자 가족과 그 자녀를 위한 중점과제로 제시된다. 3차 외국인 정책 기본 계획(2018~2022년)도 재한외국인을 중심으로 다양한 중점과제들이 존재하지만 실질적으로 국가의 이민정책은 결혼이민자와 그 자녀의 지원에 편중됨에 따라 그 이외 이민자에 대한 지원은 상대적으로 취약하다(법무부, 2018: 16).

결혼이민자와 '다문화아동'이라고 범주화된 이들의 혼혈자녀가 국가의 이민정책의 핵심이 된 과정에 대한 분석은 이전의 혼혈세대와 비교해서 이들이 가진 상이한 생물학적·가족적·사회적 특징을 보여준다. 결혼이민자 자녀의 탄생 시기는 한국사회의 빠른 다문화, 다민족 사회로의 이행과 크게 관련이 있다. 실질적으로 국내 체류외국인의 30%가 이주노동자임에도 불구하고 언론, 연구자, 정부는 결혼이민자와 이들의 자녀를 한국사회의 다문화화에 가장 큰 영향을 미치는 주체로 드러낸다. 혼혈인들에 대한 정책적인 시도는 이들이 가진 정체성에 기인한다. 국가는 이전의 혼혈세대들에게 부과되었던 차별과 부정적인 인식들을 '다문화'라는 틀 안에서 변화시키고 이들을 한국사회로 '통합'하는 법적·정책적 지원을 마련하였다. 이러한 통합의 근거는 이들의 생물학적 정체성, 즉 대부분이 한국인 아버지를 둔 법적인 '한국인'이라는 점과 문화적 정체성, 이중문화·이중언어의 장점을 가진 세계 속의 한국을 이루어 나가는데 필요한 '다문화 글로벌 인재'라는 점에 있었다. 여기에 저출산고령화라는 국가적 위기는 결혼 이주에 호의로운 정책 및 결혼이주여성과 '다문화아동'에 대한 국가적 지원을 보다 정당화한다. 즉, 부모 중 한 명이 출생부터 한국인인 국제결혼가정만이 '다문화가족'이라는 자격을 갖추며 여기에 수반되는 국가의 '다문화가정 지원정책'의 수혜자가 될 수 있었고 그 비율이 점차 감소하고 있기는 하지만 여전히 한국 남자와 외국 여자와의 혼인으로 이루어진 다문화가족이 다문화정책의 중심인 점은 다문화주의 담론 안에 여전히 부계혈통을 강조하는 가족이데올로기가 남아 있음을 보여주며 이것이 한국 역사에서 처음으로 국가가 '혼혈'을 한국사회의 구성원으로 '인정'하는 근거로 작용하였음을 알 수 있다.

5. '내부 경계'를 넘어선 '다문화주의'로

2008년 인구조사에 처음으로 공식적인 범주로 등장한 '다문화가족', '다문화아동'은 저자로 하여금 혼혈 관련 이슈에 관심을 갖게 하였고 이에 본 글을 통해 근현대 한국역사에서 혼혈이 어떻게 표상되었고 어떠한 문제들을 제기하였는지를 살펴보았다.

국가적 논의의 차원에서 혼혈 이슈의 변화를 살펴보면, 한국에서 혼혈은 사회적으로 눈에 잘 띄지 않는 대상이었지만 반복적으로 논쟁의 대상이었음을 알 수 있다. 특히 존재하였으나 그 존재가 알려지지 않았던 내선혼혈인과 미군 관련 혼혈인과 관련하여 일제 식민지로부터의 해방과 1950년대 혼혈아들의 해외 입양과 함께 혼혈문제는 감추어지고 사라져 버린 반면, 오늘날 다문화가족 지원정책으로 불리우는 정책들의 입법과 실행은 '혼혈 정체성'에 새로운 의미를 부여하고 있다. 과거 '혼혈'이 지니고 있던 부정적인 이미지가 '다문화아동'이라는 조금 더 부드럽고 긍정적인 가치로 변화되고 있으며 정부 정책에서 볼 수 있듯이 '다문화아동'은 한국의 문화적 다양성을 대표하는 집단으로 상징화되어 가고 있다. 이 '새로운 혼혈인'들은 정부 입장에서 더이상 국가에 불필요한 존재가 아니며 글로벌·다문화사회를 발전시키고 인구 감소의 위기에 대처할 수 있는 한국인이다. 하지만 이러한 정부의 인식의 변화에도 불구하고, 결혼이주민의 가정만을 대상으로 하는 '한국식 다문화주의'는 한국사회 내에 새로운 '내부 경계'를 형성하고 있다. 한국인과 다문화가정 사이의 '내부 경계'는 '다문화주의'에 대한 잘못된 이해와 다문화가족이라는 범주를 만들어 이들에 대한 정책과 지원을 지칭하는 단어로 '다문화'를 사용한 국가의 오용에 기인한다. 왜냐하면 다문화가정이 다문화정책이라는 이름 아래 제공받는 것들은 본래 '다문화주의'의 핵심인 이민자들의 '문화적 차이에 대한 인정'(Taylor, 2009)의 요소들은 전혀 없고 많은 정책들은 사회(복지)정책적 특징만을 가지고 있기 때문이다.

다시 말해서 역차별과 반다문화 논쟁을 일으키는 다문화가족에 대한 선별적 지원의 형태나 국공립 어린이집 입소 우선권, 공기업 채용 가산점, 주택 특별 공급, 대학 특례 등과 같은 제도들 모두 '다문화정책'으로 인식되고 명명되지만 이들은 '문화적 차이 인정의 정책'이 아니다. 위비오카(Michel Wieviorka)가 지적하듯이 "역사적, 사회적인 이유로 하나의 집단에 속하여 시작부터 불리한 상황에 처한 개인은 대학, 고용, 재정, 공공서비스에까지 보다 빠른 접근이 가능하도록 지원받아야 하는데 이는 사회정의와 사회적 재분배를 위한 사회정책이며 이 집단의 문화적 차이를 인정하고 이들의 전통, 문화, 음악, 종교 등을 발달시키도록 돕는 다문화정책이 아니다"(Wieviorka, 2012: 14). 따라서 결혼이주민과 그 자녀들을 '다문화가족'으로 범주화하고 이들에 대한 정부의 사회정책을 '다문화정책'이라고 명명하는 것은 수정되어야 한다.

다문화가 가지는 의미의 혼동 또한 한국사회에서 빈번하게 일어나고 있다. 실질적으로 정책적 의미에서의 다문화는 결혼이주민과 한국인으로 구성된 가족들에 대한 사회통합정책을 지칭하는데 쓰이는 데 반해, 국내의 반다문화 현상과 관련한 내용을 들여다보면 이주민, 특히 이주노동자, 난민에 대한 부정적인 정서를 표출할 때 반다문화라는 표현을 사용하는 것을 발견할 수 있다. 이들이 '단일'하다고 상상되어지는 한국사회에 가져올 종족적 다양성, 종교(특히 이슬람)에 대한 경계, 자국민과의 경제적 마찰 등과 같은 '반이민적' 인식들은 '반다문화'로 대표되고 있다. 한국인이 아닌 결혼이민자뿐 아니라 이주노동자, 난민 등 다양한 이민자들을 한국 영토 내에 받아들이고 이들을 지원하는 모든 정책들은 '다문화'로 인식되는 것이다. 정부와 일반인들 사이에 '다문화'로 지칭되는 대상에 차이가 생기게 된 과정과 '反이주민'이 '反다문화'와 동일시되게 된 과정에 대한 추가적인 분석이 필요하다. 이는 국내 체류 외국인이 200만 명을 넘어선 2021년 현재, 기존의 문제들을 파악하고, 한국사회 내부에 증가하고 있는 다양성을 이루는 구성원 모두의 적응과 통합을 위한 정책과 과제들을 수립하는데 필수적인 과정이다. '차이'를 '차별'로 인식하게끔 하여 한국인들 사이에 '내부 경계'를 형성해 온 그동안의 '한국식' 다문화정책의 수정이 필요하며 이는 더 넓고 포괄적인 의미의 '다문화주의' 이민정책을 통해서 시작되어야 한다.

참고문헌

강진구(2011), 「국제결혼과 혼혈의 탄생: 최정희의 〈끝없는 浪漫〉을 중심으로」, 『현대문학의 연구』 45, 한국문학연구학회, 149~177쪽.

강진구(2009), 「수기(手記)를 통해 본 한국사회의 혼혈인 인식」, 『우리문학연구』 26, 우리문학회, 155~187쪽.

곽은희(2011), 「낭만적 사랑과 프로파간다」, 『인문과학연구』 36, 대구대학교 인문과학연구소, 167~188쪽.

김경수(1999), 『염상섭 장편소설 연구』, 일조각.

김교헌·권선정·박은진(2007), 「국제결혼에 따른 문화적응에서 지역사회와 대학의 역할」, 『사회과학연구』 18(2), 충남대학교 사회과학연구소, 1~25쪽.

김동심·곽사진·김일란·한영희·박경태·김두연(2003), 「기지촌 혼혈인 인권 실태조사」, 국가인권위원회.

김미혜(1982), 「혼혈청소년의 자아정체감에 관한 연구」, 이화여자대학교 석사 논문.

김수연(2000), 「한국의 혼혈인 복지정책에 관한 연구」, 중앙대학교 석사논문.

김순덕(1992), 『엄마 왜 나만 검어요?』, 문성당.

김성환·양재두·최희칠·이의천(2005), 「혼혈아동들의 사회적 편견」, 『고려교육정책학』 4(1), 고려교육정책학회, 97~111쪽.

김승권·김유경·조애저·김혜련·이혜경·설동훈·정기선·심인선(2010), 『2009년 전국 다문화가족 실태조사 연구』, 보건복지가족부·법무부·여성부·

한국보건사회연구원.

김승희(2011), 「다문화가족 자녀의 정체성 문제에 관한 질적 연구」, 『가족과 문화』 23(3), 한국가족학회, 25~61쪽.

김아람(2009), 「1950년대 혼혈인에 대한 인식과 해외 입양」, 『역사문제연구』 13(2), 역사문제연구소, 33~71쪽.

김양임(1995), 「우리나라 국내입양 활성화 방안을 위한 국민의식에 관한 연구」, 숭실대학교 석사논문.

김유경(2011), 「다문화가족의 변화전망과 정책과제」, 『보건복지포럼』 175, 한국보건사회연구원, 45~62쪽.

김현덕(2003), 「외국인 노동자 복지 실태에 관한 연구」, 이화여자대학교 석사논문.

대한민국 정책브리핑(2022.02.04), 「보도자료: 제20차 다문화가족정책위원회」.

대한민국 정책브리핑(2007.02.23), 「동화정책을 넘어 공생 정책으로」.

박경태(1999), 「한국사회의 인종 차별: 외국인 노동자, 화교, 혼혈인」, 『역사비평』 48, 역사비평사, 189~208쪽.

박정미(2020), 「혈통에서 문화로? 가족, 국적, 그리고 성원권의 젠더 정치」, 『한국사회학』 54(4), 한국사회학회, 83~119쪽.

박정미(2014), 「발전과 섹스: 한국 정부의 성매매 관광정책, 1953~1988년」, 『한국사회학』 48(1), 한국사회학회, 235~264쪽.

박정미(2011), 「한국전쟁기 성매매 정책에 관한 연구: '위안소'와 '위안부'를 중심으로」, 『한국여성학』 27(2), 한국여성학회, 35~72쪽.

백연옥(1993), 「미혼모의 혼혈아동 양육여부 결정과정에 관한 상담 사례연구」, 『한국사회복지학회 추계학술대회자료집』, 182~191쪽.

법무부(2021), 출입국통계: 체류외국인.

    https://han.gl/kjVpGe (검색일: 2022.06.01)

법무부(2018), 제3차 외국인 정책 기본 계획(2018년~2022년)

서재송(1994), 「혼혈인들은 어떤 문제를 가지고 있는가?」, 『사목』 191, 전남
    대학교 세계한상문화연구단, 44~56쪽.

설동훈(2014), 「국제결혼이민과 국민·민족 정체성: 결혼이민자와 그 자녀의
    자아 정체성을 중심으로」, 『경제와 사회』 103, 비판사회학회, 278~312쪽.

설동훈(2007), 「혼혈인의 사회학: 한국인의 위계적 민족성」, 『인문연구』 52,
    영남대학교 인문과학연구소, 127~164쪽.

양옥경·김연수·이방현(2007), 「서울거주 국제결혼이주여성의 문화적응과
    사회적 지원서비스에 관한 조사연구」, 『서울도시연구』 8(2), 서울연구
    원, 229~251쪽.

오미영(2009), 「혼혈인에 대한 낙인 연구: 혼혈인에 대한 낙인에 영향을 미치
    는 요인과 낙인효과」, 『한국사회복지학』 61(2), 한국사회복지학회, 215
    ~246쪽.

오오야 치히로(2006), 「잡지 '내선일체(內鮮一體)'에 나타난 내선결혼의 양상
    연구」, 연세대학교 석사논문.

와타나베 아츠요(2004), 「일제하 조선에서 내선결혼의 정책적 전개: 1910~20
    년대를 중심으로」, 서울대학교 석사논문

원영희(1990), 「한국 입양 정책에 관한 연구: 전개 과정 및 문제점을 중심으로」,
    이화여자대학교 석사논문.

유현승(1997), 「혼혈 청소년 문제 해결을 위한 사회교육: 동두천 지역 혼혈청
    소년을 중심으로」, 서강대학교 석사논문.

E-나라지표(2022), 국제결혼현황. https://han.gl/ihCIo (검색일: 2022.06.02)

E-나라지표(2020), 합계출산율. https://han.gl/AvHkw (검색일: 2022.06.02)

이경희(1997), 「[사랑을 심는 사람] 기지촌 사람들과 함께하는 삶: 다비타의 집 전우섭 목사」, 『새가정』, 새가정사, 30~33쪽.

이나영(2007), 「기지촌의 공고화 과정에 관한 연구(1950~60)」, 『한국여성학』 23(4), 한국여성학회, 5~48쪽.

이산호·김휘택(2017), 「국가 정체성과 다문화주의, 그 위험한 관계: 프랑스의 경우」, 『다문화콘텐츠연구』 24, 중앙대학교 문화콘텐츠기술연구원, 39~62쪽.

이성우(2008), 「혼인 이주 여성의 지위와 법적 문제」, 『서울법학』 16(1), 서울시립대학교 법학연구소, 125~158쪽.

이임하(2004), 「미국의 동아시아 주둔과 섹슈얼리티」, 성균관대학교 동아시아 유교문화권 교육연구단 편, 『동아시아와 근대 여성발견』, 청어람미디어.

이정선(2015), 「일제의 내선결혼 정책」, 서울대학교 박사논문.

이정선(2013), 「전시체제기 일제의 총동원정책과 '내선혼혈(內鮮混血)' 문제」, 『역사문제연구』 17(1), 역사문제연구소, 217~255쪽.

이정선(2011), 「1910~23년 內鮮結婚 법제의 성립 과정과 그 의미」, 『법사학 연구』 44, 한국법사학회, 211~250쪽.

재한외국인처우기본법(2007), law.go.kr/법령/재한외국인처우기본법.

정덕희(2008), 「결혼이민자가정의 자녀교육문제」, 『아동교육』 17(4), 한국아동교육학회, 243~256쪽.

제32회 국무회의록(1953.04.11), 혼혈아 명부를 주미한국대사관에 송부절차 중이다(관리번호 BA0085168).

https://han.gl/eMVzgM (검색일: 2022.06.01)

조정래(1999), 「미운오리새끼」, 『상실의 풍경』(조정래문학전집 3), 해냄.

조하나·박은혜(2013), 「혼혈에 대한 사회적 의미: 1950년~2011년 신문기사를 중심으로」, 『다문화콘텐츠연구』 13, 중앙대학교 문화콘텐츠기술연구원, 367~407쪽.

조혜영·이창호·권순희·서덕희·이은하(2007), 「다문화가족 자녀의 학교생활실태와 교사·학생의 수용성 연구」, 한국청소년정책연구원 연구보고서, 134~137쪽.

최강민(2006), 「단일민족의 신화와 혼혈인」, 『어문론집』 35, 중앙어문학회, 287~314쪽.

최운선(2007), 「국제결혼이주여성의 사회문화적응에 관한 연구」, 『아시아여성연구』 46(1), 숙명여자대학교 아시아여성연구원, 141~181쪽.

출입국외국인 정책본부(2006), 중앙일보 "차별금지 법안 표류" 제하 보도관련 해명자료, https://han.gl/nQEbi (검색일: 2022.06.01)

하상복(2012), 「황색 피부, 백색 가면: 한국의 내면화된 인종주의의 역사적 고찰과 다문화주의」, 『인문과학연구』 33, 강원대학교 인문과학연구소, 525~556쪽.

한건수(2003), 「"타자 만들기": 한국사회와 이주노동자의 재현」, 『비교문화연구』 9(2), 서울대학교 비교문화연구소, 157~193쪽.

통계청(2021), 「2020년 다문화 인구동태 통계」.

Atkins, E. T.(2010), *Primitive Selves: Koreana in the Japanese Colonial Gaze, 1910~1945*, University of California Press.

Barjot, D.(2011), "Le développement économique de la Corée du Sud depuis 1950", *Les cahiers de Framespa* (en ligne), http://framespa. revues.org/899; DOI: 10.4000/framespa.899 (검색일: May.20.2022)

Belmessous S.(2005), "Assimilation and Racialism in Seventeenth and Eighteenth-Century French Colonial Policy", *American Historical Review*, 110(2), pp. 322~349.

Brock, R. N., Thistlethwaite, S. B.(1996), *Casting Stones. Prostitution and Liberation in Asia and the United States*, Minneapolis: Fortress Press.

Brownimiller, S.(1975), *Against Our will. Women and rape*, New York: Ballantine.

Clancy-Smith, J., & Gouda, F.(1998), *Domesticating the Empire: Race, Gender, and Family Life in French and Dutch Colonialism*, Charlottesville: University Press of Virginia.

Duncan, J.(1998), "Proto-nationalism in pre-modern Korea", in Lee Sanoak et Park Duksoo(ed.), *Perspectives on Korea* (pp. 198~221), Sydney: Wild Peony Press.

Han, J. Y.(2011), "La corée et les Etats-Unis: une relation particulière", *Bulletin de l'Institut Pierre Renouvin 1*, 34(2), pp. 113~124.

Hanley, C. J., Choe, S. H., et Mendoza, M.(2002), *The bridge at No Gun Ri: A hidden nightmare from the Korean war*, New York: Henry Holt & Company.

Hassenteufel, P.(2011), *Sociologie politique: l'action publique*, Armand Colin.

Holodny, E.(2015, June 20), "South Koreans could ne 'extinct' by 2750", *Business Insider UK*. https://han.gl/fHppQ (검색일: May.30.2022)

Hurh, W. M.(1972), "Marginal Children of War: An exploratory study of American-Korean Children", *International Journal of Sociology of the Family*, 2(1), pp. 10~20.

Jean-Baptiste, R.(2011), "Miss Eurafrica: Men, Women's Sexuality, and métis identity in Late Colonial French Africa, 1945~1960", *Journal of the History of Sexuality*, 20(3), pp. 568~593.

Kim, T. S(2011), "Sur le «multiculturalisme» à la coréenne", *Hérodote*, 141(2), pp. 151~160.

Moon, K. H. S.(1997), *Sex among allies: Military Prostitution in U.S. Korea Relations*, New York: Columbia University Press.

Park Nelson, K.(2009), "Mapping Multiple Histories of Korean American Transnational Adoption". US-Korea Institute at SAIS. http://www.jstor.org/stable/resrep11130

Peattie, M. R.(2005), "Japanese Attitudes Towards colonialism, 1895~1945", in Ramon, H. M. & Peattie, M. R.(ed.), *The Japanese colonial empire, 1895~1945* (pp. 80~127), Princeton University Press.

Ressler, E. M., Boothby, N. & Steinbock, D. J.(1988), *Unaccompanied children, Care and protection in wars, natural disaster, and refugee movements*, Oxford: Oxford University Press.

Roberts, S. H.(1929), *History of French colonial policy (1870~1925)* I, London: P. S. KING & Son.

Ryall, J.(2014, August 25), "South Koreans' will be extinct by 2750", *The telegraph*, https://han.gl/GQhaJ (검색일: May.30.2022)

Saada, E.(2007), *Les enfants de la colonie. Les métis de l'Empire français entre sujétion et citoyenneté*, La Découverte.

Shin G. W.(2006), *Ethnic nationalism in Korea: Genealogy, Politics, and Legacy*, Stanford University Press, 2006.

Stoler, A. L.(2002), *Canal Knowledge and Imperial Power: Race and the Intimate in Colonial Rule*, Berkeley: University of California Press.

Taylor, C.(2009), *Multiculturalisme: différence et démocratie*, Paris: Flammarion.

The World Bank(2020), GDP (current US$). https://han.gl/zMuvt (검색일: 2022. 06.01)

Tugault, Y.(1984), "L'immigration coréenne au Japon", *Population*, 39(6), pp. 1073~1075.

Weber, M.(1995), *Economie et société*, Tome I: les catégories de la sociologie, (trad. de l'allemand sous la direction de Julien Freund), Paris, Plon, collection Agora.

Wieviorka, M.(2012), "Différences culturelles et démocratie", in Vaugrand, H.(ed.), *Multiculturalisme, métissage et démocratie* (pp. 9~34), L'Harmattan.

Ito Takashi 伊藤孝司(1996), 日本人花嫁の戦後: 韓国・慶州ナザレ園からの証言 (Japanese women after the war: testimony of the Japanese women of the Nazareth hospice in Kyongju in Korea), LYU工房.

Nishiyama Umeko 西山梅子(1972), ""棄民"にされた韓国の日本人妻の証言"(Testimony of Japanese wives in Korea who were abandoned by their country), 潮, pp. 253~275.

Yuko Suzuki 鈴木裕子(1992), 従軍慰安婦・内鮮結婚(Military comfort women, Korean-Japanese mixed marriage), Tokyo: 未来社.

잡지 및 신문기사

"外國人 이땅에서사는 그들의 어제와 오늘(2) 美軍", 경향신문, 1968.09.16.

"설레는 異邦地帶", 경향신문, 1963.12.30.

"全國私娼의 生態", 경향신문, 1958.08.11.

"落胎 시킨 洋公主" 경향신문, 1952.04.21.

"無期懲役을 論告 朝鮮婦女强姦한 美兵에게", 경향신문, 1947.02.05.

"집중토론 다문화 한국의 미래, 어떻게 대비해야 하나? 민족・영토・국민의 불일치…이젠 세계시민으로 거듭나야", 나라경제, 2011.10.17.

정미경(2008.01.04), "한국인도 외국인도 아닌 그들", 동아일보.

이종석(2006.02.09), "국내 혼혈인들 '하인스 워드 열풍' 명암", 동아일보.

문병기・윤완준・이종석(2006.01.14), "혼혈인, 그들도 한국인입니다/下: 교육 대책마련시급", 동아일보.

"한국인의 초상(7) 美軍 기지촌 「혼혈문화」의 고향 「한국속 아메리카」", 동아일보, 1995.02.10.

"어울릴 수 없는 祖國이 밉다. 冷待 받는 混血兒", 동아일보, 1974.11.02.

"嬰兒를 絞??? 洋公主와 醫師共謀", 동아일보, 1955.09.27.

"混血嬰兒 美部隊에 屍體", 동아일보, 1953.07.18.

"婦女손댄 米兵 四名에 終身懲役", 동아일보, 1946.03.13.

"士男妹를 더리고 鐵路에 投身한 少婦", 동아일보, 1934.11.30.

"毀節한 寡婦가 불의아를 압살", 동아일보, 1934.06.13.

"國境업는 愛의 悲劇 日本女子棄兒罪", 동아일보, 1927.04.02.

「(論說) 內鮮人 融和의 要諦」, 每日申報, 1926.10.29.

"日鮮融和의 根本政策과 民籍手續法", 每日申報, 1921.6.16.

우봉운(1931, September), 「이민족과의 결혼시비: 정책적 결혼만 배제」, 『삼
천리』 3(9), 29쪽.

한용운(1931, September), 「이민족과의 결혼시비: 재일 재만 동포 문제와
국제주의」, 『삼천리』 3(9), 28쪽.

"다문화 가정의 미래, 아빠 손에 달렸다 (1) 두 나라 모두 아는 아이로 키우
자", 조선일보, 2009.08.13.

강인범·우정식·최수호(2009.01.17), "다문화가정을 껴안자 (2) 2세들이 앓고
있다", 조선일보.

"朝鮮男日女間 影兒壓殺", 조선일보, 1929.03.08.

"產兒壓殺한 日女", 조선일보, 1925.05.10.

"그들을 '코시안'이라 부르지 말라", 한겨레, 2006.04.06.

팬데믹과 혐오

: 베트남 관련 기사의 댓글을 중심으로

강진구

1. COVID-19 팬데믹과 한-베 관계

베트남을 방문한 한국인들은 이른바 '한류 열풍'을 체감하게 된다. 공항의 광고판을 점령한 국내 글로벌 기업의 브랜드 광고와 박항서 감독의 사진에 괜히 어깨가 으쓱하기도 하고, 한국어 관련 학과의 급성장에서 새삼 세계 웅비하는 대한민국에 자부심을 갖기도 한다.

2019년, 베트남은 미국과 중국에 이어 3위를 차지하고 있는 무역교역 국가이며, 한국인이 가장 선호하는 관광지(민영규, 2019)로 부상하였다. 더불어 베트남인들의 한국과의 인적 교류 역시 매우 빠른 속도로 증가하고 있다. 베트남인들은 여전히 결혼이민자 비율에서

35.4%인 중국에 이어 43,369명으로 전체 결혼이민자의 25.7%로 2위를 점하고 있다. 국내 체류 외국인 유학생 비율에서는 38.2%인 60,646명으로 중국마저 제치고 1위를 차지하고 있다(법무부 출입국·외국인 정책 본부, 2021). 게다가 한국 정부 역시 '신남방정책'의 지속적 추진과 함께 '베트남 환대주간'[1]을 운영하는 등 다각적인 노력을 경주함으로써 베트남과의 안정적인 관계 형성을 위해 노력하고 있다(한국관광공사, 2019). 그 결과 한국과 베트남은 비록 한국군의 베트남전 참전으로 인한 상처와 베트남 출신 결혼이민자에 대한 일부 한국인들의 차별로 인한 불신에도 불구하고 1992년 한·베 수교 이래 '포괄적 동반자 관계'를 형성할 만큼 상호 협력과 신뢰 관계를 공고히 하고 있다(서은희·이재성, 2019).

하지만, 코로나19(COVID-19) 출현으로 인한 이른바 팬데믹 상황─대구발(發) 한국인 관광객에 대한 베트남 당국의 격리와 입국 금지 조치─은 양국 국민들이 수교 이후 오랜 기간에 걸쳐 조심스럽게 쌓아왔던 신뢰 관계를 일시에 냉각시키는 악제로 작용하였다.

베트남 정부는 코로나19가 한국 내에서 빠르게 확산되자 한국 거주 자국민들의 입국 자제를 요청하는 한편, 한국 정부와 사전 협의도 없이 한국인들을 태운 항공기의 착륙을 불허하는 등 사실상 입국 금지 조치를 단행하였다. 한국인에 대한 베트남 정부의 조치가 알려지고, 언론과 SNS를 통해 베트남인들이 한국인을 '코리아 코로나'로 부른다

---

1) 정부와 한국관광공사는 '베트남 관광객 환영합니다!'라는 모토로 2019년 9월 2일부터 8일까지 베트남 환대주간을 운영하였다.

는 소식이 더해지자 여론은 나빠졌다. 국내 여론은 이전까지의 우호 관계에서 일순간 베트남 정부에 대한 비난으로 넘쳐났으며, 심지어는 베트남인들에 대한 혐오로까지 돌변했던 것이다.

이 글은 초연결성과 대비되는 팬데믹 상황에서 초연결성을 가로막는 갈등 상황이 어떤 방식으로 혐오 감정으로 발현되는가를 밝히는 것이다. 구체적인 방법으로는 대구에서 대규모로 확산된 코로나19를 근거로 한국인들의 입국을 금지시킨 행위에 대한 한국인들의 반응을 텍스트마이닝 분석을 통해 밝히는 것이다. 이를 위해 2020년 1월 1일부터 2020년 12월 31일까지 1년간의 베트남 관련 '네이버 뉴스' 기사의 댓글을 텍스트마이닝 기법으로 분석하였다.[2]

이 글에서 댓글을 분석 대상으로 삼은 것은 댓글이 뉴스의 생산과 정보 전달에 일정한 영향을 미치기 때문이다. 댓글은 비교적 짧은 문장으로 이루어졌지만, 특정 사안에 대해 비슷한 목소리를 뭉치게 함으로써 엄청난 영향력을 발휘한다. 또한 뉴스 이용자에게 특정 뉴스를 다른 뉴스보다 더 중요한 것으로 인식되게 만드는 역할을 한다. 반면 댓글은 "대상에 대한 인신공격이나 욕설, 비방 등 언어폭력"을 통해 "합리적 토론"보다는 갈등을 고조시키는 역기능을 담당하기도 한다(김은미·선유화, 2006). 댓글이 지닌 양면성에도 불구하고 댓글을 분석 대상으로 삼은 것은 그것이 "다른 사람들의 인식 정도와 사회적인 여론의 온도를 감지하고 세상을 이해하는 척도"(권상희·김익현,

---

2) 뉴스 기사의 댓글에 대한 텍스트마이닝 분석의 장단점에 대해서는 강진구·이기성(2019)의 논문을 참조할 것.

2008)일 수도 있기 때문이다.

2. 왜 뉴스기사의 댓글 분석인가?

1) 분석 대상 수집

팬데믹 상황으로 인해 국가 간의 연결성이 가로막힌 현 상황을 한국인들은 어떻게 인식하고 있을까? 이 물음에 답하기 위해 우리는 이른바 '대구발 항공기 착륙 불허'로 사실상 한국인들에 대한 입국 금지 조치를 시행한 베트남과 관련한 '네이버 뉴스 기사'에 달린 댓글을 분석하였다. 이를 위해 먼저 국내 뉴스 기사의 제목과 원문을 제공하는 빅카인즈(https://www.bigkinds.or.kr)를 기반으로 '팬데믹'을 키워드로 하여 2020년 1월 1일부터 2020년 12월 31일까지 1년간의 기사 목록을 수집하였다. 이렇게 수집된 1차 기사 목록을 보수와 진보로 구분해 각각 2곳의 신문사를 대표로 선정하였다. 보수 성향의 신문으로는 조선일보와 동아일보를 진보 성향으로는 한겨레신문과 경향신문을 택했다. 4곳의 신문사에 실린 기사만을 대상으로 '베트남'을 키워드로 결과 내 재검색을 실시하여 조선일보 120편, 동아일보 72편, 경향신문 74편, 한겨레신문 48편 등 총 314편의 베트남 관련 기사를 최종 선정하였다.

314편의 베트남 관련 뉴스는 내용상으로 크게 4가지로 분류할 수 있는데, ① 베트남 정부의 일방적인 한국인 입국 금지 조치와 관련된 기사, ② 베트남인들의 한국 내 불법체류(범죄 등)나 한국인들의 베트남에서의 범죄 행위를 다룬 기사, ③ 삼성과 현대차의 베트남 진출 관련 기사, ④ 한국군의 베트남전쟁에서의 역할과 관련한 민변의 소송 대리를 다룬 기사가 그것이다. 보수지에 해당하는 조선일보와 동아일보는 ①·②·③과 관련된 기사를 주로 싣고 있으며, 상대적으로 진보지라 할 있는 한겨레신문과 경향신문은 ①과 관련된 기사가 대다수를 차지하고 있지만, 보수지에서 볼 수 없었던 ④ 관련 기사가 많이 게재되어 있다는 점이 특징이라 할 수 있다.

최종 선정된 314편의 뉴스 기사에 달린 댓글 21,688건[3]을 네이버 뉴스(https://news.naver.com)를 통해 수집하였다. 주지하다시피 '네이버 뉴스'는 각 언론사에서 발행되는 기사를 네이버 플랫폼 내에서 보여준다. 따라서 사용자는 각각의 언론사 웹사이트를 일일이 방문하지 않아도 한 곳에서 기사를 검색 조회할 수 있기에 댓글을 비교적 손쉽게 수집할 수 있다. 댓글 수집은 R프로그램의 N2H4패키지를 이용하였다.

2) 분석 방법

수집된 댓글을 텍스트마이닝으로 분석하기 위해서는 먼저 수집된 데이터를 정제하는 작업을 거쳐야 한다. 단어 추출과 전처리를 위해

---

3) 참고로 수집된 각 신문의 댓글 수는 조선일보 14,232건, 동아일보 3,701건, 한겨레신문 1,817건, 경향신문 1,938건이다.

한글 자연어 처리 패키지인 KoNLP패키지를 사용하였고, 불용어 제거와 데이터 분석에 필요하다고 판단된 어휘에 대해서는 별도의 사용자 정의 사전을 추가해 분석하였다.

구체적인 분석 내용으로는 댓글 전체를 대상으로 한 빈도 분석(워드 클라우드)과 토픽 분석, 감정 분석, 의미망 분석 등을 실시하였다. 이 과정에서 이른바 보수지와 진보지에 실린 기사에 달린 댓글들을 따로 분류하여 이들 댓글 사이의 내용 차이 등도 살펴보았다.

3. 텍스트마이닝 분석으로 본 베트남 관련 뉴스 댓글

1) 빈도 분석

팬데믹 상황에 대한 한국인들의 인식은 관련 뉴스에 달린 댓글을 텍스트마니잉 분석하여 빈도 분석을 해 보면 쉽게 유추할 수 있다.

〈표 1〉 '베트남' 관련 기사 댓글의 상위 50개 단어

순위	단어	빈도수	순위	단어	빈도수
1	베트남	2754	26	베트콩	457
2	국민	1519	27	입국 금지	446
3	나라	1511	28	문제	440
4	우리	1416	29	일본	426
5	한국	1322	30	외국	414
6	사람	1144	31	당연	391

순위	단어	빈도수	순위	단어	빈도수
7	정부	1025	32	기사	390
8	문재인	984	33	대구	377
9	대한민국	837	34	할머니	373
10	추방	817	35	보호	349
11	우리나라	805	36	세계	346
12	진짜	777	37	신천지	339
13	생각	661	38	민주당	337
14	자국민	627	39	조선	337
15	항의	593	40	민간인	322
16	여행	575	41	정권	316
17	국가	565	42	미국	315
18	문재앙	562	43	해외	313
19	대통령	559	44	재앙	306
20	입국	532	45	경제	299
21	한국인	512	46	쓰레기	298
22	중국인	497	47	전쟁	298
23	인간	492	48	삼성	287
24	격리	484	49	사과	277
25	외교	459	50	바이러스	273

〈표 1〉은 빈도 분석을 통해 찾아낸 '베트남' 기사 댓글들의 주요 키워드 상위 50개이다. 검색 키워드인 '베트남'을 제외하고 주요 출현 빈도수를 통해 베트남 관련 댓글들의 내용을 살펴보면 다음과 같다. 최상위에 랭크되어 있는 어휘들이 주로 '국민', '나라', '우리', '한국', '사람' 등 국가(민) 정체성과 관련된 단어들이고, 그 뒤를 이어 '추방', '항의', '문재앙' 등의 단어가 높은 출현 빈도를 보이고 있다. 이 같은 어휘 출현은 베트남 관련 댓글들이 우리 국민에 대해 입국 금지 조치

를 취한 베트남에 대한 비판을 중심에 놓고, 그 주변으로 적절한 외교적 노력으로 입국 금지 조치라는 초유의 사태를 방지하지 못한 정부의 외교적 무능력에 대한 성토에 집중되어 있음을 알 수 있다.

또한 '격리', '입국 금지', '대구', '바이러스' 등의 어휘 추출을 통해 코로나19로 인한 팬데믹 상황이라는 미증유의 시대 상황과 '베트콩', '문재앙', '쓰레기' 등의 혐오 표현이 다수 발견되는 것으로 보아 댓글 작성자의 감정이 매우 부정적이고 분노에 차 있음을 엿보게 한다. 이상의 빈도수 분석은 시각화를 통해 더욱 직관적으로 확인할 수 있다.

〈그림 1〉은 빈도 분석을 통해 산출된 단어들을 워드클라우드 방식을 통해 시각화한 것이다. '베트남' 관련 기사의 뉴스 댓글을 R 프로그램에 입력한 후, 의미를 지니고 있다고 판단되는 2단어 이상의 명사만을 추출하였다. 이렇게 추출한 명사중 상위 출현 단어 150개를 워드클라우드로 구성하였다. 워드클라우드에서는 빈도수가 높은 단어가 굵고 큰 글씨로 나타나는데, 검색어인 '베트남'을 제외하면 한국인들의

〈그림 1〉 베트남 관련 뉴스 기사의 댓글을 기반으로 한 워드클라우드

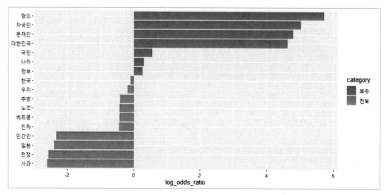

〈그림 2〉 보수지와 진보지 댓글의 주요 단어

관심은 주로 '국민', '나라', '우리', '한국' 등 베트남 정부의 입국 금지 조치로 자존심에 상처를 입은 한국인들의 울분과 정부의 무능한 외국적 행위를 비판하는 부분에 집중되어 있음이 시각적으로 표현된다.

〈그림 2〉는 통계 분석을 통해 산출된 단어들을 보수지와 진보지로 구분한 후 '로그 오즈비'[4] 분석을 통해 상대적으로 중요한 단어를 10개씩 추출해 시각화한 것이다. 보수지에 달린 댓글에서는 '항의', '자국민', '문재인', '대한민국', '국민' 등의 어휘가 진보지에 달린 댓글보다 많이 사용되고 있다. 진보지의 댓글은 '사과', '전쟁', '일본', '민간인' 등의 어휘가 상대적으로 중요하게 등장한다. 이것은 보수지에 달린 댓글들이 진보지에 달린 댓글보다 베트남과 문재인 정부에 대한 비판

---

4) 오즈비(odds ratio)는 어떤 사건이 A 조건에서 발생할 확률이 B 조건에서 발생할 확률에 비해 얼마나 더 큰지를 나타내는 값이다. 이 분석을 통해 보수지의 댓글에는 많이 사용되었지만, 진보지의 댓글에는 적게 사용된 단어—상대적으로 중요한 단어—추출을 통해 이들 댓글의 차이를 보다 선명하게 파악할 수 있다(김영우, 2021).

의 수위가 훨씬 높다는 사실을 보여준다.

2) 토픽 분석

코로나19로 인한 팬데믹 상황에서 베트남 관련 뉴스에 달린 댓글은 어떤 내용을 담고 있을까? 댓글의 내용 파악을 위해서는 직접 댓글을 읽고 분석하는 것이 효과적이다.

> 소시민이자 아이엄마입니다.
> 수차례 베트남 여행을 했고
> 좋은 인상을 받았고 우호국이라 생각했습니다.
> 그러나 어려운 일이 닥치니 이렇게 대하는군요.
> 베트남 두고 보겠어요.
> 다시는 베트남 가서 돈쓰지 않을 것입니다

인용문은 「베트남 하노이행 비행기 탄 한국인 50여 명 공항에 격리 "없던 병도 걸리겠다"」(한겨레, 2020.2.29)라는 네이버 뉴스 기사에 달린 댓글 중 하나이다. 댓글을 살펴보면 구두점이나 띄어쓰기 등 맞춤법이 틀린 부분이 있지만, 베트남의 조치에 대한 글쓴이의 생각이 솔직하게 드러나 있다. 댓글 작성자에게 베트남은 자주 여행을 갈 만큼 친근한 나라였다. 하지만 글쓴이의 이런 생각은 코로나19로 어려움에 직면한 한국(인)을 공항에서 격리한 베트남의 조치로 인해 바뀌게 된다. 글쓴이는 베트남의 한국인 격리 조치를 뒤통수를 맞는 것으로 인식하면서 '다시는 베트남에 가서 돈을 쓰지 않겠다'는 식의 결심을 드러내고 있다.

이처럼 개별 댓글을 꼼꼼하게 읽는 작업은 여론을 파악하는 매우 효과적인 방법이다. 하지만 위의 댓글이 달린 기사에는 인용문 이외에도 655건의 댓글이 달려 있다. 더군다나 같은 상황을 보도한 동아일보 기사인 「외교부 "한국인 베트남 다낭서 격리조치 엄중 항의"」(동아일보, 2020.2.24)의 네이버 뉴스에는 1,412건의 댓글이 달려 있다. 물론 이들 댓글들을 꼼꼼하게 읽는 것이 불가능한 것만은 아니다. N2H4패키지로 네이버 뉴스의 댓글을 수집할 경우 댓글에 대한 찬성(sympathy Count)과 반대(antipathy Count)를 알 수 있기에 이를 활용하면 보다 용이하게 댓글의 전체적인 내용을 파악할 수도 있다.

① 중국한테 찍 소리 못하고 자국 국민 보호하기 위해 외국인 격리조치 취한 베트남한테 항의했다구? 쪽 팔린다.

② 아니 항의를 왜해 미친 것들아 쟤네도 재앙보유국꼴 날까봐 격리추방시키는건데 !! 중국은 격리해도 찍소리도 못내는 무능정권주제에 가난한 나라 만만한 나라에만 엄중항의하는 꼬라지 진짜 없어 보인다..

③ 꼭 우리보다 못사는 나라에는 엄중히 경고하더라.. 영국한테도 그렇게 해봐 협조요청하지말고 엄중히 경고해봐라ㅋㅋ

④ 조선,동아 왜구 지지자들 문재인 지지율이 잘 안떨어져서 배아파 죽네 아주~ 코로나로 한건 크게 몰아보고 싶었는데... 신천지＝박근혜－새누리당－미래통합당의 연결고리만 떴네....

⑤ 베트남 웃기네요.. 중국인한테 격리에 격자도 못하면서..

⑥ 자유아베당과 신천지 관계을 밝혀야~

인용문은 앞에서 언급한 동아일보 기사에 달린 댓글 중 일부이다. ①~③은 독자들로부터 공감을 가장 많이 받은 댓글 3개이고, ④~⑥은 독자로부터 비공감을 많이 얻은 댓글이다. 공감을 많이 받은 댓글의 전반적인 기조는 강대국인 중국과 영국에 대해서는 외국적 무능력으로 일관한 정부가 베트남에 대해서만 항의한 것을 비판하는 내용 등이 주를 이루고 있다. 반면, 비공감 댓글은 야당이 조선일보 등 보수 언론과 결탁해 코로나19로 정치적인 이득을 보려 한다거나 베트남에 대한 혐오 표현이 직접적으로 드러난 댓글들이다. 그런데 인용한 댓글들은 1,412건의 댓글 중 단지 6개에 불과한 극히 일부의 주장이다. 기실, 인용문과 함께 달린 댓글은 정치, 사회, 경제, 문화, 외교, 스포츠, 여성, 범죄, 전쟁 등 다양한 내용을 담고 있으며, 독자들의 공감과 비공감 또한 다양한 스펙트럼을 형성하고 있다.

그러므로 21,688건이나 되는 댓글을 이와 같은 방식으로 분석할 수는 없다. 토픽 분석은 이처럼 다량의 문서들을 분석하는 데 편리한 방법이다. 토픽 분석은 대규모의 문서가 어떠한 주제를 구성하고 있는지를 확률/통계적인 접근법으로 분석하는 기법이다. 일반적으로 같은 주제를 이루는 단어들은 동일한 문장 혹은 문서 내에 함께 등장하기 마련인데, 이를 기계적으로 분석하면 자주 쓰이는 단어들의 집합을 얻을 수 있고, 이 집합을 통해 문서의 토픽을 도출할 수 있다.

이 글에서는 R 프로그램에서 제공되는 "topicmodels" 패키지를 활용하여 토픽 분석에서 많이 활용되는 잠재 디리클레 할당(Latent

Dirichlet Allocation, LDA) 기법을 사용해 분석하였다. 분석 대상 문서 집합은 앞서 뉴스 검색으로 수집한 전체 댓글 21,688건이다.

토픽 분석은 출현 빈도수 분석만으로 찾아낼 수 없었던 의미를 탐색한다는 점에서 각광받고 있는데, 최적의 결과를 산출하기 위해서는 연구자가 토픽 개수를 정해줘야 한다. 다시 말해, 연구자는 토픽의 개수(K 값)를 미리 지정하여 반복 검사를 실시한 후 적정 토픽 개수를 확정해야 한다. 이 과정에서 필연적으로 연구자의 자의적 판단이 작용하게 된다. 이 글에서는 이 같은 자의성을 줄이기 위해 "ldatunning"패키지의 FindTopicsNumber함수를 이용해 최적의 K 값을 산출하였다 (백영민, 2020).

FindTopicsNumber함수를 사용해 분석 데이터에 대한 적정 K값을 산출했는데, 그 결과는 〈그림 3〉과 같다.

〈그림 3〉은 FindTopicsNumber함수가 찾아낸 적정 K 값을 그래프

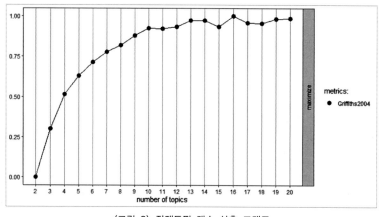

〈그림 3〉 잠재토픽 개수 산출 그래프

로 표현한 것이다. 그래프에서 볼 수 있듯이 'Griffiths2004' 선이 토픽 수가 10이 될 때까지 X축인 성능 지표가 상승하다가 10에서 정점을 찍은 후 점차 완만한 모습을 보인다. 성능이 비슷한 경우 단순한 모델을 사용하는 것이 해석 가능성을 높이기 때문에 K 값으로 10이 적당하다. 필자는 R프로그램의 "topicmodels" 패키지를 활용해 10개의 중심 토픽을 〈표 2〉와 같이 산출하였다.

〈표 2〉 '베트남' 관련 기사의 댓글 토픽분석 결과

중요도 (순위)	토픽 1	토픽 2	토픽 3	토픽 4	토픽 5	토픽 6	토픽 7	토픽 8	토픽 9	토픽10
1	진짜	베트콩	입국	사람	해외	추방	기사	문재인	여행	베트남
2	인간	일본	한국인	생각	삼성	외국	조선	대한 민국	할머니	정부
3	쓰레기	미국	중국인	사람들	경제	방해	대구	문재앙	민주당	자국민
4	망신	잘못	격리	정지	북한	경찰	신천지	내통령	해외 여행	항의
5	대단	전쟁	입국 금지	문제	기업	세금	바이 러스	세계	정의	외교
6	정부	사과	우리 나라	자기	우리 나라	불법 체류	우한 폐렴	정권	문제	당연
7	정신	민간인	금지	사회	국내	여자	일보	재앙	윤미향	보호
8	빨갱이	배상	마스크	필요	원전	처벌	우한	국격	단체	국가
9	어디	인정	베트남	시간	공산당	벌금	확진자	경험	위안	조치
10	소리	학살	자가	우리 나라	석탄	강제	검사	전세계	시민	엄중

토픽 분석 시에는 빈도가 너무 높은 단어들은 대부분의 토픽에 등장해 개별 토픽의 특징 파악을 어렵게 한다. 이에 빈도수가 1,000회 이상인 단어를 제거하고 분석하였다. 〈표 2〉는 10개의 토픽으로 분류

하여 각각의 토픽에 등장하는 상위 단어 10개를 표로 나타낸 것이다. 주요 토픽의 내용을 다음과 같이 분석할 수 있다.

먼저, '진짜', '인간', '쓰레기' 등의 어휘가 상위에 위치한 〈토픽 1〉은 '망신', '대단', '정부', '정신', '빨갱이' 등의 단어와 연관을 맺음으로써 국내에서 범죄를 저지르고 베트남으로 도피한 후, 현지에서 범죄로 체포된 어글리 코리안에 대한 비판이 중심 주제를 형성하고 있음을 보여준다.

'베트콩', '일본', '미국', '잘못' 등이 상위에 위치한 〈토픽 2〉는 '전쟁', '사과', '민간인', '배상', '학살' 등의 어휘와 연관을 맺음으로써 한국과 베트남의 불행한 역사적 관계, 즉 베트남 전쟁의 배상 문제를 둘러싼 논의가 하나의 주제를 이루고 있다. 〈토픽 3〉은 상위에 위치한 '입국', '한국인', '중국인' 등의 단어가 '격리', '입국 금지', '우리나라', '금지', '마스크', '베트남' 등과 연관을 맺음으로써 베트남 정부의 한국인 입국 금지 조치와 한국인 격리에 대한 논의가 주요한 담론을 형성하고 있음을 보여준다. '사람', '생각', '정치' 등이 중요 어휘로 등장한 〈토픽 4〉는 '문제', '자기', '사회', '필요', '시간' 등의 단어와 연관을 맺고 있어 명시적인 토픽 주제를 산출하기가 쉽지 않지만, 펜데믹 상황에서 행해진 입국 금지 조치를 국가 정체성의 문제로 파악하고 이에 미온적인 한국 정부에 대한 비판으로 수렴되고 있다.

〈토픽 5〉는 '해외', '삼성', '경제' 등의 어휘가 '북한', '기업', '국내', '원전' 등의 단어와 관계를 맺음으로써 삼성 등 국내 글로벌 기업의 베트남 투자에 대한 논의가 중심을 이루며, 〈토픽 6〉은 '추방', '외국', '방해' 등 상위에 위치한 단어들이 '경찰', '세금', '불법체류', '여자',

'처벌' 등의 어휘와 연관을 맺음으로써 베트남 출신 이민자와 불법체류자 문제가 주요 토픽을 형성하고 있음을 보여준다.

'기사', '조선(조선일보)', '대구', '신천지'가 중요 어휘로 등장하는 〈토픽 7〉은 '바이러스', '우한폐렴', '확진자', '검사' 등의 어휘와 결합하여 코로나19 관련 보수 신문의 보도 태도와 관련된 논의가 중심으로 이루고 있다. 〈토픽 8〉은 '문재인', '대한민국', '문재앙', '대통령' 등의 어휘가 '세계', '정권', '국격', '경험', '전세계' 등의 연관을 맺어 코로나19 확산을 방치하고 외교적으로 무능력한 태도로 국민적 자존심에 상처를 입힌 문재인 정부에 대한 비판이 중심 주제를 형성하고 있음을 보여준다.

'여행', '할머니', '민주당', '해외여행' 등의 어휘가 상위에 위치한 〈토픽 9〉는 '정의', '윤미향', '단체', '위안', '시민' 등의 단어와 결합해 이른바 '정대협' 운영과 관련한 문제 등으로 정치적으로 곤란을 겪고 있던 윤미향 의원 일행의 베트남 여행을 비판하는 주제로 수렴되고 있다. 마지막으로 '베트남', '정부', '자국민' 등의 어휘가 상위에 랭크되어 있는 〈토픽 10〉은 '항의', '외교', '당연', '보호', '국가' 등의 단어와 연결되어 베트남 정부의 한국인 입국 금지 조치를 둘러싼 관련 논의가 중심 주제가 되고 있다.

한편, 토픽 분석은 위에서 살폈듯이 주요 단어를 10개의 토픽으로 분류할 뿐만 아니라, 개별 댓글들을 토픽별로 분류하는 작업을 수행하기도 한다. 즉 R 프로그램의 tidytext 패키지의 tidy함수는 이른바 '문서별 토픽 확률'인 감마(gamma)값을 추출하게 되는데, 이를 이용하면 문서를 확률이 가장 높은 토픽으로 분류해 준다(김영우, 2021).

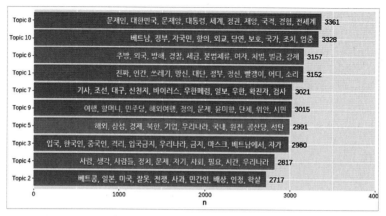

Topic	주요 단어	n
Topic 8	문제인, 대한민국, 문재앙, 대통령, 세계, 정권, 재앙, 국격, 경험, 전세계	3361
Topic 10	베트남, 정부, 자국민, 항의, 외교, 당연, 보호, 국가, 조치, 엄중	3328
Topic 6	주방, 외국, 방해, 경찰, 세금, 불법체류, 여자, 처벌, 벌금, 강제	3157
Topic 1	진짜, 인간, 쓰레기, 망신, 대단, 정부, 정신, 빨갱이, 어디, 소리	3152
Topic 7	기사, 조선, 대구, 신천지, 바이러스, 우한폐렴, 일보, 우한, 확진자, 검사	3021
Topic 9	여행, 할머니, 민주당, 해외여행, 정의, 문제, 윤미향, 단체, 위안, 시민	3015
Topic 5	해외, 삼성, 경제, 북한, 기업, 우리나라, 국내, 원전, 공산당, 서탄	2991
Topic 3	입국, 한국인, 중국인, 격리, 입국금지, 우리나라, 금지, 마스크, 베트남에서, 자가	2980
Topic 4	사람, 생각, 사람들, 정치, 문제, 저기, 사회, 필요, 시간, 우리나라	2817
Topic 2	베트콩, 일본, 미국, 잘못, 전쟁, 사과, 민간인, 배상, 인정, 학살	2717

〈그림 4〉 문서별 토픽 수와 주요 단어

〈그림 4〉는 문서별 토픽 수와 각 토픽의 주요 단어를 그래프로 나타낸 것이다. 전체 댓글들은 '문서별 토픽 확률'에 근거해 최소 2,717 건에서부터 최대 3,361건으로 10개의 토픽으로 분류되고 있다. 문서별 토픽 수 분석은 베트남 관련 네이버 뉴스 댓글의 전체적인 흐름을 파악하게 한다. 통계적 수치를 통해 제시된 위 그래프를 통해 우리는 베트남 관련 댓글들이 베트남 전쟁의 배상 문제나 삼성 등 글로벌 기업의 베트남 진출 문제보다도 팬데믹 상황에 대처하는 문제인 대통령에 대한 비판과 베트남 정부의 한국인 입국 금지 조치에 대한 비판, 그리고 베트남 출신 이민자 및 불법체류자 등에 상대적으로 많은 관심을 갖고 있음을 볼 수 있다.

3) 감정 분석

팬데믹 상황에 직면한 한국인은 자신들을 입국 금지시킨 베트남 정부에 대해 어떤 감정을 갖고 있을까? 감정 분석은 댓글 작성자가 어떤 감정으로 글을 작성했는지를 알 수 있을 뿐만 아니라 특정 주제에 대한 긍정·부정의 감정까지도 파악할 수 있다(김영우, 2021).

이 글에서는 댓글에 어떤 감정이 담겨 있는가를 분석하기 위해 댓글 전체를 대상으로 감정 분석을 시도하였다. 일반적으로 댓글에는 거친 언어와 정제되지 않은 욕설, 그리고 인신공격과 혐오 표현들을 담고 있고, 긍정적인 주장보다는 부정적인 견해가 훨씬 강력하게 표출되어 있다(강진구·이기성, 2019). 이것은 특정 이슈에 대해 부정적인 태도를 지닌 사람들이 "자신과 같이 부정적인 태도를 가진 댓글을 접하면서 자신의 태도를 확인하고 이에 대한 만족감"(김은미·선유화, 2006)을 갖기 때문이다.

베트남 관련 뉴스의 댓글이 어떠한 감정을 내포하고 있는지 분석하기 위해 댓글을 R프로그램의 KoNLP패키지의 simplepos22함수를 활용해 의미 단위(형태소 조합)로 정제하였다. 이 과정에서 매우 짧은 댓글과 이모티콘 등 기호나 숫자만으로 작성된 댓글은 삭제하였다. 댓글의 감정 분석은 'KNU 한국어 감성사전'을 활용하였다. KNU 한국어 감성사전5)은 14,854개의 감정을 나타내는 단어(word)와 감정의

---

5) KNU 한국어 감성사전은 https://github.com/park1200656/KnuSentiLex(검색일: 2021. 6.25)를 통해 다운받아 사용할 수 있는데, 이 감성사전이 한글 텍스트의 감성 분석에 적합한가에 대해서는 다양한 이슈가 존재한다.

강도를 표현한 숫자(polarity)로 이루어져 있는데, 긍정 단어가 4,871개, 부정 단어가 9,829개, 중성 단어가 154개이다. 분석 방법으로는 댓글에 등장한 단어에 감성 사전의 감정 점수를 부여한 다음 합산하여 개별 댓글의 감정을 파악하는 방식을 취했다.

전체 댓글을 대상으로 'KNU 한국어 감성사전'에 근거해 모든 댓글에 감정 점수를 부여했고, 감정 점수가 1 이상이면 긍정(pos), -1 이하면 부정(neg), 그 이외에는 중립(neu)으로 분류 하였다. 그 결과는 〈그림 5〉와 같다.

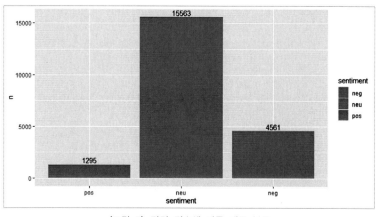

〈그림 5〉 감정 점수에 따른 댓글 분류

〈그림 5〉는 감정 점수에 따라 전체 댓글을 긍정과 중립, 그리고 부정으로 분류한 그래프이다. 분석 대상 댓글은 중립 댓글이 72.7%로 다수를 차지했고, 부정 댓글이 21.3%로 긍정 댓글 6.05%보다 약 3.5배 정도 많았다. 긍정 댓글과 부정 댓글에 자주 사용된 어휘를 추출하

면 댓글의 내용과 감정 또한 유추할 수 있다.

〈표 3〉 긍·부정 댓글의 단어 빈도 상위 10

순위	단어	빈도수	감정	순위	단어	빈도수	감정
1	베트남	194	긍정	1	베트남	504	부정
2	이런	66	긍정	2	코로나	288	부정
3	진짜	64	긍정	3	진짜	252	부정
4	코로나	58	긍정	4	이런	198	부정
5	대한민국	55	긍정	5	나라	176	부정
6	문재인	54	긍정	6	정말	170	부정
7	베트남이	53	긍정	7	지금	165	부정
8	하는	48	긍정	8	대한민국	147	부정
9	우리	47	긍정	9	우리	143	부정
10	나라	46	긍정	10	하고	139	부정

〈표 3〉은 댓글을 긍정 댓글과 부정 댓글로 분류한 후, 어떤 단어가 자주 사용되고 있는지를 추출한 것이다. 이를 통해 긍정 댓글과 부정 댓글의 대략적인 차이를 파악할 수 있지만, '베트남'이나 '코로나' 같은 단어들은 긍·부정 댓글 모두에서 높은 빈도를 보인다는 점 또한 확인된다. 따라서 긍정 댓글과 부정 댓글의 차이를 보다 명확하게 이해하려면 양쪽 댓글에서 상대적으로 자주 사용하는 단어를 비교해야 한다.

이 글에서는 로그 오즈비값이 0보다 크면 긍정, 0보다 작으면 부정으로 구분하여 로르 오즈비값이 가장 큰 단어 10개씩을 추출하여 시각화하였다.

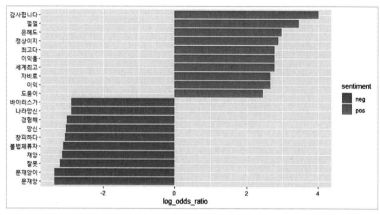

〈그림 6〉 긍정과 부정 댓글의 상대적 감정어 빈도수 상위 10

인용문은 긍·부정으로 분석된 댓글 중 상위에 랭크된 댓글 2개를
무작위로 선택한 것이다.

① 보트피플도 아니고 비행기피플 누가 월맹군이 미국을 쫓아내니까 희열
  을 느끼셨다죠 대통령덕에 비행기 피플이 탄생했네요 이문덕 이문덕
  이문덕 8

② 베트남놈들 한국덕에 발전했지만 자국의 이익을 위해 매몰차게 하는
  것 대가를 치루게하고 이렇게 대한민국에 수치를 안겨준 문재인도 처벌
  해야지 6

③ 지금 한국에 중공짱개와 짱개화된 조선족과 똥남아 이슬람등 불법체류
  자가짜난민가짜다문화가짜유학생가짜관광객등 불법외국인들이 약 만
  명이 넘는다고 한다 엄청난 숫자가 아닐수없다 불법체류자들을 단속하
  려면 재벌중송기업체나 불법으로 외국인을 고용하는 사람들이 저항한

다고 한다 불법체류자만 제대로 단속해도 일자리가 수백만개나 생기는 것과 다름없다 문재인조국은 일자리창출이 불법체류자 강력단속과 불체기간 불법취업임금압수와 불체기간범죄수사와 생체정보보관후 추방에 있다는 것을 명심해야 한다 일자리창출이 정말로 쉬운곳에 있는데 왜방치를 하시는지 모르겠다 -20

④ 대구사는데 주변에 기침 기관지염등의 감기환자가 천지네요 저두 기침 기관지가 안좋아지고 이상해요 주변에 확진안받은 환자가 수천명 같아요 진료소 보건소도 의사들 집단 격리로 진료도 안되고요 대구서는 환자가 수천명인것같은데 왜 숫자가 이것뿐인가요 대구사는데 주변에 기침 기관지 염등의 감기환자가 천지네요 저두 기침 기관지가 안좋아지고 이상해요 -12 (숫자는 감정 점수)

'KNU 한국어 감성사전'에 의한 감정 분석은 누적 점수의 '+' 와 '-' 값으로 댓글의 긍·부정을 판별하고, 점수의 합으로 감정의 강도를 판정하는 알고리즘을 따른다. 따라서 이 분석법은 사용된 단어의 개수가 모두 다른 댓글을 대상으로 감정 점수를 부여하고, 그렇게 부여된 감정 점수 값을 기준으로 감정의 강도를 판별할 수 있는가하는 이슈가 남는다. 하지만 이 같은 이슈에도 불구하고 분석을 시도하였는데, 그 이유는 전체 댓글의 감정 점수를 통해 댓글의 전반적인 감정 상태를 파악하기가 용이하기 때문이다. 긍정 댓글의 최고 점수가 8임에 비해 부정 댓글의 최고 점수가 -20을 기록한 것으로 보아 베트남 관련 댓글은 긍정 댓글보다 부정에서 훨씬 감정의 강도가 강하게 드러나고 있음을 확인할 수 있다.

한편, 인용문 ①은 긍정 어휘인 '희열', '탄생', '덕' 등이 사용되고 있고 감정 점수 또한 8로 긍정 댓글로 분석되었지만 실제로 읽어보면 매우 부정적인 감정을 표출하고 있다. 이러한 현상은 긍정 댓글 중에서 로그 오즈비 값이 가장 큰 어휘로 분류된 '감사'라는 단어가 사용된 댓글을 통해서도 반복되고 있다.

① 문재인 뽑았으면 감사하게 격리받고 손목 자르자
② 한번도 경험하지못한 좋은경험을 해주게한 문재인에게 감사하라 찬양하라 대깨문 달창 문빠들아 좋겠다
③ 이런게모두 문재인댓통령님덕분입니다 감사합니다 앞으로 더만은국가들이 한국인입국을불허할겁니다 문재인댓통령님 감사하무니다
④ 이시국에 도대체 해외 가는 인간들 뇌구조는 머지 그나라에서는 잘도 어서오십시오 관광와주어서 감사합니다 하겠다 당연히 꺼려지지 민폐 도적당히하지

(강조는 필자)

인용문은 긍정 댓글로 분류된 댓글로써 〈그림 6〉에서 제시되었듯이 '로그 오즈비' 값이 가장 큰 '감사'라는 단어가 사용된 댓글 중 일부이다. 댓글에는 베트남 공항에서 한국인이 격리되거나 입국 금지 당하는 상황임에도 적절한 외교적 조치를 취하지 못한 정부에 대한 분노와 조롱, 혐오의 감정이 직설적으로 표출되어 있다. 즉 '감사'나 '찬양', '좋은' 등의 긍정 감정어가 '대깨문', '달창', '문빠', '문재인' 등 비판 대상을 비칭하는 단어와 결합됨으로써 강력한 혐오의 감정을 형성하

고 있는 것이다.

따라서 감정 점수의 합으로 감정 상태를 판별하는 현재의 분석 툴로는 같은 어휘라도 문맥에 따라 그 감정과 의미가 달라지는 한국어의 미묘한 감정 표현을 정치하게 분석하기에는 한계가 있다. 이 문제를 해결하기 위해서는 보다 진전된 한글 감정 분석 알고리즘이 개발되어야 하며, 한국어의 특성을 반영한 효과적인 감정 사전 구축이 필요하다 하겠다.

4) 의미망 분석

감정 분석을 통해 우리는 한국어 의미와 감정은 단어 그 자체보다는 함께 사용되는 단어, 즉 문맥에 따라 그 감정과 의미가 달라진다는 사실을 확인하였다. 따라서 베트남 관련 댓글의 정확한 의미를 파악하기 위해서는 댓글을 구성하는 단어들이 어떤 맥락에서 사용되었는지를 파악하는 것이 필요하다. 이를 위한 분석 방법이 의미망 분석(SNA: Semantic Network Analysis)이다. 의미망 분석을 통해 개별 단어들이 어떤 단어와 상호 관련을 맺는지와 의미 형성에 중요한 역할을 하는 주요 단어들의 관계를 가시적으로 파악할 수 있다.

이 글에서는 단어 간 관계를 살펴보기 위해 R프로그램의 widyr패키지의 "pairwise_count"라이브러리를 이용해 동시 출현 단어 분석(co-occurrence analysis)을 실시하였다. 그 결과는 〈표 4〉와 같다.

순위	단어1	단어2	빈도수	순위	단어1	단어2	빈도수
1	베트남	한국	205	11	되다	없다	135
2	베트남	우리	186	12	대한민국	국민	132
3	베트남	없다	179	13	나라	되다	129
4	자국민	보호	166	14	우리	없다	122
5	베트남	정부	165	15	사람	아니다	121
6	베트남	아니다	158	16	되다	베트남	121
7	없다	아니다	153	17	우리	나라	119
8	우리	아니다	141	18	우리나라	베트남	118
9	되다	아니다	138	19	우리	국민	118
10	베트남	알다	137	20	정부	아니다	117

〈표 4〉를 보면 '베트남'과 '한국'이 205번 함께 사용되었고, 전체 댓글에서 가장 많이 사용된 단어쌍임을 볼 수 있다. 그 다음이 186회 의 출현 빈도를 기록한 '베트남'과 '우리'라는 단어쌍이다.

그런데 "pairwise_count" 라이브러니는 한 단어를 기준으로 함께 출현하는 단어의 빈도를 구하기 때문에 프로그램상으로는 '베트남'–'한국'과 '한국'–'베트남'이 같은 빈도로 출현한다. 이에 단어1과 단어2 의 역 단어쌍도 비슷한 의미를 갖는다고 판단하여 〈표 4〉에서는 생략 하였다.

동시 출현 빈도 분석은 특정 단어와 자주 함께 사용된 단어를 추출 하는 기능 또한 갖고 있는데, 이를 활용하면 특정 어휘가 어떤 어휘와 결합해 의미를 형성하는지를 파악하게 한다. 예를 들면 '입국 금지'라 는 어휘는 '중국인', '시키다', '한국', '한국인', '자국민' 등의 단어와 함께 추출되면서 일정한 의미를 형성한다. 이것은 네트워크 분석을 통해 시각화하면 더욱 명시적으로 특정 단어가 어떤 맥락에서 사용되고 있는지를 확인할 수 있다.

R 프로그램의 "ggraph" 라이브러리를 사용하여 동시 출현 단어를 시각화하였는데, 그 결과는 〈그림 7〉과 같다.

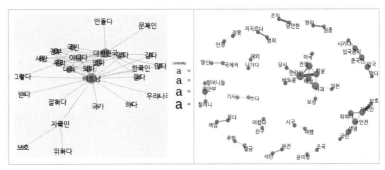

〈그림 7〉 베트남 관련 댓글의 네트워크 분석

왼쪽 그래프는 댓글을 대상으로 동시 출현 빈도를 조사하여 출현 빈도 100 이상인 단어에 대해 네트워크 분석한 후, 의미 파악을 쉽게 하기 위해 연결 중심성(degree centrality)과 커뮤니티(community)를 추가해 시각화한 것이다. 연결 중심성이 높은 경우 글자와 원의 크기가 크며, 커뮤니티별로 색이 구분되어 있기에 네트워크의 구조를 직관적으로 이해할 수 있다.

이 같은 특성에 근거해 네트워크 분석을 해석하면, 베트남을 중심으로 '우리', '대한민국', '자국민' 등의 어휘가 강력한 연결 중심성을 형성함으로써 댓글 전체의 내용을 지배하고 있다. 또한 네트워크의 중심에 위치한 '베트남'은 '우리', '사람', '한국인', '국가', '잘한다' 등의 어휘와 같은 커뮤니티를 형성함으로써 '대한민국'이나 '자국민'과는 다른 의미를 구성하고 있음도 확인 가능하다. 베트남과 다음으로 강력한 연결 중심성을 형성하고 있는 '대한민국'은 '문재인', '같다', '많다', '만들다' 등의 단어와 커뮤니티를 형성하고 있다.

〈그림 7〉의 오른쪽에 위치한 그래프는 동시출현 단어 간의 상관성을 분석학기 위해 파이 계수(phi coefficient)를 시각화한 것이다. 파이 계수로 네크워크 분석을 실시하면 관련성이 큰 단어 중심으로 텍스트의 맥락을 파악할 수 있는데, 필자는 네트워크 의미 파악의 용이성 등을 감안하여 상관계수 0.15 이상인 단어쌍만을 시각화했다.

노드가 대부분 연결되어 있는 오른쪽 그래프와 달리 왼쪽의 그래프는 관련성이 큰 단어들끼리만 연결되어 있어 군집이 명확하게 드러나 있다. 파이 그래프는 베트남 관련 댓글들이 총 17개의 의미 단위 군집을 형성하고 있는데, 이것은 앞서 분석한 토픽 모델 분석보다 훨씬 세분화된 구분이다. 토픽 분석이 단어의 집합을 통해 주제를 도출하는 방식이라면, 네트워크 분석은 노드간의 연결을 통해 의미(주제) 생산 과정을 보여주기에 〈그림 3〉에서 가장 높은 성능 지표값으로 제시한 16에 근접해 분류한 것으로 판단된다.

파이 계수 네트워크를 분석해 보면, 가장 굵은 선으로 연결된 '자국민'-'보호' 단어쌍은 '국민', '생명', '안전', '위하다'와 결합되어 자국민 보호라는 강력한 주장을 형성하고 있다. 다시 말해, 자국민을 보호하기 위해서는 코로나19의 진원지인 중국인을 입국 금지시켜야 하고, 베트남의 한국인 격리는 자국민을 보호하는 국가의 당연한 조치라는 의미군을 형성한다. 그럼에도 일부 정치인과 국민들은 시국의 엄중함

따위는 안중에도 없다는 듯이 여행을 가는 등 국제적인 망신을 초래하고 있다고 비판한다.

4. 빅데이터 분석을 통해 얻을 수 있는 것들

이 글은 코로나19로 인한 팬데믹 상황으로 국가 간의 연결성이 가로막힌 상황을 한국인들은 어떻게 인식하고 있는지를 밝히는 것이다. 이를 위해 우리는 대구에서 대규모로 확산된 코로나19를 근거로 한국인들의 입국을 금지시킨 베트남의 조치에 대한 한국인들의 반응을 텍스트마이닝 분석을 통해 살펴보았다.

분석 대상은 2020년 1월 1일부터 2020년 12월 31일까지 1년간의 베트남 관련 '네이버 뉴스' 기사에 달린 21,688건의 댓글이었다. 분석 방법으로는 빈도 분석, 토픽 분석, 감정 분석, 의미망 분석을 사용하였다. 그 결과는 다음과 같다.

첫째, 베트남 관련 네이버 뉴스 댓글은 10가지 이상의 내용을 포함하고 있지만, 가장 많은 댓글이 코로나19로 인한 팬데믹 상황에서 '자국민—보호'라는 국가의 본령을 망각 한 채, 국가의 품격과 국민적 자존심에 상처를 준 문재인 정부를 공격하는 것임이 빈도수 분석과 토픽 분석을 통해 확인할 수 있었다.

둘째, 한국인들은 베트남의 조치에 대해 자국민 보호를 위한 어쩔 수 없는 행위로 이해하는 동시에 은혜를 저버린 배신행위로 인식하는 양가적인 모습을 보인다. 이 같은 인식의 근저에는 베트남보다 정치,

경제, 문화적으로 우월하다는 그동안의 믿음이 대구와 코로나19로 한순간 물거품처럼 사라지는 현실을 목도하면서 어떻게든 우월감을 유지하고자 하는 자기방어 논리가 자리하고 있다. 이는 베트남이 코로나19로 인한 팬데믹 상황에서 한국인들이 찾아낸 공격 대상에 대구와 신천지, 중국과 함께 포함되어 있음을 의미한다.

셋째, 베트남 관련 댓글에는 크게 3가지 유형의 직접적인 혐오를 드러내는 어휘가 등장한다. '중공', '짱깨', '베트콩', '똥남아', '좆(좃)선족', '우한폐렴' 등이 우월감에 근거한 타자에 대한 무시와 편견이 만든 혐오 표현이라면, '문재앙', '대깨문', '빨갱이', '문죄인', '개누리', '좆(좃)선일보', '한걸레', '강간화 장관' 등의 표현은 정치적 반대파에 대한 공격의 발로라 할 수 있다. 대부분의 욕설과 '기레기', '개독교' 등은 비판 대상에 대한 생래적 거부감의 다른 표현 형태로 보인다.

넷째, 베트남 관련 댓글은 코로나19로 인한 팬데믹 상황이 야기하는 봉쇄나 격리에 대한 공포보다는 손상된 우월감을 보상받기 위한 일종의 투사(projection)에 가깝다. 이것은 '매국노 문재앙 VS 애국자 이재용'의 담론 구조로 표현된다. 한국인을 입국 금지한 베트남에 대한 공격에 '이시국'과 '여행' 등의 어휘와 윤미향 의원을 접합시켜 공격한 것 또한 동일한 논리의 연장이라 할 수 있다.

이상의 결과에도 불구하고 이 글은 팬데믹과 혐오의 메커니즘을 규명하기에는 한계를 지니고 있다. 한글 감정 상태를 정확하게 분석할 수 있는 감정사전의 미구축과 팬데믹과 혐오를 설명할 수 있는 적절한 혐오 어휘에 대한 합의 부재 때문이다. 하지만 이러한 한계에도 불구하고 코로나19로 인한 팬데믹으로 세계 여러 나라로부터 입국을 금지

당한 한국인들이 이 같은 상황을 어떻게 인식하고 있는지를 텍스트마이닝 분석 기법을 활용해 조망하려 했다는 점에서 의의를 찾고자 한다. 추후 연구를 통해 보완되길 기대한다.

참고문헌

1. 논저

강진구·이기성(2019), 「텍스트마이닝(Text Minning)을 통해 본 제주 예멘 난민: 네이버 뉴스 댓글을 중심으로」, 『다문화콘텐츠연구』 30, 중앙대학교 문화콘텐츠기술연구원, 103~135쪽.

권상희·김익현(2008), 「온라인 댓글 인식과 댓글 활동의 관계에 관한 연구: 댓글의 신뢰도와 인터넷뉴스 수용자의 수용경향을 중심으로」, 『한국언론정보학보』 42(2), 한국언론정보학회, 44~78쪽.

김영우(2021), 『쉽게 배우는 R텍스트 마이닝』, 이지스퍼블리싱.

김은미·선유화(2006), 「댓글에 대한 노출이 뉴스 수용에 미치는 효과」, 『한국언론학보』 50(4), 한국언론학회, 33~64쪽.

민영규(2019), 「올해 베트남 찾는 한국인 관광객 420만명 돌파 전망」, 『연합뉴스』, 2019.12.4(https://han.gl/DWxNO).

백영민(2020), 『R를 이용한 텍스트 마이닝』(개정판), 한울.

서은희·이재성(2019), 「베트남에 대한 한국인의 인식 연구: 소셜 빅데이터를 활용하여」, 『한국콘텐츠학회논문지』 19(3), 한국콘텐츠학회, 1~9쪽.

한국관광공사(2019), 「베트남 관광객 환영합니다!」.
    https://han.gl/xRVgE (검색일: 2021.6.20)

2. 기타

네이버 뉴스(https://news.naver.com)

빅카인즈(https://www.bigkinds.or.kr)

출입국·외국인 정책본부(https://han.gl/lTFqHN, 검색일: 2021.6.25)

혼종적 주체와 정체성

: 소설에 재현된 다문화가정 2세의 정체성 양상

손혜숙

1. 다문화사회, 정체성의 문제

21세기 세계화 시대, 국가 간 자본과 노동력의 이동이 활발해지고 있다. 과거 아메리칸 드림을 꿈꾸며 미국의 노동 시장에서 소수자로서의 삶을 살았던 자들의 국가에 이제는 코리안 드림의 꿈을 안고 이주해 온 노동자들이 유입되고 있다. 문제는 자본과 노동력의 이동이 급증하게 되면서 새로운 형태의 식민지가 발생하고 있다는 점이다(니시카와 나가오, 2009). 국경이나 영토를 경계로 하던 식민지 형태에서 경제적인 구조를 통한 식민지의 형태로 전이되고 있다(Colin Leys 외, 1986). 경제력이 약한 국가의 외국인 이주 노동자들이 유입되면서 국적이나 인종의 문제에 더해 경제력이라는 지배 논리가 성립된 것이다. 뿐만 아니라, 이러한 상황에서 직면하게 되는 다양한 문제들에 대한 적절한 대처나 사회적 인식이 변화하는 사회를 따라가지 못하고 있어 문제적이다.

이주노동자들이 우리 사회에 급속히 유입되었던 1990년부터 2000년까지는 주로 이주노동자들의 노동과 관련된 다양한 문제 해결에 초점을 두고 논의들이 형성되었다. 그러다 2000년 이후 결혼 이주 여성들이 본격적으로 유입되면서 '다문화가정'이라는 새로운 사회 단위의 출현과 함께 국가정책적 차원의 논의 및 법률 제정을 위한 다양한 담론들이 형성되었다. '다문화가정', '다문화자녀', '다문화교육', '다문화사회', '다문화주의' 등 다문화와 관련된 논의들이 다양하게 진척되었음에도 불구하고 그들은 여전히 차별적 시선과 사회적 소외 속에서 시름하고 있다. 특히, 이들의 고통과 사회적 갈등은 그들이 가정을 꾸렸을 때, 그들의 2세들에게 고스란히 대물림된다는 데 문제의 심각성이 크다.

교육통계서비스에 따르면 2021년 전국 다문화 초·중·고 학생은 16만 56명으로, 2012년 첫 조사 이후 꾸준히 증가 추세를 보이고 있다. 전체 학생 중 다문화 학생 비중도 3%까지 올라 전국 초·중·고 학생 100명 중 3명이 다문화 학생이 되었다. 문제는 다문화 학생이 계속 늘면서 이들이 겪는 차별이나 부적응 현상이 심화하는 데 있다. 교육부에 따르면 최근 5년 동안 학업을 중단한 다문화 청소년은 5000여 명에 이르는데, 이 중 약 30%는 학교에 적응하지 못해 자퇴서를 제출했다고 한다. 주지하다시피 학업을 중도에 포기한다는 것은 이미 청소년기에 사회적응에 실패하고 있다는 것을 의미한다. 이들을 우리사회에 '버려진 존재', '사회 부적응자'로 방치할 때 많은 사회적 문제를 야기하게 되는 것은 필연적이다. 때문에 이들의 적응을 돕고 이들과의 공존의 방법을 모색하는 일이 필요하다. 더불어 이들이 다문화의 혼종적 가정환경에서 겪는 정체성의 혼란과 사회의 배타적이고 차별적인 시선에 의한 부적응 현상은 사회 통합적인 면에서도 풀어야 할 중요한 과제이다.

물론 여러 분야에서 정책적인 대안들이 꾸준히 시도되어 왔다. 하지만, 시대를 반영하여 다양한 인간들의 삶을 핍진하게 재현해 내는 문학의 노력은 아직 충분하지 않다. 특히 다문화가정 2세에 대한 다각적인 재현을 통해 이들이 안고 있는 문제를 포착하고, 함께 고민해 볼 수 있는 방안에 대한 미학적 표상이 필요하다. 문학이 가지는 접근성과 파급력, 대중성은 그들의 문제를 담론화하여 사회적 시선과 인식을 변화시키는 역할을 감당해 내기에 충분하기 때문이다. 다문화가정이 늘어감에 따라 다문화가정 2세의 수 또한 증가하게 되는 것은 필연적이다. 따라서 그들이 혼종적 환경에서 겪고 있는 정체성 및 사회 부적응의 문제는 사회적으로도 시급히 해결해야 할 문제 중의 하나이며 더불어 문학이 놓쳐서는 안 되는 의미 있는 서사질료이다.

이러한 문제의식 속에서 촉발한 이 글은 2000년대 이후에 발표한 한국현대소설에 나타난 다문화가정 2세의 혼종성과 내·외적 갈등 양상을 살펴보고, 이것이 정체성 형성에 어떠한 영향을 끼치는지, 어떠한 방식으로 정체성을 형성해 가며, 그들의 정체성 형성에 관여하는 사회적, 문화적, 개인적 요인들에는 무엇이 있는지에 대해 분석해 보았다.

이 글에서 다룬 텍스트는 다문화가정 2~3세를 중심으로 한 단편소설 김재영의 「코끼리」, 김애란의 「가리는 손」, 천운영의 「알리의 줄넘기」, 정이현의 「영영, 여름」이다. 아이들은 어떤 문제나 사건을 판단하거나 분석하기보다는 느끼고 본 그대로 표현하는, 단순하면서도 직설적인 특징을 가지고 있다. 때문에 소설에서 제기하고 있는 문제가 왜곡되거나 굴절되지 않은 채, 독자 스스로 판단하고 해석할 틈을 주며, 이는 나아가 인식의 전환과 반성적 자각에도 긍정적인 영향을 끼칠 수 있다. 아울러 아이들의 정체성에 관여하는 여러 가지 외연들은 문제를 바라보는 시각을 확장하여 다문화사회에 대한 다각적인 사유를 제공하고 있다는 점에서 앞의 네 소설들에 주목해 보았다.

2. 분열하는 혼종적 주체, '반쪽외'

김재영의 「코끼리」는 소년의 시선으로 폭력적인 다문화사회를 재현하고 있다. 십여 년 전까지 돼지 축사로 쓰였던 낡은 건물에는 다양한 이주 노동자들이 살고 있다. 이들은 4호실에서 네팔인 아버지와 살고 있는 13살 소년 '나'의 정체성 형성에 관여한다. '나'는 이미 스스로를 '반쪽외'라고 명명하며 학교나 마을에서 '외' 취급을 받을 것이라 단정한다. '학교' 아이들과 '식사동 가구공단'의 어른들을 통해 사회적 시선과 이치를 체득하게 되면서 '나'의 주체성은 분열한다. 소설에서는 주체의 '혼종성'을 의복, 머리카락 색, 피부색, 음식 문화, 손가락 등 다양한 차이의 표식을 통해 드러낸다.

먼저, 음식 문화의 차이를 인정하지 않는 아이들의 시선에 동요하는 '나'의 심리를 따라가 보자. '나'는 손으로 먹어야 서둘러 먹지 않고 과식하지 않는다는 아버지의 말에 아랑곳 하지 않고 젓가락으로 로띠를 찢는다. 아버지의 말 위로 "늬들은 손으로 밥 먹고 손으로 밑 닦는 다면서? 우엑, 더러워. 놀려대는 반 아이들 목소리"(김재영, 2004: 194)가 오버랩된다. 그건 사실이 아니라는 것을 알지만, '나'는 그들에게 해명을 할 생각조차 안 한다. 오히려 그들과의 차이를 줄이기 위해 젓가락을 사용해 로띠를 찢을 뿐이다. 네팔 음식을 먹으면서 먹는 방법은 한국식을 따르고 있는 부분에서 '나'의 혼종성을 볼 수 있다. 비단 음식 문화뿐만 아니라, 차이의 표식은 의복, 머리카락과 피부색을 통해서도 가시화된다.

미국 사람처럼 보이기 위해 짝퉁 리바이스 청바지에 나이키 점퍼를 입고, 노랗게 염색한 쿤형의 모습과 저녁마다 탈색제를 타서 세수하는 '나'의 모습을 보자. 쿤형의 미국 사람 흉내내기, 즉 모방은 '거의 동일 하지만 아주 똑같지는 않은 차이의 주체로서 타자에 대한 열망'(Homi K. Bhabha, 2012: 178)을 의미한다. 이 타자에 대한 열망은 단일민족이라는 허울 아래 가해지는 한국 사람들에 대한 비틀기에 다름 아니다. 미국 사람 앞에선 친절하다 못해 비굴하지만 외국인 노동자들에게는 거부감과 불친절로 일관하는 한국 사람들의 이율배반적인 태도는 경제 식민화의 전이를 암시한다. 더불어 아메리칸 드림이 코리안 드림으로 치환되면서 파생되었던 문제들도 고스란히 이식되고 있는 모습도 표상하고 있다. 반면, 이 모방은 차별과 폭력적 시선들로부터 자신들을 지켜내기 위한 장치이기도 한데, 끊임없이 미끄러져 '손가락 절단'

이라는 표식을 통해 또다시 차이를 생산해 낸다는 점에 주목해야 한다. 쿤은 세 개의 손가락이 잘려 다시 염색할 필요가 없어졌다는 '나'의 발화는 이를 증빙한다. 돈을 훔쳐 도망간 알리도, 베트남 아저씨도, 그리고 쿤도 모두 열악한 노동 현장에서 손가락을 잃었다. 이제 손가락이 없다는 것은 외국인 노동자들이라는 일종의 표식이 되었으며 동시에 또 하나의 차이의 표식이 되는 것이다. 때문에 '나'는 또 하나의 차이의 표식이 생기지 않게 이들의 절단된 손가락을 제물로 바치며 아버지와 '나'의 안녕을 기원한다. 이처럼 차이를 거부했던 나였기에 '나' 역시 모방을 통한 동일화를 지향한다.

'나'는 얼굴만 하얘지면 미국인처럼 보일 거라는 쿤형의 말에 매일 저녁 탈색제를 풀어 세수하고는 새벽이면 얼마나 하얘졌나를 확인하러 거울 앞으로 달려가기를 반복한다. '표적', '왕따', '까만 방해물'이라는 호명을 벗어 던지고 "남의 눈에 띄지 않고 조용히 살아갈 수 있는" 보호색이 필요했다. 그러기 위해서는 "한국 사람만큼 하얗게, 아니 노랗게 되"어야만 했기 때문이다. 그러나 애꿎은 피부만 상할 뿐 '나'의 피부색은 그들과 같아질 수 없다. 이때의 모방은 라깡의 언술대로 위장과 같은 것으로, 차이를 억누르는 조화가 아닌, 현존을 부분적, 환유적으로 드러낸다(Homi K. Bhabha, 2012: 187). 즉 오히려 '인종적 차이'라는 방해물을 명료하게 드러낼 뿐이다. 이같이 검은 피부에 하얀 가면을 쓰고자 하는 동일화의 과정은 아버지의 개입에 의해 분열되고 만다. '나'가 보여주었던 모방은 차별과 시선의 폭력에서 벗어나기 위함이었으며, 근원적으로는 부인당하는 존재감에 대한 불안에서 기인한다.

"그렇지만 나보다는 낫겠지. 난……태어난 곳은 있지만 고향이 없다. 한국에 네팔 대사관이 없어 아버지는 혼인신고를 못했다. 그래서 내겐 호적도 없고 국적도 없다. 학교에서조차 청강생일 뿐이다. 살아 있지만 태어난 적이 없다고 되어 있는 아이……" (김재영, 2004: 201)

위 인용은 이러한 혼종적 주체의 불안과 존재성에 대한 천착을 집약적으로 나타낸다. 존재감 자체를 인정받지 못함에 대한 혼종적 주체의 불안이 외국인 노동자로서 겪는 아픔과 고향에 대한 그리움을 압도한다. 외국인 노동자인 아버지는 그리워하고 돌아갈 고향이 있지만, '나'에겐 그것조차 존재하지 않는다. 고향을 상상한다는 것은 실제로 자기 정체성의 기반이 되고 정체성을 보장해 주는 뭔가 견고한 어떤 것을 상상하는 것이다(David Huddart, 2011: 129). 그러나 '나'에겐 태생적인 혼종성과 뿌리 없음만이 존재할 뿐 '다시 시작할 수 있는 때 묻지 않은 장소인 고향'이 없기에 아버지처럼 꿈조차 꿀 수 없는 것이다. 오직 '흐릿한 하늘이랑 깨진 벽돌더미 그리고 냄새 나는 바람과 집 나간 바람둥이 엄마'가 전부일 뿐, 힘들 때 위안이 될 대상이 없다. 결국 '나'의 정체성을 형성하는 데 관여하는 것은 '나'를 둘러싼 환경과 태생적인 뿌리 없음이다.

"땀과 화학약품과 욕설에 전, 종일 쉬지 않고 일한 몸뚱이가 풍기는 고약한 단내"가 나는 아버지와 식사동 가구 공단의 외국인 노동자들의 삶, 학교와 일상에서 겪는 차별과 시선의 폭력에 불안하게 유영하는 존재감이 더해져 '나'의 정체성은 분열한다. 존재한다는 것은 타자, 즉 타자의 시선이나 위치와의 관계 속에서 성립(Homi K. Bhabha, 2012:

103)된다는 점을 상기해 본다면 타자와 공존하지 못한 채 타자에게 부인, 소외되는 '나'의 정체성은 분열할 수밖에 없다. 그리고 이것은 타자에 대한 저항과 체념의 형태로 형상화된다. 때리거든 맞아 주라는 아버지의 말에 절대 아버지처럼 살지 않겠다며 자신을 업신여기고 괴롭히는 사람들을 때려눕히고 말겠다고 응수하는 부분에서 '나'의 저항의지가 드러난다. 하지만 현재의 '나'는 아직 '팔뚝에 힘이 붙은' 어른이 아니기에 자신을 괴롭히는 아이들에게 맞서지 못한 채 피해 버린다. 즉 '타자를 만지고 타자를 느끼며 동시에 그 타자를 자신에게 설명하려는 그런 노력을 하지 않는다'(Frantz Fanon, 2003: 291). "가망 없는 인정을 기대하는 것보다 도둑질을 할 수 있는 강한 심장이 더 나을"(김재영, 2004: 210) 것이라는 결론을 내릴 뿐이다.

결국, 알리나 비재 아저씨처럼 인정보다 도둑질을 택한 '나' 역시 소용돌이 '외'를 비켜가지 못한다. 발에 치일 정도로 불행이 너무 흔한 세계에서 혼종적 주체는 여전히 분열할 수밖에 없는 것이다. 이러한 혼종적 주체의 분열 과정은 다문화사회에서 타자에 대한 '인정'의 필요를 환기시킨다.

3. 타자의 시선이 빚어낸 제2의 재이

만약 아카스에게 엄마가 있었다면 아카스는 어떻게 되었을까? 자신을 따뜻한 온기로 품어줄 엄마가 있었대도 도둑질을 택했을까? 앞 장에서 살펴본 김재영의 「코끼리」가 외국인 노동자들의 핍진한 삶과 학교생활에서의 차별에 기대 13살 혼혈 소년의 정체성 분열 과정을 그리고 있다면, 김애란의 「가리는 손」은 외국인 노동자 대신 '엄마'라는 타자가 들어서 있다. 이 소설은 다문화가정 2세가 겪는 차별과 폭력적 시선에 순혈 어머니와의 이질적 괴리감의 문제가 더해 갈등의 스펙트럼을 확장하고 있으며, 자녀가 겪는 고통을 바라보는 어머니의 시선도 함께 다루고 있다.

재이는 동남아시아인 아버지와 한국인 어머니 사이에서 태어난 다문화 2세 아이로, 부모님의 이혼이후 어머니와 둘이 살고 있다. 사건은 재이가 또래의 청소년들이 폐지 줍는 노인을 폭행하여 사망에 이르게 한 것을 목격하면서 시작된다. 소설에서 재이는 여느 다문화가정 2세 아이들처럼 사회적 시선과 편견에서 자유롭지 못하다.

―그거 뭐라 그러지? 그런 애도 있던데. …… 맞다, 다문화.

―응, 나도 봤어요. 확실히 눈에 띄더라.

―엄마가 아니라 아빠가 동남아라면서요.

―그래? ……뭐가 아쉬워서?

―걔도 한패라면서요?

―댓글 보니까 주동자라던데.

－아니, 걔는 목격자래요.

　　－그걸 어떻게 믿어. 원래 진짜 보스는 주먹 안 쓰잖아.

　　－그러게. 아무래도 그런 애들이 울분이 좀 많겠죠?

(김애란, 2017: 211)

　　주지하다시피 폐지 줍는 노인 사건을 바라보는 사람들의 편견에 의해 재이는 '눈에 띄는 아이', '울분이 많은 아이'로 낙인찍히며 어느새 목격자에서 주동자로 전이된다. 그뿐인가? 동남아 사람을 만나 가정을 꾸리는 한국인은 무언가 부족한 사람으로 치부된다. 여기에는 동남아시아인에 대한 한국인의 본질적인 우월주의와 계급의식이 투영되어 있다. 이는 여러 범주 사이에 넘을 수 없는 상징적 경계를 구축하는 방식으로 작동되는 인종주의에 기원을 두고 있다. 인종주의의 전형적인 이분법적 재현 체제는 속함과 타자 사이의 차이를 끊임없이 부각하고는 그 차이를 고착화하려는 경향이 있다(Stuart Hall, 2015: 538). 여기서 스피박이 말하는 '인식론적 폭력'이 발생하는데, 이러한 인식론적 폭력이 결국 재이를 목격자에서 피해자로 치환시키고 있는 것이다.

　　문제는 재이 엄마 또한 이러한 사회적 시선에 휘둘린다는 점이다. 동남아시아인과 가정을 꾸렸고, 또, 현재는 이혼해서 한부모 가정을 꾸리면서 그녀 역시 자신에게 가해지는 이중적 편견을 의식하며 살아간다. 때문에 "누군가를 뜨겁게 미워하는 언어를 택하는" 세계를 먼저 경험한 엄마는 재이의 마음을 들여다볼 생각보다는 오로지 재이를 무시당하지 않는 사람으로 만드는 것에만 집착하게 된다. 오로지 아들을 한국 여자와 결혼시키는 목적으로 열심히 일한다는 필리핀 미화원

아주머니와 같은 마음이라던 엄마. 그녀는 누구도 아이를 무시하지 못할 사람으로 만들기 위해 소득의 대부분을 아이 교육에 쏟는 것이 아이를 지키는 법이라 생각한다. 이러한 엄마의 태도는 재이에게 '소문'에 대해 확인하는 부분을 통해서도 드러난다. 그녀가 두려워했던 것은 재이의 범죄 가담보다 사람들의 편견이 사실이 되는 것이 아니었을까?

문제는 이러한 엄마의 태도가 재이에게 결핍을 만들고, 정체성을 형성하는 데도 영향을 미친다는 점이다. 엄마는 엄마부터 챙기는 재이를 보며 잘 자라주고 있다는 것에 고마움을 느낀다. 엄마의 인식처럼 재이는 잘 자라고 있는 것일까? 교회 사건과 폐지 줍는 노인 사건 동영상을 경유해 보자. 소설에서 '교회'란 이중적인 공간이다. 엄마에겐 늘 안전한 장소처럼 보였지만, 재이에게 교회는 사람들의 이질적인 시선을 견뎌야만 하는 힘든 공간으로, 엄마와 재이의 괴리와 간극을 표상한다. 이는 다음의 대화에서 극대화된다.

며칠 뒤 재이는 이제 노래 같은 건 별로 하고 싶지 않다고 했다. 친구들이 '역시 넌 좀 특별한 것 같아'라고 말하는 게 싫다고.
―왜? 칭찬이잖아.
그때 재이 입가엔 부루퉁한 기운이 서렸다.
―엄만 한국인이라 몰라.
나는 깜짝 놀라 답했다.
―너도 한국인이야.

(김애란, 2017: 214~215)

엄마를 향한 재이의 발화는 자신을 향한 사회적 시선을 견디는 것은 자신을 낳아준 엄마조차 짐작할 수 없을 만큼의 감정적 비용이 든다는 것을 함축하며 소설 전체를 유영한다. 이미 재이는 순혈인 엄마와 자신 사이의 경계를 지으며 차이를 인지하고 있다. 엄마마저도 차이의 대상으로 인식하고 있는 재이에게 필요한 것은 자신의 정체성을 이해하고 건강한 자아를 형성할 수 있도록 도와주는 조력자이다. 이것은 태생적 이해에서부터 시작해야 하며, 엄마가 그 역할을 감당해 주어야 한다. 그러나 엄마는 재이를 돕지 못한다. 그녀 역시 한국사회의 유교적 문화와 인종 차별주의에 의한 폭력적 시선에서 자유롭지 못하기 때문이다. 이와 같은 순혈 한국인 엄마와 혼혈 재이의 감정적인 괴리는 성가대 대표 선거에서도 드러난다.

재이는 성가대 대표 선거에 출마했다가 세 표 차이로 졌는데, 이때 투표용지에 모욕적인 문구가 적혀 있었고, 사회를 보던 아이가 경솔하게 그것을 또 읽어 몇몇 아이들이 웃었던 일이 있었다. 당시 재이는 선거에서 진 것보다 그 웃음소리가 더 견디기 힘들었다. 승패보다는 자신에게 가해지는 비웃음에 민감하게 반응하는 재이의 모습에서 선 경험을 통해 조롱과 무시가 체화되어 있음을 짐작할 수 있다. 엄마의 말처럼 재이는 재이라는 이유만으로 치를 비용이 많았던 것이다. 문제는 엄마의 어설픈 위로이다. 엄마는 그런 재이를 향해 자긍심을 가져도 된다는 듯 "재이야, 너희 아빠 여기 일하러 오지 않았어. 공부하러 온 사람이었어. 고향집에 하인도 있었대."(김애란, 2017: 220)라고 위로를 건넨다. 재이에게 필요한 것이 부유한, 학식 있는 아버지였을까? 엄마 역시 사회적 시선과 편견의 잣대로 재이를 위로하고 있다는 점에서 문제가 있다. 앞의 에피소드에서도 나타나듯이 재이는 어릴 적부터 끊임없이 자신의 정체성에 의문을 갖고, 엄마에게 시그널을 보내고 있었다. 성가대 공연 때도, 성가대 대표 선거 때도, 비가 오거나 늦은 저녁 외출 시에도 썬 크림을 과하게 바르기 시작했을 때도, 아빠와 헤어진 진짜 이유를 물을 때도 자신의 정체성을 향한 의문을 지속해 왔다. 그러나 그런 재이의 본질적인 혼란과 상처를 마주보지 않는 엄마에 의해 재이의 정체성 찾기 여정은 지연된다.

엄마는 성가대 사건 이후 재이 생활에 큰 변화가 생기지 않았다고 했지만, 이미 재이의 내면은 변화하고 있었다. 자신이 겪어온 냉대와 조롱에 익숙해지면서 냉소적인 아이로 변하고 있는 재이의 모습을 발견하는 것은 어렵지 않다. 노인 폭행 사건을 보며 신고하지 않고 인형만을 챙겨 돌아간 재이의 행동을 들여다볼 필요가 있다. 물론, 다문화 아이를 바라보는 타자의 시선 때문에 아예 사건에 연루되는 것을 피하기 위한 외면이라 볼 수도 있다. 그러나 자신에게 가해지는 폭력에 익숙해지면서 어느새 타자의 아픔에 공감하지 못하는 아이로 성장하고 있는 것은 아닌지 생각해 보아야 한다. 할아버지를 돕지 않은 이유를 묻는 엄마에게 거짓말로 답하는 재이의 이면에는 과연 어떤 마음이 자라나고 있는지 주목해야 한다.

―중간에 걔네들 자기들끼리 막 뭐라 하며 웃던데, 뭐라 그러는 거니?

지금까지 잠자코 있던 아이 입가에 천진한 흥미랄까, 아는 체랄까 묘한 기운이 어린다.

―틀딱?

그러곤 아차 싶은지 재빨리 미소를 거둔다. 마치 소중한 비밀처럼. 누구에게도 들키면 안 되는 보물인 양 얼른 감춘다. 나는 아이 얼굴을 빤히 바라본다. 아이가 이상한 말을 뱉어서가 아니라 방금 저 표정을 이미 어디선가 본 것 같아서. (…중략…)

재이가 눈을 감은 채 슬며시 미소 짓는다. 그런데 그걸 본 내 속에서 짧은 탄식이 터져 나온다. 웃음 고인 아이의 입가를 보니 목울대가 메케해지며 얼굴에 피가 몰린다. 불현듯 저 손, 동영상에 나온 저 오른손으로 재이가 황급히 가린 게 비명이 아니라 웃음이었을지도 모른다는 생각 때문에.

(김애란, 2017: 232)

소설은 재이의 '가려진 손' 뒤에 무엇이 있는지 유보한 채 마무리된다. 지금껏 한부모 가정의 다문화 아이가 겪는 편견과 정체성의 혼란, 그리고 혼혈 아이를 둔 미혼모에 대한 사회적 시선에 무게를 두었던 소설은 마지막에 재이의 '가리는 손'으로 향한다. 재이가 받았을 상처에 대한 안타까움은 '틀딱'이라는 단어 위로 흐르는 재이의 미소 앞에서 당황스러움과 혼란으로 변주된다. 그리곤 '가리는 손' 뒤에 숨겨져 있는 것이 비명이 아닌 웃음일지 모른다는 의문을 제기한다. 이는 그동안 재이가 잘 커준 것 같아 고마움을 느끼던, 그런 재이를 보며 '사람 다 됐네'라며 기뻐했던 엄마의 믿음과 위무에 균열을 가한다. 만약 재이가 타자의 아픔에 공감하지 못하는 아이로 자랐다면 더 이상 재이를 안타까운 시선으로만 바라볼 수 없게 된다. 오히려 재이를 괴물로 만들고 있는 것은 무엇인가에 주목하게 된다. 동시에 그동안 재이 엄마가 재이에게 준 것은 무엇이었을까 되묻지 않을 수 없다.

결국 가리는 손 뒤에 숨겨진 '제 2의 재이'를 만든 건 봉합되지 못한 채 타성화된 타자의 편견으로 인한 상처와 그 과정에서 겪은 정체성의 혼란일 터이다. 이때 '타자'에는 친구들과 주변 사람들은 물론이고, 자신의 혈육인 엄마도 포함된다. 이중적 편견에 주눅 든 엄마의 심정을 외면할 수는 없지만, 제대로 편견을 극복하지 못한 채 정체성이 끊임없이 흔들린다면 그것은 또다시 되물림되어 악순환으로 이어질 수 있다는 점을 간과해서는 안 된다. 나아가 소설은 '가리는 손'을 통해 다문화가정을 바라보는 사회적 편견과 그를 보며 갖게 되는 연민과 안타까움의 정서 역시 파편화한다. 다문화 아이에게 쏟아지는 연민과 안타까움의 정서 역시 편견의 발로일 수 있으며, 다문화 아이는 불쌍한 존재이고, 언제나 피해자라는 인식 자체도 편견이라고 말하는 소설 앞에서 우리는 얼마나 많은 편견을 갖고 살아가고 있는지 목도하게 된다.

4. 중층적 차별의 전복, 그 위대한 이름

앞의 소설들이 혼혈인에 대한 편견과 배타적인 시각을 문제 삼고 있는 반면 천운영의 「알리의 줄넘기」는 다문화가정 3세의 긍정적인 미래를 그려내고 있다는 점에서 새롭다. 소설은 다문화가정 3세 소녀를 중심으로 그녀가 겪는 이중의 차별과 극복 과정을 '호명'의 메커니즘으로 그려내고 있다. 미군 흑인 병사와 한국인 할머니 사이에서 태어난 아버지, 그리고 그런 아버지에게서 태어난 다문화 3세인 알리는 자신을 패거리들의 소속감을 확인시켜 줄 표적으로 인식한다. 생김새가 다르다는 이유만으로 배척당하는 현실 앞에서 알리는 스스로 유령이 되거나 쓰레기가 되는 것으로 버텨왔다. 존재감 자체를 부인당하고, 또 부인하면서 견뎌낼 뿐 그 누구의 도움도 바라지 않는다.

핸드폰 도둑으로 몰려 침착하게 상대에게 응수할 방법을 계산하는 사이 알리의 몸뚱이는 어느새 상대 패거리들에게 점령당해 반 알몸이 된다. 순간 핸드폰을 찾던 아이들의 우악스런 손길이 멈추고 "계집애 잖어. 이거. 계집애 주제에, 어디서 까불고 지랄이야."라는 말이 들려온다. 소설은 '혼혈 여성'이 겪는 이중적 편견과 차별을 그렇게 꺼내놓는다. 그러나 알리는 자신을 둘러싼 이중적 편견과 억압에 굴하지 않는다. '비겁하게 도망치지도, 계집애처럼 징징 짜지도 않았'다며 스스로를 위무할 뿐이다. 아버지의 말처럼 위대한 알리가 되기 위해 줄넘기를 하며 극복해 나간다.

이 지점에서 문제가 되는 것은 편견의 피해자인 알리 역시 그 편견을 어느새 당연한 것으로 수용하고 있다는 점이다. 한국사회의 유교적인 풍토가 정형화해 놓은 '계집애'에 대한 편견이 소녀 알리에게도 그대로 이식되고 있다. 알리의 이식된 편견은 고모의 사랑을 바라보는 시선에서도 드러난다. 동시 통역사인 고모가 막노동꾼들과 사랑에 빠지는 것을 보고는 "고모같이 예쁘고 똑똑한 여자가 뭐가 아쉬워서 그런 남자와 사랑에 빠지는지 이해할 수가 없다"며 고모에게 훈수를 두는 발화에서 세상의 편견을 답습하고 있는 알리의 모습을 단적으로 볼 수 있다. 앞서 보았던 「코끼리」의 아카스나 「가리는 손」의 재이,

그리고 알리까지 이들은 모두 아직 정체성이 형성되지 않은 아이들이라는 점에서 주변 사람들과 가족의 영향을 많이 받는다. 즉 이들의 정체성 형성에 주변 사람들과 가족의 역할이 중요하다는 것이다. 또, 이들이 어떻게 성장하느냐에 따라 악순환되고 있는 악습의 단절 여부가 결정된다. 이것이 우리가 이들의 목소리에, 이들의 성장과정에 주목해야 하는 이유가 된다.

안타깝게도 아카스나 재이는 아직 건강한 조력자를 만나지 못해 여전히 정체성의 혼란 속에 머물러 있었다. 그러나 알리는 다르다. 알리는 '호명'의 메커니즘을 통해 자신에게 가해지던 차별을 극복하고 '고모'를 비롯한 가족과 '우리'라는 연대를 통해 자신이 가진 편견 역시 극복해낸다. 그리곤 아버지 세대의 삶을 답습하지 않고 스스로 개척하고 극복해 나가는 삶을 만들어 나가고 있다.

아이들이 겁을 줄 때도, 아이들에게 괴롭힘을 당하고 나서도 알리는 늘 "내 이름은 위대한 알리"라는 것을 일종의 주문처럼 되새기며 극복해낸다. 아버지께서 지어준 이름. 알리는 위대하며, 알리처럼 유머 있는 사람이 되어야 한다는 아버지의 말대로 알리는 강한 알리가 되고 싶어 한다. 그리고 그것은 늘 알리를 지탱해주는 버팀목이 된다. 호명된 개인이 스스로를 발화의 주어와 동일시하고 그것이 규정해 주는 주체의 자리에 스스로를 위치시키듯 알리 역시 '알리'로 호명되는 순간 강하고 위대한 알리로 전이되는 효과이다. 유명한 복서 무하마드 알리는 '캐시어스 클레어'라는 백인의 이름을 버리고 '알리'라는 이름으로 자신을 명명했다. 이름 '알리'에는 백인에게 저항하고 아메리카의 심장을 무너뜨렸다는 의미도 담겨 있지만, 무엇보다 자신의 정체성을 부정하지 않고 회복하여 지키려 한 의지도 담겨 있다.

　"나는 아버지에게도 알리 같은 이름이 있었다면 삶이 조금 달랐을 거라고 생각한다. 아버지가 내게 알리라는 이름을 주었듯 제니도 아버지에게 뭔가 특별한 이름을 주었어야 했다. 아니면 아버지 스스로 이름을 바꾸어 살든 가. 클레어가 무하마드 알리라고 이름을 바꾼 것처럼" (천운영, 2008: 98)

　정체성 형성에 기여하는 '호명'의 메커니즘은 위인용에서 선명해진다. 삼류 복서로 전전하다 사라진 아버지에게도 클레어가 무하마드 알리로 개명한 것처럼 자신을 주체로 규정지을 수 있는 특별한 이름이 필요했다는 논리는 '호명'의 함의를 잘 보여준다. 아울러 치매에 걸린 할머니를 통해서도 부각된다. 늙고 치매에 걸렸지만 언제나 강인하고 당당한 제니는 알리의 행복과 자신감의 원천이다. 알리와 고모는 할머니 제니를 있는 그대로 인정한다. 쌀롱에서 노래를 부르던 제니의 모습도, 흑인 남자와의 연애도, 또 다른 남자를 만나 미용실을 하던 제니도 모두 제니로 인정한다. 할머니라는 호칭이 아닌 '제니'로 명명하며 끊임없이 '제니'를 호명한다. 마치 할머니에게 제니의 삶을 상기시키듯 말이다. 특히 제니의 죽음 후 수의 대신 멋진 벨벳 드레스를 입혀주는 행위에서 화려했던 제니를 있는 그대로 인정하고, 제니의 정체성을 지켜 주고자 하는 고모의 의도가 극대화된다. 주지하다시피 알리가 당하는 멸시와 폭력의 기원은 제니이다. 그럼에도 불구하고 제니의 삶을 부정하지 않고 끊임없이 소환하는 것은 '알리' 자신의 존재에 대한 인정이자 극복을 의미한다.

이처럼 알리는 이름이라는 호명을 통해 자신에게 가해지던 편견을 극복하고 자신의 존재감을 인정하면서 정체성을 형성해 나간다. 하지만 자신의 존재감을 건강하게 인정하기 위해서는 타자에 대한 자신의 편견 역시 극복해야 한다. 알리는 고모와의 소통과 그녀의 삶을 관찰하고 이해하면서 자신의 편견을 한 꺼풀씩 벗겨나간다. '고모는 언제부터 거기에 털이 나기 시작했'냐는 알리의 물음에 남성에게는 일종의 문화처럼 자연스러운 이야기들이 왜 여성에게는 금기나 터부처럼 인식되어 왔는지에 의문을 제기한다. 그리고는 알리와 자연스럽게 이야기를 전유하는 것으로 터부의 경계를 허물어뜨린다.

고모는 알리에게 이식된 편견을 불식시켜 알리의 정체성 형성을 돕는 조력자이기도 하지만, 동시에 알리에게 가해지던 사회적 편견을 담지한 표상이기도 하다. 고모는 알리에게 알리의 아버지에게 죄의식을 가지고 있다는 것을 고백한다. 자신과 피부색이 다른 오빠를 창피해 하며 외면한 일, 게다가 엄마인 제니 탓만 하고 껄렁껄렁하게 다니는 오빠에게 세숫대야를 던지며 꺼져버리라고 악을 쓴 일, 제니와 오빠의 삶을 부정하고 그들처럼 살기 싫어 기를 쓰고 공부했던 과거를 견인한다. 고모 역시 다문화가정에 대한, 혼혈에 대한 사회적 시선을 의식했고 그 편견에 동조했던 것이다. 고모의 반성과 속죄의식은 그녀가 오빠와 엄마를 이해하고, 인정하고 있다는 것을 의미하며, 이러한 인정의 미학은 알리의 편견에 균열을 낸다. 파키스탄에서 온 남자와 사랑에 빠졌다는 고모의 소식에 고모와 파키스탄 남자 사이에서 태어날 아이를 걱정하지만 예전처럼 무조건적으로 부정하지 않는다. "우리에겐 알리라는 이름이 있잖아."라는 고모의 말, 그 알리라는 이름 앞에서 비로소 고모의 사랑을 인정하게 된다. 이는 곧 알리에게 이식되고 있는 세속적인 편견의 극복 가능성을 암시하며 알리의 정체성을 회복하는 데에도 관여한다.

(가) 그런데 고모, 고모도 몽고반점 있어? 제니 엉덩이에 멍이 들어 있는데, 뭐 안 좋은 일은 아닌가 싶어서. 제니는 그게 몽고반점이라고 하는 거야.

(…중략…)

몽고족 피가 섞여서 그런 거야. 보통은 아기 때 잠깐 있다가 없어지는데, 평생 가지고 있는 사람도 있대. 제니가 그런가?

몽고족? 그럼 우리가 몽고민족이야?

우리가 무슨 족이지? 한민족인가? 몽고족도 있고, 한민족도 있고, 그렇지 않겠어? 그게 무슨 상관이야.

고모는 대부분의 농촌 총각들이 베트남 여자와 결혼하는 마당에 우리가 무슨 민족인지가 뭐가 중요하냐고 말했다. 그리고 몽고족이 우리나라를 침입했던 때 얼마나 많은 이 땅의 아녀자들이 몽고족의 아이를 가졌는지도 얘기했다. 나는 어릴 적 내 엉덩이에도 몽고반점이 있었는지 묻고 싶었다. 하지만 고모는 때마침 걸려온 전화를 받기 위해 제 방으로 들어가더니 문을 꼭 잠가버렸다. 나는 닫힌 문을 바라보며 내 입에서 너무나 자연스럽게 흘러나온 '우리'라는 말에 대해 생각했다.

(천운영, 2008: 93)

(나) 그리고 언젠가는 더블더치도 할 수 있을 것이다. 더블더치를 하려면 두 개의 줄넘기와 적어도 세 사람이 필요하다. 그래서 지금 줄넘기를

하나 더 사러 가는 것이다. 줄넘기를 사면 손잡이에 더블더치를 할 '우리'의 이름을 또박또박 적어 넣어야지. 나는 지금 '우리'를 만나러 간다.

(천운영, 2008: 103)

'몽고반점'과 '우리'라는 기표 안에는 궁극적으로 소설이 지향하는 다문화사회의 방향이 응축되어 있다. 알리는 제니의 몽고반점을 보고 는 '몽고반점'에 집착한다. 그것이 차이의 표식이 될 수도 있고, 또 알리를 '우리'의 영역으로 편입시킬 수도 있기 때문이다. 그래서 '알리' 는 자신은 어릴 적에 몽고반점이 있었는지 묻고 싶은 것이다. 그러나 소설은 알리의 엉덩이에 몽고반점이 있었는지의 여부는 중요한 것이 아니라는 듯 몽고반점의 확인을 보류하며 그 자리에 '우리'라는 말을 대체해 놓는다. 우리가 무슨 민족인지가 무슨 상관이냐며 민족의 경계 를 허무는 고모의 태도와 '우리'라는 말의 함의가 중요하다는 것이다.

고모의 인식과 발화는 정체성을 하나의 민족 특성에 국한시키는 것을 경계한다. 정체성을 고정시킨다는 것은 성이나 계급, 인종, 문화 적 차이 등의 다른 정체성들로 끊임없이 대체되기 때문이다(David Huddart, 2011: 202). 즉 민족은 항상 변화의 과정 중에 있기에 민족 정체성은 항상 열린 상태여야 한다(David Huddart, 2011: 160)는 점을 표방하며 '민족'의 자리에 '우리'를 채워 넣고 있는 것이다. 곧 생길 또 다른 알리를 위해 줄넘기를 사러가고, 그 아이를 '우리'로 받아들이 는 알리의 태도와 '알리'라는 이름이 갖는 의미와 힘을 인정한 고모의 언술에서 다문화사회에서의 진정한 공존과 상생의 의미를 되짚게 된 다. 아울러 더 이상 "타자의 소속감 확인을 위한 표적"이 아닌 '우리'

안에 있는, '우리'를 만들어 가는 알리의 정체성 회복을 목도하게 된다. 알리 덕에 또 다른 알리는 태어나면서부터 '우리'에서 시작할 수 있게 된 것이다.

5. 모국어 전유를 통한 자아 찾기

정이현의 「영영, 여름」은 다문화가정 2세가 겪는 갈등보다는 정체성을 형성해 가는 과정에 역점을 두고 있으며, 순혈 한국인 어머니가 타국에서 이방인으로서 겪는 내적 심리를 묘파하고 있다. 소설의 주인공 리에는 일본인 아버지와 한국인 어머니 사이에서 태어난 13세 소녀이다. 그녀는 자신을 '뚱뚱하고 내성적이며 당분이 부족하고 얼굴에 핏기 없는 소녀, 별명은 여전히 부타메'라고 소개한다. 자신의 소개에서 드러나듯이 리에는 자존감이 낮고 냉소적인 소녀이다. 그녀를 이렇게 만든 건 만성화된 아이들의 놀림과 조롱, 그리고 외부 시선만을 의식하는 엄마이다. 엄마가 연 수입의 절반에 육박하는 등록금을 내면서 들여보낸 국제학교에서 리에가 가장 먼저 배운 말은 '돼지야'라는 의미의 부타메였고, 어느 나라 국제 학교에서든 현지어로 가장 많이 들었던 욕도 이 말이었다. 즉 리에는 그들에게 가련한, 혐오스런 등의 수식어구만 바뀌어가며 '돼지'로 호명된다. 소설의 서두에서도 나왔듯이 돼지는 깔끔하고 절제할 줄 알며, 상대가 건드리지만 않으면 유순한 동물이다. 그러나 사람들은 이런 실제 돼지의 속성을 들여다보려 하지 않는다. 그저 외양만 보고 게으르고, 지저분하고, 절제력 없는 동물이라는 사회적 편견에 동조할 뿐이다. 이러한 편견의 잣대는 리에에게도 그대로 투사되어 리에의 자존감에 막대한 영향을 미친다. '호명'의 메커니즘은 이미 앞장에서 살펴본 바 있다. '알리'의 호명과 대척점에 있는 '리에'의 호명. 만약, 리에에게도 '돼지야'가 아닌 알리처럼 힘을 줄 수 있는 다른 호명이 있었다면 이야기는 달라졌을 것이다.

리에의 정체성과 자존감 형성에 관여하는 것은 비단 호명뿐만이 아니다. 오히려 엄마의 존재는 호명보다 리에의 정체성 형성에 더 깊숙이 관여한다. 엄마가 보낸 국제학교는 리에에게 편한 곳이 아니다. 국제 학교를 다니는 동네 친구도 없었고, 학교가 멀어 매일 네 정거장을 지하철을 타야 했으며, 늘 아이들의 놀림이 도사리고 있는 곳이었기 때문이다. 게다가 엄마는 리에의 체중과 식단 관리를 이유로 음식을 늘 부족하게 줬으며, 네 정거장을 걸어서 오라고 종용했다. 리에는 엄마의 과도하고 강박적인 제한이 부당하다고 생각했지만, "엄마는 딸이 어떤 삶을 살기를 바랐을까? 한국인도 일본인도 아닌 코스모폴리탄 같은 것이 되기를 갈망했을지도 모른다"(정이현, 2016: 102)는 자문과 추측만을 해볼 뿐 이의를 제기하지 않는다.

리에의 엄마는 한국인도 일본인도 많지 않은 곳, 왜 한국 여자가 일본 남자와 살고 있느냐는 신경을 쓸 필요가 없는 곳을 살고 싶은 도시 첫 번째 조건으로 내걸 정도로 외부 시선에 민감하다. 두 나라의 조합은 사실상 각 국가의 정서상 양국 모두의 시선에서 자유롭지 못하다. 게다가 문제가 있을 때 방안으로 조용히 숨어들어 문을 걸어 잠그는 타입으로, 일본어에 서툰 엄마가 일본에서 살아가기란 녹록치 않았을 것임은 자명하다. 거스름돈도 요구하지 못할 정도로 리에 엄마는 일본인들 앞에서 일본어로 입을 떼는 것을 극도로 꺼려 일본에 살면서부터 공적인 상황에서 리에를 통역사로 내세울 정도로 그녀는 적응하지 못했다. 세 개의 일본어 단어와 30개의 한국어 단어만으로 문제없이 소통하며 사랑을 키워온 남편이 언젠가부터 집에서 일본어로만 말하는 데에서 느꼈을 거리감, 절반의 침묵과 소통의 부재는 엄마를 더욱 방안 깊숙한 곳으로 밀어 넣었다. 그리고 그것은 그녀를 자기중심적이고 외면에 집착하게 만들었다.

"엄마는 간혹 내가 열세 살에 불과한 소녀라는 사실을 깜빡 잊어버리는 것 같았다. 얼굴을 마주 보고 마음 편하게 모국어로 아무 이야기나 떠들어댈 수 있는 사람이라곤 나 하나뿐이어서 그랬을 것이다. 어릴 때부터 엄마가 내게 열심히 한국어를 가르쳐온 이유는, 모국어에 대한 깊은 애정의 발로 따위와는 전혀 관련이 없었다. 엄마는 자기가 하고 싶은 말을 완전히 이해하는 타인, 모국어의 청취자를 간절히 원했을 뿐이다. 나는 가끔 엄마가 딸의 몸무게가 아닌 영혼의 무게에도 관심이 있는지 궁금했다." (정이현, 2016: 106)

리에 엄마에게 모국어는 그저 소통의 도구일 뿐이며, 딸은 자신의 이야기를 들어주는 청취자로 존재한다. 그럼에도 불구하고 리에는 딸의 '영혼의 무게'보다 몸무게에 관심을 두는 엄마의 적극적인 청취자 역할을 묵묵히 수행해내며, 나아가 언어를 매개로 엄마가 외부세계로부터 고립되고 단절되는 것을 방지하는 역할까지 감당해낸다. 언어를 지니고 있는 인간은 그 언어가 현상하고 내포하는 세계를 궁극적으로 소유하게 된다는 파농의 언설처럼 언어의 전유 정도에 따라 세계를 소유하기도 하고 세계에 매몰되기도 한다(Frantz Fanon, 2003: 24). 언어로 인해 세계에 매몰된 리에의 엄마와는 달리 리에는 영어, 일어, 한국어 등 다양한 언어를 전유함으로써 세계에 매몰되지 않고 소통할 수 있었던 것이다. 이처럼 소설에서 '언어'는 중요하게 다뤄지는데, K도시에서 만난 메이와의 관계 속에서 극명하게 드러난다.

리에는 아빠의 직업상 남태평양 부근의 K도시로 이사를 가게 된다. 여지없이 그곳에서도 K의 언어로 돼지를 뭐라고 부르는지 가장 먼저 알게 될 것이라는 리에의 예상과는 다르게 그곳에서 리에의 첫 번째 호명은 '프리티 걸'이었다. 그러나 리에는 자신을 프리티 걸이라 호명하는 금발의 담임을 의심한다. 아이들에게 '재패니즈, 와타나베 리에'라고 소개된 리에는 며칠이 지나도록 자신에게 무관심한 아이들에게 섭섭함을 느끼기도 하고, 여느 때처럼 자신을 놀리지 않아 후련하기도 하다. 반 아이들은 2명씩 짝을 지어 다녔는데, 유독 반에서 키가 제일 작고 여윈 동양계 여자아이 '메이'만 혼자였다. 어느 토론 시간에 영어를 알아듣지 못하던 메이가 혼잣말로 뇌까린 "미치겠네"라는 소리를 들은 리에는 이내 그 아이가 한국인임을 알아차린다. 이후 리에가 한국말로 말을 걸면서 둘은 도시락을 나눌 수 있을 만큼 가까워지기 시작한다. 특히 평소에 조용했던 메이가 모국어 앞에서는 활발했기 때문에 서로의 간극을 좁혀갈 수 있었다. 여기서 '모국어'는 다양한 함의를 갖는다. 먼저, 타자와의 소통과 교류를 가능하게 하며 상상의 공동체를 형성하게 한다. 모국어 전유를 통해 리에와 메이가 짝이 될 수 있었고, 변하지 않을 우정을 나눌 수 있었기 때문이다. 모국어가 메이와 리에의 관계를 직조하는 역할을 했다면 '공깃돌'은 관계를 확장하는 구실을 하고 있다. 공기놀이를 통해 리에의 반 아이들은 시간을 분유하면서 어느 샌가 그동안 암묵적으로 고정되어 있던 둘 둘의 짝의 정형을 깨고 서로 섞이기 시작한다. 즉 문화적 전유를 통해 반 아이들과 어울리면서 이 반에는 상상의 공동체가 형성된다.

소설에서 모국어는 외부세계와의 단절로부터 엄마를 구해주고, 엄마가 세계에 매몰되는 것을 방지하는 역할을 할 뿐만 아니라, 궁극적으로 리에의 정체성을 회복시키고 형성하는 데도 중추적인 역할을 한다. 엄마와의 한국어 대화를 제외하고 리에의 삶 속에서 '한국인'이라는 정체성은 찾아보기 어렵다. 이름에서부터 리에의 주변 환경까지 모두 리에가 일본인임을 가리키고 있다. '와타나베 리에'라는 이름 어디에서 그녀가 한국인이라는 것을 알 수 있을까? 심지어 전학 간 학교의 담임도 리에를 '재패니즈'라 소개했다. 그리고 리에 역시 이를 그대로 받아들였다. 마닐라에서 리에의 엄마가 한국인인 것을 알게 된 부산 여자 아이가 돼지와 같은 나라 사람인 게 싫다며 엉엉 우는 일을 당한 이후부터 리에는 자신이 절반은 한국 사람이라는 것을 밝히지 못한다. 친구가 된 메이에게 조차도 자신에게 한국인의 피가 흐르고 있다는 사실을 부인한다. 이러한 리에에게 한국어는 "아무래도 변하지 않는" 친구를 만들어주었고, 그것이 자신을 만들어주었음을 오롯이 인정하게 했다. 언어는 정체성과 재현을 구성하는 주요한 요소로, 언어의 선택은 정체성의 선택을 의미한다(Peter Childs 외, 2004: 388~389). 즉 리에의 한국어 전유는 일본인이면서 한국인이기도 한 리에의 정체성을 찾아가는 데 일조하고 있다. 이는 메이의 신분이 밝혀진

후 교장에게 특별히 부탁해 반을 옮기게 될 것이니 그 애와 절대 말을 섞지도 말라는 엄마의 만류에 처음으로 "싫어요"라고 말하는 리에의 발화에서 선명해진다. 그간 리에는 엄마의 요구가 부당하다고 생각이 들어도 늘 순응해 왔다. 그러나 메이와의 관계 앞에서만큼은 자신의 목소리를 당당하게 내면서 문제를 피하고 숨는 엄마와는 다른 태도를 보인다. 더 이상 자신의 감정을 부인하지 않고 엄마를 향해 '다른 반에 가지도 않을 거고, 메이와 같이 있을 거'라고 말하는 리에의 언설에서 이젠 자신의 존재감도 부인하지 않을 것이라는 당찬 확신도 함께 들린다. 비록 메이는 잠정적으로 떠났지만, 한국어로 주고받은 편지로 둘의 관계가 유지된다는 것은 리에가 한국인으로서의 정체성을 변함없이 지켜갈 것임을 의미한다.

6. 삶을 이해하는 통로, 문학

지금까지의 다문화 정책이나 다문화 인식은 '공존'이 아닌 '동화'를 중심으로 이루어져 온 것이 사실이다. 진정한 상생과 공존이 아닌 동화는 이주자의 정체성 훼손을 야기하고 다양한 사회적 문제와 갈등의 원인이 될 수 있다는 점에서 문제적이다. 이런 맥락에서 이주자들의 목소리를 대변하고 있는 다문화 소설에 주목하여 소수자, 주변인으로서 그들이 겪는 고통과 갈등을 수면 위로 끌어내어 담론화함으로써 그들의 문제를 환기시키고 관심을 촉구하는 일은 건전한 다문화사회를 위한 의미 있는 작업이다. 이러한 문제의식에서 시작한 이 글은 다문화가정 2, 3세를 다룬 2000년대 이후의 단편소설을 중심으로 그들이 겪는 갈등 양상과 이것이 정체성 형성에 어떻게 관여하는지를 살펴보면서, 궁극적으로 이들의 정체성 형성 양상을 논구해 보았다.

이 글에서 다룬 네 소설은 모두 다문화가정 2, 3세를 중심으로 한 단편소설이라는 공통항이 있다. 그러나 각 소설마다 중심인물이 겪는 갈등 양상이나 정체성 형성에 관여하는 대상, 그리고 정체성 형성 양상이 상이하다. 김재영의 「코끼리」에서 나(아카스)가 겪는 갈등은 주체의 혼종성을 드러내는 의복, 머리카락 색, 피부색, 음식문화, 손가락 등의 다양한 차이의 표식에서 기인한다. 먼저, 손으로 음식을 먹는 문화에 대한 아이들의 조롱 앞에서 아카스는 네팔 음식을 한국식으로 먹는 문화적 혼종성을 드러낸다. 또한, 미국 사람처럼 보이기 위해 옷 스타일과 머리카락 색을 바꾼 쿤의 모방과 이것이 끊임없이 미끄러져 '손가락 절단'이라는 또 하나의 차이의 표식을 생산해 내는 것, 매일 저녁 탈색제를 풀어 세수하면서 차이를 불식하고자 했던 아카스의 모방에서 부인당하는 존재감의 불안이 드러난다. 이러한 태생적인 혼종성에 고향도, 국적도, 호적도 없는 뿌리 없음이 더해져 주체는 분열한다. 아버지를 비롯한 식사동 가구 공단의 외국인 노동자들처럼 살지 않겠다고 다짐했던 아카스가 인정을 기대하는 것을 체념하고 다른 외국인 노동자들처럼 도둑질을 선택하는 결말은 다문화사회에서 타자에 대한 '인정'의 필요를 견인한다.

「코끼리」에서 주인공의 정체성 형성에 관여하는 것이 차이에 대한 사회적 편견과 아버지, 그리고 외국인 노동자들이었다면, 김애란의 「가리는 손」에서는 아버지와 외국인 노동자의 자리에 엄마가 들어서 있다. 재이의 엄마는 사람들의 편견으로 인해 본질보다는 외면에 집착하게 되는데, 이러한 엄마의 태도는 재이에게 결핍을 주고, 재이가 정체성을 형성하는 데도 관여한다. 재이는 순혈인 엄마와 자신 사이의 차이를 인지하고 경계를 지으면서 끊임없이 자신의 정체성에 의문을 갖는다. 그러나 재이의 본질적인 혼란과 상처를 마주보지 않는 엄마에 의해 재이의 정체성 찾기 여정은 지연된다.

앞의 소설들이 혼혈인에 대한 편견과 배타적인 시각을 문제 삼고 있는 반면, 천운영의 「알리의 줄넘기」는 다문화가정 3세 소녀를 중심으로 그녀가 겪는 이중의 차별과 극복 과정을 '호명'의 메커니즘과 '우리'라는 연대를 통해 그려내고 있다. 혼혈에 대한 사회적 편견에 동조하고, 오빠와 엄마를 부인하던 고모의 반성과 속죄의식, 그리고 정체성을 하나의 민족 특성에 국한시키는 것을 경계하는 고모를 매개로 알리는 편견을 극복하고 정체성을 구축해 나간다. 민족 정체성은 항상 열린 상태여야 한다며 민족의 자리에 '우리'를 채워 넣고 있는 고모와 곧 생길 또 다른 알리를 '우리'로 받아들이는 알리의 태도는 다문화사회에서의 진정한 공존과 상생의 의미를 되짚게 한다.

정이현의 「영영, 여름」은 다문화가정 2세가 겪는 갈등보다는 정체성을 형성해 가는 과정에 초점을 두고 있다. 소설에서 리에의 정체성과 자존감 형성에 관여하는 것은 호명과 그녀의 어머니, 그리고 모국어이다. 리에는 어느 학교를 가든 "돼지야"로 호명된다. 이것은 편견의 잣대로 형성된 호명으로, 리에의 자존감을 떨어트리고 있다는 점에서 '알리'의 호명과는 다르다. 호명보다 리에에게 더 큰 영향력을 가하는 것은 그녀의 엄마이다. 리에의 엄마는 타자의 시선을 잣대로 살아간다는 점에서 「가리는 손」의 재이 엄마와 닮아 있다. 그녀는 자신은 사람들의 시선을 신경 쓸 필요가 없는 곳을 선호하면서 정작 리에는 국제학교만 보낸다. 늘 조롱과 멸시를 당했던 곳이기에 리에에게 국제학교는 정체성의 혼란만 가중시키고 타자와의 간극을 증폭시키는 곳인데도 말이다. 호명과 엄마가 리에의 정체성과 자존감에 부정적인 영향을 더 주었다면, 모국어는 그녀의 정체성 형성에 긍정적인 영향을 준다. 리에에게 모국어는 세계에 매몰되지 않고 소통할 수 있게 하는 매개로 작용하여 정체성을 회복하고 형성하는 데 중추적인 역할을 한다.

살펴본 네 소설은 다문화가정의 2, 3세를 전면화하여 그들의 정체성 형성 과정과 양상을 다루면서 정체성에 관여하는 다양한 요소들을 통해 다문화사회에서 발생하는 문제의 스펙트럼을 확장하고 있다는 점에서 의미가 있다. 이는 다문화사회에 대한 다각적인 사유를 가능하게 하고, 인식의 전환과 반성적 자각에도 긍정적인 영향을 끼친다. 문학은 시대를 반영하고, 또 새로운 시대를 만들어내기도 한다. 따라서 다문화사회의 문제를 다루고 있는 소설은 다문화사회 구성원들의 삶을 이해하는 통로가 될 수 있다. 다문화가정 2, 3세대들이 겪는 차별과 소외, 혼종성으로 인한 정체성의 문제를 다루고 있는 이 글이 그러한 작은 통로가 되어 그들을 향한 기존의 사회적 편견과 차별적 인식을 반성하고 성찰할 수 있는 계기를 제공하는 데 조력할 수 있기를 기대한다.

참고문헌

1. 기본 자료

김애란(2017), 「가리는 손」, 『창작과비평』, 2017년 봄호.

김재영(2004), 「코끼리」, 『창작과비평』, 2004년 가을호.

정이현(2016), 「영영 여름」, 『상냥한 폭력의 시대』, 문학과지성사.

천운영(2008), 「알리의 줄넘기」, 『그녀의 눈물 사용법』, 창비.

2. 저서

니시카와 나가오, 박미정 역(2009), 『신식민지주의론』, 일조각.

Colin Leys·萬谷迪·土生長穂·寺本光郎·켄트 린드크비스트·괴스타 톰푸
리·井出洋·얀오토 앤더슨·노다리 시모니아·매즈 팜버그·本多健吉, 편
집부 역(1989), 『신식민주의론』, 한겨레.

David Huddart, 조만성 역(2011), 『호미 바바의 탈식민적 정체성』, 앨피.

Frantz Fanon, 이석호 역(2003), 『검은 피부 하얀 가면』, 인간사랑.

Hall, Stuart, 임영호 역(2015), 『문화, 이데올로기, 정체성』, 컬처룩.

Homi K. Bhabha, 나병철 역(2012), 『문화의 위치』, 소명출판.

Peter Childs, R. J. Patrick Williams, 김문환 역(2004), 『탈식민주의이론』,
문예출판사.

3. 기타

교육통계서비스(https://kess.kedi.re.kr)

다문화사회에서 종교기념일의 이해와 종교 간 대화 탐색

석창훈

1. 하나만 아는 자는 아무것도 모른다

현대의 다원주의 상황에서 인종적 다양성에 근거한 '다문화'는 특별한 주목을 집중한다. 한국에서 다문화 문제가 사회적 키워드로 떠오르기 시작한 것은 1980년대 중반 이후이다. 신자유주의적 경제 질서에 따른 외국인 이주노동자와 국제결혼의 증가에 따른 이주 가족의 확대로 다문화에 대한 관심과 이해가 늘어나게 된 것이다(박종수, 2019: 19). 그런데 한국의 다문화 사회화 과정에서 종교는 매우 중요한 요소로 기능한다. 종교는 이민을 유발하는 중요한 요인이면서, 이민자들이 도착지 문화에 적응하는 과정에 도움을 주기도 하고 반대로 부적응의 첫째 원인이 될 수도 있는 이중성을 갖춘 요인이기 때문이다(김경이, 2011: 41).

구체적으로 살펴보면, 이주 과정에서 종교는 자신의 정체성을 유지하는 한편, 같은 종교를 신봉하는 이들과 신앙의 연대를 통해서 현지 적응에 도움을 주기도 한다. 일례로, 미국에 이민한 한국인들의 70%가 한국교회를 비롯한 현지 교회를 통해 미국사회에 적응했다는 연구는 종교집단이 이주 사회 적응에 교량 역할을 하는 대표적 사례이다(김선임, 2012: 56).

반면 주류 사회나 기성의 다수 종교가 이주민의 종교를 낯설어하여 편견을 가지고 대하거나 배척하는 경우는 이주민의 소외와 차별을 초래하거나, 한편으로 이주민들이 배타적인 종교 공동체를 형성하여 이주사회에 대한 적응에 소극적이거나 거부하는 경우는 종교집단 간 갈등을 낳을 수도 있다(임정수, 2016: 30). 일례로, 무슬림 공동체처럼 종교와 생활의 밀접성이 매우 높기 때문에, 자신들의 종교적 관습과 가치의 보존에 지나치게 많은 노력을 기울일 때, 무슬림 공동체 자체가 사회 내에서 게토화할 우려가 제기되기도 한다(지종화, 2011: 63).

이처럼 다양한 측면에서 종교가 다문화사회 형성 및 이주민의 적응 기제와 밀접하게 관련되어 있음에도 불구하고, 그동안 다문화사회와 종교와의 관련성 연구는 다문화가족을 시혜적 대상으로 한정하면서 문화, 교육, 인권, 복지 분야에서 종교단체의 지원 사업이나 종교 활동에 대한 분석이 주로 이루어져 왔다. 관련하여 신광철(2020: 40)에 따르면 "종교는 다문화 이해에 있어서 가장 중요한 열쇠 가운데 하나이다. 종교는 절대적 신념 체계로서 특정 문화권의 핵심 문화소를 이루기 때문이다. 하지만 현재 한국사회에서 종교를 통한 다문화 이해는 충분하지 못하다"고 다문화사회에서 종교의 한계를 지적한 바 있다.

타인의 신앙을 이해함에 있어서 대화 중심을 강조한 스미드(W. C. Smith)는 종교의 다양성이 인류의 일치에 걸림돌이 되기보다는 인류 문화의 풍요로움을 나타내는 디딤돌로 보았고, 킹(Hans Küng)이 강조한 "종교 간 평화 없이 세계 평화 있을 수 없고, 종교 간 대화 없이 종교 간 평화는 없다"는 말은 종교다원주의인 한국 현실에 그대로 적용된다.

그런데 최근 다문화공동체를 위한 한국종교의 활동에서 중요한 변화를 보이는 것이 있는데 바로 다문화 이해를 향한 종교 간 대화이다. 종교 간 대화에 있어서 다원주의 태도는 1960년대 후반에 신학 및 종교학 영역에 등장하였다. 다원주의 태도는 종교적 구원의 길은 문화 및 역사의 다양성에 의해서 여러 가지의 길들이 존재할 수 있으며(산꼭대기에 오르는 등산로 여럿 있을 수 있다는 입장), 어떤 한 가지 규범을 가지고 다른 구원 체험의 길을 판단할 수 없기 때문에 서로의 다양성을 인정하면서(무지개는 단색이 아니라 일곱 색깔의 프리즘으로 이루어져 아름답다는 입장), 서로에게 배우며 창조적 변화의 모험까지 두려워하지 말자는 새로운 종교적 패러다임으로의 전환이다(석창훈, 2008: 243).

괴테가 언급한 "외국어를 모르는 자는 자기 나라 말도 모른다."는 말을 종교학의 권위자인 밀러(F. M. Müller)는 저서 『*Introduction to Science of Religion*』에서 "하나만 아는 자는 아무것도 모른다(He who knows one, know none)"는 말로 바꾸어 비교 종교의 필요성을 역설한 바 있다. 종교인의 경우, 다른 종교의 전통을 앎으로써 자기 종교의 모습을 더 잘 알게 되며, 비종교인의 경우 종교와 문화 이해에 한 걸음 다가갈 수 있을 것이다(Morreall & Sonn, 2011: 35).

여기에서는 이웃 종교에 대한 이해를 촉진하는 시도로 그동안 관련 연구가 전무했던 종교기념일에 대한 접근을 전개한다. 어느 국가나 사회이든 종교는 국가나 사회의 특성과 문화, 역사와 전통을 반영한 다. 한국도 예외 없이 종교와 관련된 의식과 제례가 문화적으로 내면 화되어 있으며 사회 및 생활 전반에 영향을 미치고 있다. 한국의 종교 역사에서 가장 오래된 불교의 경우, 2022년에 불기 2566년을 맞는다. 서기 372년 고구려 소수림왕 2년에 불교가 전래된 이래, 불교의 종교 기념일 중 대표적인 '부처님 오신 날'[1]의 경우를 살펴보면, 불교 신자 가 많은 다른 나라의 경우에는 봉축기념일이 서로 다르다는 점에 주목 할 필요가 있다. 한국은 봉축일이 음력으로 4월 8일이지만, 일본은 양력 4월 8일을, 중국은 한국처럼 음력 4월 8일이며, 동남아시아의 상좌불교[2] 국가에서는 음력 4월 15일이다. 나라마다 명칭도 다양해서 인도는 '붓다 푸르니마(Buddha Purnima)', 네팔은 '붓다 자얀티(Buddha Jayanti)', 태국은 '위사카 부차(Visakha Bucha)' 등으로 부르며, 미국은 싱가포르, 스리랑카, 미얀마, 라오스 등지에서 부르는 '베색(Vesak)'이

---

1) 2018년부터 기존의 '석가탄신일'에서 명칭을 변경함. 배경으로는 '부처님오신날'이 한글화 추세에 맞는 명칭인 데다 '석가(釋迦)'라는 단어가 '샤카'라는 고대 인도의 특정 민족이름 을 한자로 표기한 것이어서 부처님을 지칭하기에 맞지 않는다는 이유에서임.

2) 과거엔 '소승 불교'(Hīnayāna, 히나야나)라는 이름으로 부르기도 하였으나 현대에는 소승 (小乘)이라는 말 자체가 대승(大乘) 불교와 대비되는 의미로 모욕적인 의미가 담겨 있다 고 하여 1950년 세계불교도우의회(World Fellowship of Buddhists)에서 소승 불교 또는 히나야나라는 말은 사용되어서는 안 된다고 선언하였으므로 상좌불교 또는 테라와다 불교라고 부르는 것이 타당한 용어임.

란 명칭을 주로 사용한다. 이처럼 같은 종교 안에서도 국가나 사회적 배경과 문화 양상에 따라 종교 제례나 종교기념일이 다르게 나타난다.

이에 여기에서는 다문화사회에서의 종교 간 대화 원리를 탐색하기 위하여 종교기념일의 이해를 중심으로 다음과 같이 고찰한다. 첫째, 다문화사회에서 종교기념일은 어떤 의미인가? 둘째, 다문화사회의 종교 간 대화 원리는 무엇인가? 셋째, 다문화사회의 종교 간 대화의 사례는 어떠한가? 이러한 연구주제는 한국 내 다문화사회의 갈등을 치유하고, 시대적 징표(signum temporious)인 종교 간 평화를 도출하는 메커니즘으로 작동한다.

2. 다문화사회와 종교기념일

1) 상호문화주의와 종교 간 대화

최근 한국사회에서도 다문화 시대의 통합 이념으로서 상호문화주의(interculturalism)[3]에 대한 연구가 꾸준히 이루어지고 있다. 상호문화주의는 여러 문화의 단순한 공존을 지향하는 다문화주의를 넘어 문화 간 대화와 소통을 통해 공유하는 문화를 만들어내려는 이념이다.

---

3) 문화라는 단어에는 이미 상호성이 내재되어 있다. 그럼에도 불구하고 초기의 간문화라는 표현에서 상호문화주의로 번역되어 사용되는 배경에는 상호문화성이 좁은 의미에서 인정과 가치의 문화적 분야에 국한된 것이 아니라, 넓은 의미에서 사회적 배분과 경제적 이해관계의 '사이에' 놓여 있는 것과도 해석되기 때문이다(Demorgon & Kordes, 2006: 34).

문화 간 의사소통과 상호관계가 핵심이며, 상호주관성에 근거하여 서로 공유하는 새로운 정체성을 찾고 문화적 다양성이 서로에게 힘이 되도록 하는 것이 중요하다. 상호문화주의의 기반 원리는 타문화에 대한 현상학적 이해, 문화 간 상호작용, 공유 가능한 문화성 창출 등이다. 종교와 관련해서는 소수집단의 종교적 정체성을 인정하고, 공존하려는 노력이 앞으로 풀어야 할 과제이다(김창근, 2015: 184).

상호문화주의를 이해하기 위해서는 '상호문화적(intercultural)'이라는 개념을 먼저 살펴볼 필요가 있다. 상호문화적이라는 개념은 20세기 초 타자, 이방인, 이주민의 긍정성과 사회적 필연성을 주창한 독일 사회학자 짐멜(G. Simmel)에 의해 기초적 틀이 완성되었다. 짐멜에 따르면 "이방인은 오늘 와서 내일 떠나는 방랑자가 아닌, 오늘 와서 내일 머무르는 자"로 정의한다. 즉, "한 집단 속으로 이방인인 낯선 타자가 들어오고 정착하는 것은 인간의 실존에 기인한 사회적 필연성"이라는 주장이다. 이렇듯 짐멜은 이주의 필연성을 제기하면서 함께 살아가는 존재로서 이방인에 대한 인식과 다양성 인정을 주장했다(정창호, 2011: 90).

이러한 상호문화주의의 철학적, 인식론적 기초가 독일에서 출발한 것과 달리, 그 구체적 정책과 실행제도는 1920년대 미국에서 이루어졌는데 20세기 초 미국으로 이주한 독일 출신 유대계 지식인들이 짐멜의 지적 전통을 미국에 들여왔기 때문이다. '상호문화적'이란 용어의 유래는 1924~1945년까지 운영된 미국의 상호문화교육국(Bureau of Intercultural Education)에서 찾을 수 있다. 상호문화국에서는 세계대전을 겪으면서 경험한 이주민의 상호연결을 통해 미국 문화를 만든다는 용광로 이론을 정책적 기조로 삼았다. 미국의 상호문화성 개념이 다시 독일로 재유입된 1970년대 서유럽에서는 이주노동자를 위한 사회 통합 정책이 시행되면서 '상호문화적 선택(intercultural option)'이 요청되었다. 그 결과, 상호문화적 담론과 정책이 유럽으로 이동하면서 20세기 말까지 발전하여 상호문화성 개념은 일종의 철학과 사상인 동시에 상호간 만남, 대화, 접촉, 경험 등 타자에 대한 인식 및 행위 가치로 의미가 확장되었다(박영자, 2012: 306).

유럽사회는 상호문화적 대화를 문화정책의 주요 어젠다로 설정하고 다양한 문화적 실천을 진행하고 있다. 대표적인 실천으로 유럽연합이 중심이 된 '상호문화도시 프로젝트(Intercultural Cities Project)'를 들 수 있다. 상호문화도시는 서로 다른 문화의 사람들이 상호 이해 및 조화를 끌어내기 위해 도시에서 문화적 다양성을 가꾸어 가는 데 목적이 있다. 상호문화도시 개념이 등장한 배경에는 다문화주의 및 다문화정책의 개념적, 정책적 한계를 극복하기 위하여 상호문화주의와 이에 바탕을 둔 상호문화정책의 실천으로 2008년 유럽평의회(CE)와 유럽연합(EU)이 공동으로 제시(2014년부터 유럽평의회에서 단독으로 주관)하였다.

상호문화도시는 상호문화주의, 개방성, 다양성의 이점을 핵심 개념으로 제시하면서, 전 세계 136개 도시에서 시행되고 있는데 한국에서는 2020년 2월 경기도 안산시가 일본 하마마츠시(Hamamatsu)에 이어 아시아에서 두 번째로 유럽평의회에 의해 상호문화도시에 지정되었다.

한편, 유네스코에 의하면, 2005년 제33차 총회에서 『문화적 표현의 다양성 보호와 증진 협약』을 채택하였다. 제4조 8항에 '상호문화성'은 "다양한 문화의 존재와 문화 간 평등한 상호작용 그리고 대화와 상호

존중을 통한 문화적 표현의 공유 가능성"으로 정의되어 있다. 이 협약의 핵심은 다양한 문화의 존재를 인정하고 상호작용을 통해 다문화를 공유한다는 점이다(김창근, 2015: 188).

그런데 한국보다 앞서 다문화사회를 이룬 서구사회를 살펴보면, 최근 상호문화주의에 기반을 둔 종교 간 대화의 노력이 적극적으로 진행되고 있다. 특히 유럽문화의 다양성에 기초한 문화 간 대화와 종교의 역할과 관련하여, 피겔(J. Pigel, 2007: 66)에 따르면 유럽은 벽돌과 모르타르만으로 건설할 수 없으며, 문화의 강점이 유럽의 하나됨에 필수적임을 강조하였다. 피겔에 따르면, EU는 민족, 언어, 문화 등이 씨줄과 날줄로 얽힌 네트워크이며, 다양성 존중 원칙에 기반을 둔 문화와 가치의 공동체이다. 이러한 유럽의 다양성은 서로 다른 삶의 방식, 즉 가치체계, 습관 및 전통을 가진 이웃을 응집하도록 세 가지 문화 전략을 제안한다. 첫째, 문화다양성과 상호문화주의 대화를 촉진하는 것이다. 둘째, 창의성을 위한 촉매제로 문화를 장려하는 것이다. 셋째, 전 세계 파트너와의 국제관계 및 정치적 대화에서 문화를 더 고려하고 강력한 역할을 하게 하는 것이다. 첫 번째 전략인 문화다양성과 상호문화주의 대화를 촉진하기 위해 교회와 종교의 역할은 성과 속을 지나치게 분리하여 배제, 분열, 대결의 담론에 빠지기보다는 인류 전체를 포용하는 보편적 신앙 속에서 다른 신앙공동체나 비종교인들에게 개방적으로 다가가는 종교 간 대화가 중요한 지점으로 등장한다.

상호문화 이해를 위한 종교 간 대화를 연구하는 유네스코 UNITWIT 네트워크의 맨소리(F. Mansouri)와 자파타—바베로(R. Zapata-Barrero,

2017: 325~326)에 따르면, 베를린, 코펜하겐, 니스, 파리 등에서 발생한 테러 공격으로 이슬람교도에 대한 편견과 증오를 부추겨 외국인 혐오증, 인종 차별의 심화를 낳는 극단주의에 대항하는 대안으로 상호문화주의에 입각한 종교 간 대화가 가치 있음을 지적하였다.

요컨대, 상호문화주의는 사회 속의 개인이나 집단이 가지는 문화 그 자체보다 문화담지자(culture bearer)의 교류 및 대화로 생성되는 다양한 문화의 네트워크로 정리할 수 있다. 상호문화주의 관점에서 볼 때, 서로 다른 종교문화를 가진 사람들(이웃 종교)의 만남에서 가장 중요하게 다루어야 할 점은 종교 간 대화와 이해로 볼 수 있다.

2) 상호문화주의와 종교별 주요 기념일

이 절에서는 이웃 종교에 대한 대화를 촉진하고 이해를 제고하기 위하여 상호문화주의에 입각한 종교별 주요 기념일을 살펴본다. 공휴일과 종교는 밀접한 관련이 있는데, 'holiday(공휴일)'의 어원은 1200년 전 고대 영어에서는 'haligdæg'로 표기되었으며, 성스러운 날, 종교 축제의 의미였다. 16세기 들어 노동 면제와 휴식을 뜻하는 안식일의 의미가 추가되었으며, 19세기 중반 영국에서는 여름방학과 관련되어 사용되어 왔다. 'holiday'는 종교적인 색채에서 출발하여 현재는 종교인이든 비종교인이든 무관하게 공식적인 휴식일의 의미로 개념이 확장되었다.

독일의 경우, 베를린시에서는 상호문화도시 프로젝트의 일환으로 종교와 문화가 서로 영향을 줄 수 있는 상호문화주의를 표방하고,

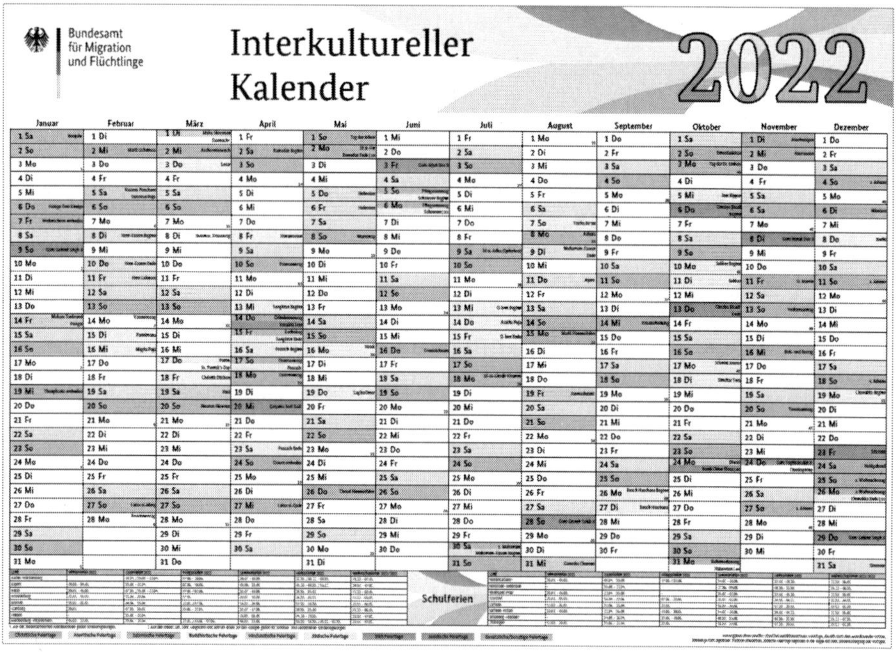

〈그림 1〉 상호문화주의 달력(독일)

2008년 이래 해마다 '상호문화주의 달력(Interkultureller Kalender)'을 제작, 배포(유가)하고 있다(〈그림 1〉 참조).

상호문화주의 달력에는 종교마다 다른 신년 행사, 크리스마스 축제, 이슬람의 라마단, 터키의 어린이날, 핼러윈데이 등 해당 종교집단의 주요 기념일을 달력에 표기한 것이다. 베를린시가 제작한 '상호문화주의 달력'은 베를린에 거주하는 외국인과 다문화를 이해하고 배려하는 적극적 문화정책을 보여주는 사례이다(www.bamf.de).

미국의 경우, 공휴일은 대부분 종교적인 의미와는 상관이 없다. 그보다는 오히려 그 성격이나 기원에 있어서 특정한 역사적 사건이나 인물을 기념하고 있는 경우가 많다. 미국은 원래 다양한 민족과 문화로 구성되어 있기에 일부 미국의 공휴일은 다양한 문화적 배경과 전통에 바탕을 두고 있으면서도 미국 특유의 문화를 반영하고 있다. 미국에서 공휴일은 다양한 역사적 사건을 기념하는 뜻깊은 날이다. 그래서 미국의 기념일은 국가기념일이 우선이며 종교기념일은 부수적인 셈이다. 주요 종교기념일로는 종교인구 지형도에 따라 크게 6대 종단(불교, 그리스도교, 힌두교, 이슬람교, 유대교, 시크교도)으로 구분하고 있다 (www. calendarlabs.com).

한국의 경우, 개별 종단에서는 창종자의 생애 및 종교 사건을 중심으로 주요 기념일을 연례적으로 기리고 있다. 먼저 불교계에서는 일반적으로 불타(佛陀)의 탄생, 출가, 성도, 열반을 중시하여, 부처님 출가일(음 2.8), 부처님 열반일(음 2.15), 부처님 오신 날(음 4.8), 부처님 성도일(음 12.8)을 4대 명절로 지정한다. 대한불교 조계종에서는 우란분일(盂蘭盆日, 음 7.15)까지 포함하여 5대 명절을 말한다. 그 외에도 불교계에서는 매년 세알법회 및 신년법회, 동안거 해제와 방생, 입춘기도와 삼재소멸기도, 하안거 결제, 칠석기도, 하안거 해제와 백중, 동안거 결제, 동지기도, 삼짇날과 중양절의 헌다례, 그리고 약사재일, 지장재일, 관음재일 등을 준수한다.

개신교계에서는 교회력 가운데 특히 강조되는 절기는 성탄절, 부활절, 성령강림절이다. 교회력도 이들 의례를 중심으로 구성된다. 가령 대림절은 성탄절, 사순절은 부활절, 오순절은 성령강림절을 위한 준비 기간에 해당된다. 특히 대부분의 교단에서 강조하는 축제는 성탄절과 부활절이다. 성령강림절 또는 오순절에 대한 강조는 교단에 따라 차이를 보인다.

　이외에도 교단에 따라 신년주일(1월), 어린이주일과 어버이주일(5월), 밭에 뿌린 첫 열매에 감사하는 맥추(麥秋)감사주일(7월), 종교개혁주일(10월), 추수감사주일(11월 셋째 주일) 등이 지켜진다. 한국 개신교단들이 교회력을 가운데 강조하는 것은 종교개혁자들, 스코틀랜드교회와 17세기 청교도들이 강조한 성탄절과 부활절이다. 개신교의 교회력은 대림절에서 시작되는 전반부와 성령강림절 다음 주인 삼위일체주일에서 시작되는 후반부로 구분된다.

　천주교계에서는 '그리스도의 신비'를 기념하는 가톨릭의 일년 주기 또는 전례주년(典禮周年)은 새해의 시작점인 대림시기를 시작으로 성탄, 연중, 사순, 부활, 연중 등의 시기로 구성된다. 대림시기는 주님 성탄 대축일, 사순시기는 주님 부활 대축일의 준비 기간이다. 대림시기와 사순시기는 각각 해당 대축일 직전의 4주간과 6주간이며, 부활시기는 성령 강림 대축일 직전까지이다. 연중시기는 각 시기에 포함되지 않는 33~34주간으로 성령 강림 이후에 생겨난 교회 공동체가 예수 재림 때까지 순례 여정을 하며 하느님 나라를 선포하는 시기이다.

　전례주년은 '교회가 하느님께 바치는 공적 예배'인 전례들이 교회력 또는 전례력에 따라 배치된 것이다. 중심 전례는 주님 성탄 대축일(12.25)과 주님 부활 대축일(이동 대축일)이다. 전례일에는 대축일, 축일, 기념일 순으로 등급 순위가 있다. 대축일과 축일은 전례일의 변동 여부에 따라 고정 대축일과 축일, 이동 대축일과 축일로 구분된다. 대축일은 신자의 미사 참례 의무 여부를 기준으로 '의무 대축일'과 '의무가 아닌 대축일'로 구분된다.

한국 천주교의 의무 축일은 모든 주일과 천주의 성모마리아 대축일 (1.1), 주님 부활 대축일(춘분 후 만월 다음 첫째 주일), 성모 승천 대축일 (8.15), 주님 성탄 대축일(12.25)이다. 전례력 규범 제7항에 따라 주님 공현 대축일은 1월 2일과 8일 사이의 주일로, 주님 승천 대축일은 부활 제7주일로, 지극히 거룩하신 그리스도의 성체 성혈 대축일은 지극히 거룩하신 삼위일체 대축일 다음 주일로 옮겨서 경축한다. 그리고 원죄 없이 잉태되신 동정 마리아 대축일(12.8), 성 요셉 대축일 (3.19), 성 베드로와 성 바오로 사도 대축일(6.29), 모든 성인 대축일 (11.1)은 의무 축일로 지내지 않으나 미사 참여는 권장한다. 그 외에 한국에는 한국 성직자들의 수호자 성 김대건 안드레아 사제 순교자 대축일(7.5)과 성 김대건 안드레아 사제와 성 정하상 바오로와 동료 순교자들 대축일(9.20) 등을 준수한다.

유교계에는 정기의례로 석전(釋奠)과 분향례(焚香禮)가 있고, 임시 의례로 봉심례(奉審禮)와 고유례(告由禮)가 있다. 석전은 문묘에서 공부자(孔夫子)에게 제사를 지내는 의식을 일컫는다. 2007년부터 공부자(孔夫子)의 기신일(忌辰日)을 양력으로 환산한 5월 11일에 춘기석전 (春期釋奠)을 봉행하고, 탄강일(誕降日)을 양력으로 환산한 9월 28일에 추기석전(秋期釋奠)을 봉행한다. 분향례는 음력 매월 초하루(朔)와 보름(望) 오전 10시에 공자를 비롯한 선성선현(先聖先賢)에게 향을 피우고 기념한다.

봉심례는 각급 기관장이나 향교에서 성균관 임원으로 임명을 받은 때와 주요 행사 때 향을 올리고 축문을 고하는 의례이다. 고유례는 국가나 성균관에 중요한 일이 있을 때 그 내용을 공자에게 고하는 의식인데 현재는 성균관의 중요한 행사가 있을 때, 신임 임원이나 전교(典校)를 임명할 때, 성균관대학교의 입학식과 졸업식 때 올리는 의식이다. 이러한 의식 외에도 한국인에게는 유교의 관혼상제(冠婚喪祭)가 의례 이상의 것으로 영향을 미치고 있다.

원불교계에서는 축일과 재를 사축이재(四祝二齋)라고 한다. 사축은 새해를 기념하는 신정절(新正節, 1.1), 소태산 대종사가 원불교를 개교한 대각개교절(大覺開教節, 4.28), 석가모니 탄신일인 석존성탄절(釋尊聖誕節, 음 4.8), 초기 9인 제자가 법계인증을 받은 법인절(法認節, 8.21) 등 4차례의 경축 기념일이며, 이재는 소태산 대종사의 열반일인 육일대재(六一大齋, 6.1)와 공동 명절일인 명절대재(名節大齋, 12.1)이다.

천도교에는 7대 기념일이 있다. 대신사의 득도일인 천일 기념일(양 4.5)과 해월신사가 도통을 이어받은 지일 기념일(8.14), 의암성사가 도통을 이어받은 인일 기념일(12.24), 춘암상사가 도통을 이어받은 도일 기념일(1.18)을 4대 기념일로 정하여 이를 득도(得道) 및 승통 기념(承統紀念)이라 한다. 그리고 의암성사가 동학을 천도교로 선포한 현도 기념일(12.1), 동학혁명을 선포한 동학혁명 기념일(3.21), 3·1독립운동을 일으킨 3·1절로 정하고 해마다 기념식을 거행한다.

대종교의 4대 기념일은 개천절, 단군이 승천한 날인 어천절(음 3.15), 대종교 창시일인 중광절(음 1.15), 나철이 순교한 가경절(음 8.15)이다. 대종교는 4대 경절 때마다 아침 6시에 천진(天眞)을 모신 천진전(天眞殿)에서 홀기(笏記)에 따라 선의식을 행한다. 이 때 선의식은 한얼님(하나님)께 제사를 지내는 제천의식(祭天儀式)을 말한다.

대순진리회의 의례에는 크게 입도의식, 기도의식, 치성의식이 있다. 입도의식은 신자가 되기 위한 통과의례이다. 기도의식은 평일기도와 주일기도로 구분된다. 치성의식은 정기적으로 주요 행사를 기념하면서 상제와 천지신명에게 정성을 바치는 경축제례의식(慶祝祭禮儀式)이다.

무슬림의 축제와 절기는 합쳐서 다섯 가지이다. 축제는 이드 알피트르(Eid al-Fitr, 라마단 단식 후의 축제 예배, 이슬람력 10.1)와 이드 알아드하(Eid al-Adha 아브라함의 하나님 명령 복종을 기리기 위한 무슬림형제자매들의 축제예배, 이슬람력 12.10)행사이고, 절기는 무하람(Muharrram, 신년의례)과 마울리단－나비(Maulidan-Nabi, 무하메드의 출생 기념일, 이슬람력 3.12~17)와 라일라트 알－미라즈(Laylat ul-Isra wal Miraj, 예언자의 밤 여행을 기념, 이슬람력 7.27)이다.

이 외에도 한국에 널리 알려진 라마단(Ramadan)은 이슬람력으로 9월 한 달 동안 일출에서 일몰까지 금식(음식뿐 아니라 물, 담배, 성관계도 금지하며 병자나 임신부, 여행자 등은 면제)하며, 하루 5차례 기도를 드린다. 이슬람력은 윤달이 없는 12개의 태음력이므로 해마다 라마단 시기가 조금씩 빨라지며, 2022년의 경우 4월 3일부터 5월 2일(한국력 기준)까지가 라마단 기간이다.

각 종단에서 발간한 종교력을 종합하여 한국용 상호문화주의 달력을 정리하면 〈표 1〉과 같다.

〈표 1〉 상호문화주의 달력(한국용)

일 \ 월	1	2	3	4	5	6
1	신년 감사주일 천주의 모친 성마리아 대축일 신정절 세일법회		이스라엘 과미라즈 3·1일			육일대재
2	주님공현 대축일		재의 수요일 재의 수요일		라마단끝 어린이 주일	
3				라마단시작	이드 알피트러	
4						
5				천일기념일		성령강림 주일 성령강림 대축일
6	주현절					
7						
8					부처님 오신날 석존성탄절 어버이주일	
9						
10	부처님 성도일		부처님 출가일	종려주일 성지주일		
11					춘기석전	
12						삼위일체 주일 삼위일체 대축일
13						
14				성목요일		
15		동안거 해제일		성금요일		
16						
17			부처님 열반일	부활절 부활대축일		
18	도일기념일					
19						성체성혈 대축일
20						
21			동학혁명 기념일		동학혁명 기념일	
22						
23						
24						예수성심 대축일
25						
26			중광절	어천절		
27						
28				대각개교절		
29					주님승천 대축일	
30						

구분	불교	개신교	천주교	원불교	유교	천도교	대종교	이슬람교

일 \ 월	7	8	9	10	11	12
1						명절대재 / 현도기념일
2						
3	맥추감사 주일			개천절		
4						
5						
6						
7						
8		아슈라		무하메드 탄생일		
9	이드 알아드하 시작					
10						
11						성서주일
12		우란분절				
13	이드 알아드하 종료					
14		지일기념일				
15		성모승천 대축일				
16						
17						
18						
19						
20					추수감사 주일 / 그리스도왕 대축일	
21		법인절	가경절			
22						
23						
24						인일기념일
25						성탄절 / 주님성탄 대축일
26						
27		무하람 종료			대강절 대림절 첫주일	
28			추기석전			
29						
30	무하람 시작			종교개혁 주일		성가정축일
31						송구영신 예배일

구분	불교	개신교	천주교	원불교	유교	천도교	대종교	이슬람교

3. 종교 간 대화 원리와 사례

한국사회의 다문화현상에 대한 이해는 더 이상 분리된 사회현상이나 부분적 문화의 특수성으로 다룰 것이 아니라 사회구성원 전체의 문화적 현상으로 받아들여야 하며 이를 위한 다문화 이해의 필요성이 적극 제기되고 있다. 일반적으로 다문화 이해란 사회의 모든 구성원들에게 다인종, 다문화사회로 접어들었음을 이해시키고, 소수집단을 배려하여 다인종, 다문화가 평화적으로 공존함을 의미한다. 그것은 자문화 중심주의적 시각에서 벗어나 타문화, 특히 비주류 문화에 대한 인정 및 조화로운 관계 형성을 바탕으로 상호문화적 대화를 지향한다.

문화 다원사회인 한국은 불교, 개신교, 천주교 등이 교세를 중심으로 소위 중심 종교의 지형을 형성한 반면, 민족종교를 포함한 신종교가 주변 종교를 이루어 외형적으로는 이웃종교라는 우산 아래 종교 간 충돌 없이 조화를 이루는 양상을 보여주고 있다. 그런데 간헐적이기는 하지만 종교 간 배타성과 갈등에 기반을 둔 혐오 현상은 여전히 유효하고 지속적으로 나타나고 있다. 특히 결혼이주여성을 중심으로 이주민의 종교에 대한 포용성은 매우 미흡한 수준이다. 일례로 불교 신앙을 가진 동남아 결혼이주여성의 종교 활동을 금지한 개신교 농촌 가정의 사례, 또는 이슬람 사원 건립을 놓고 일부 지역주민들이 내세운 '소음, 악취, 슬럼화' 주장, 가톨릭 신앙을 가진 필리핀 출신 결혼이주여성의 종교 공동체 참여 활동을 반대하는 불교 가정의 경우 등이 작게는 가족 간 문제, 크게는 지역사회 갈등으로 확대되는 양상이다.

그렇다면 한국과 같은 종교다원사회에서 이웃 종교 간 대화는 어떻게 이루어져야 하는가? 이 절에서는 세계종교의회(Congress of the Leaders of World and Traditional Religions)가 제안한 종교 간 대화의 원칙 9가지를 다문화사회 이해를 위한 종교 간 대화의 원리로 소개한다(www.religion-congress.org).

① 종교 간 대화는 정직, 관용, 겸손 및 상호존중에 바탕을 두어야 하며, 효과적인 인식과 학습을 필요로 하고 선행을 낳는다.

② 종교 간 대화는 모든 종교의 평등을 가정하고, 각각의 문화, 언어 및 전통의 정직성을 포함하며, 의견, 전망 및 신념을 자유롭게 표현하는 여지를 조성한다.

③ 종교 간 대화는 타종교로의 회심을 목적으로 하지 않으며, 종교의 우월성을 남용하거나 입증하기 위한 것이 아니다.

④ 종교 간 대화는 타종교의 신앙에 대한 편견과 그릇된 해석을 피함으로써 그들의 인식과 이해를 장려하며, 긴장을 줄이고 분쟁을 해결하기 위한 수단으로 갈등과 폭력의 사용을 방지하는 데 도움이 된다.

⑤ 종교 간 대화는 사람들의 평화로운 공존과 유익한 협력을 향한 길을 제시하며, 더 나은 교육을 장려하고 대화의 중요성, 종교적 극단주의의 위험을 줄이는 데 도움이 된다.

⑥ 종교 간 대화는 다른 종류의 대화, 특히 사회적 정치적 대화에 대한 모범이 될 수 있다.

⑦ 관용의 정신으로 행해진 종교 간 대화는 모든 사람들이 같은 지구에 살고 있음을 강조한다. 이것은 삶의 신성함, 모든 인간의 존엄성 및 창조의 완전성처럼 공유된 가치를 가정한다.

⑧ 종교 간 대화는 종교가 사회에서 필수적이고 건설적인 역할을 한다는 점을 강조한다. 그것은 공통의 이익을 증진하고 사람들 사이의 좋은 관계의 중요한 역할을 인식하고 사회에서의 국가의 특정 역할을 존중한다.
⑨ 종교 간 대화는 미래 세대가 타종교와 문화를 가진 사람들과의 더 나은 관계로부터 이익을 얻는 데 근본적으로 중요하다.

캐나다의 경우, 한국과 달리 전 세계에서 유입된 이민자들로 인해 종교, 사회, 문화의 지형도가 바뀐 사례이다. 실제 캐나다는 건국 이래 사회 구성원의 절대 다수가 부재한 상황에서 다양한 인종의 이해관계를 정치적 중재를 통해 상호간 이질성을 극복하고 통합성을 이끌어낸 경험이 있다. 그 결과, 1971년 세계 최초로 다문화주의를 국가적 문화 정책으로 채택하기에 이르렀다.

한국과 같은 종교다원주의 국가이면서 종교 간 대화에 적극 참여하고 있는 캐나다의 Scarboro Missions(www.scarboromissions.ca)에서는 종교 간 대화의 5가지 유형으로 첫째, 타종교의 역사, 종립, 기본 신앙, 경전 등에 대한 지식을 획득하는 정보 공유형(informational), 둘째, 신자로 사는 것이 무엇을 의미하는지에 대해 타종교와 말하고 정의내리는 것을 허용하는 신앙 고백형(confessional), 셋째, 타종교의 전통, 예배 및 의식에 대해서 대화를 시작하는 체험형(experiential), 넷째, '비즈니스' 대화를 넘어 우정을 발전시키는 관계형(relational), 다섯째, 평화와 정의를 증진하기 위해 서로 협동하는 실제형(practical)을 제시하였다. 이처럼 Scarboro Missions에서 제시한 종교 간 대화의 5가지 유형과 지향을 참조 틀로 삼아 한국사회에서 실천하고 있는 종교 간 대화의 대표 사례를 소개하면 〈표 2〉와 같다.

〈표 2〉 종교 간 대화 유형별 사례(한국)

유형\사례\지향		대표 사례(보도자료 참고)
정보 공유형	타종교의 역사, 종립, 기본 신앙, 경전 등에 대한 지식을 획득하기	천주교는 1981년부터 주교회의 산하에 이주사목위원회를 설치·운영해 오면서 최근에는 서품을 앞둔 부제를 대상으로 이웃종교를 방문하여 평소 궁금했던 교리와 문화에 대해 각 종단의 성직자들에게 묻고 배우는 종교 간 대화의 시간을 가지고 있다.
신앙 고백형	신자로 사는 것이 무엇을 의미하는지에 대해 타종교와 말하고 정의 내리기	개신교의 온누리 교회에서는 이주민을 위한 '온누리미션'을 조직하여 9개국 언어로 예배를 수행하고 있으며, 안산이주민센터는 다문화교교회에서 5개국 언어로 예배를 드리며 이주민 고향의 언어로 신앙을 고백하고 있다.
체험형	타종교의 전통, 예배 및 의식에 대해서 대화 시작하기	한국종교연합의 경우, 해마다 '다문화가정과 함께하는 종교문화캠프'를 개최하고 있다. 이 캠프는 날로 늘어나는 다문화가정을 대상으로 한국의 전통적 관례 및 한국문화유산에 대한 깊이 있는 인식과 체험을 통해 문화적응을 안정적으로 조기에 수용할 수 있도록 매년 운영하고 있는데, 아동청소년 시기의 다문화가족 구성원이 참여하여 종교 간 대화와 이웃종교 이해의 중요성을 체득하고 있다.
관계형	'비즈니스' 대화를 넘어 우정을 발전시키기	석왕사(불교)는 20여 년 전부터 경기도 부천지역 외국인노동자를 지원해 오면서 명절에 고향을 떠난 이주민들을 초청하여, 국가별로 그들의 고유 명절을 축하하는 특색있는 문화 활동을 가진다. 또한 방글라데시, 스리랑카, 인도네시아 등 자신의 국가에서 중시하는 명절에 모임을 가진다. 이날 해당 국가 출신 이주자들이 모여 음식을 나누어 먹으며, 이를 통해 이주민 공동체의 내부 결속을 다지며, 내국인들과의 교류를 적극적으로 추진하기도 하였다.
실제형	평화와 정의를 증진하기 위해 서로 협동하기	서울시 강북구에 소재한 화계사(불교), 수유1동성당(천주교), 송암교회(개신교회)는 해마다 연합바자회를 개최하여 수익으로 난치병 어린이환자를 해마다 돕고 있다. 또한 신도 상호방문 및 강단교류로 열린 종교의 자세를 견지하고 있다.

4. 시대작 징표(signum temporius)

한국행정연구원의 사회 통합실태조사(2015: 10)에 따르면 응답자 중 반 이상은 종교 갈등이 약간 심하거나 매우 심하다고 보고 있다. 이념 간 갈등이나 경제적 갈등에 비해 종교적 갈등은 그 심각성에 대한 우려는 크게 나타나지 않았지만 다른 종교를 지닌 사람에 대한 수용성의 정도를 보면 종교적 차이가 일상에서 배타와 차별의 요인이 될 가능성이 존재한다. 나와 다른 종교를 믿는 사람에 대한 태도를 묻는 설문에서 한국인은 13.5%가 '이웃으로 삼고 싶지 않다'고 응답하였다. 이는 일본 32.6%에 비해서는 개방적이지만 미국이나 호주 등에 비하면 매우 폐쇄적인 수치이다. 덧붙여 같은 연구에서 인종이 다른 사람을 '이웃으로 삼고 싶지 않다고 대답한 사람은 25.7%이었으며, 외국인 노동자에 대해서는 31.8%가 거부 의사를 표시했다(임정수, 2015: 28). 이러한 데이터는 종교 갈등의 문제에 따른 다문화 이해가 필요함을 강조하는 동시에, 전 세계 또는 한국사회에서 이주에 기반을 둔 종교적 다양성이 확대, 심화되고 있는 시점에서 종교 간 대화를 위한 노력은 선택이 아닌 필수임을 지적하고 있다.

관련해서, 한국은 여러 종교가 오랫동안 평화적으로 공존해 왔다는 점에서 세계적으로 매우 드문 사례이며, 최근에는 예전에 가까이 접하기 힘들었던 이슬람을 비롯한 다양한 종교와 여러 민족이 어우러져 종교다원사회를 연출 중이다. 그런데 2020년 전 세계적 팬데믹인 코로나 19 발생 이후 일부 종교단체나 이주노동자를 바라보는 시선이 긍정적이지 않다. 특히 일부 지역 교회를 중심으로 코로나 방역을 방해하거나, 일부 지역 이주민들이 코로나 확산의 연결고리를 한 점 등을 근거로 비난의 수위를 높이고 있다. 물론 질병 예방의 지침이나 방역 수칙을 어겨 코로나 바이러스를 확산시킨 점은 비판받아 마땅하지만 단지 주변 종교인이거나 이주민이라는 이유로 현대판 희생양 만들기는 곤란할 것이며, 코로나로 인해 더욱 사각지대에 있는 변경인(marginal peoples)에 대한 관심을 제고해야 할 필요가 있다.

이를 위하여 이 장에서는 이웃 종교에 대한 이해를 촉진하는 시도로 그동안 관련 연구가 전무했던 종교기념일에 대한 접근을 전개하였다. 같은 종교 안에서도 국가나 사회적 배경과 문화 양상에 따라 종교 제례나 종교기념일이 다르게 나타나기 때문이다.

연구 결과를 정리하면 다음과 같다.

첫째, 다문화사회에서 종교기념일의 의미는 상호문화주의를 통해 조망하였다. 특히 상호문화주의는 문화담지자(culture bearer)의 교류 및 대화로 생성되는 다양한 문화의 네트워크로 정리하였다. 상호문화주의 관점에서 볼 때, 종교 간 대화를 위해서는 이웃종교의 주요 종교 기념일에 대한 이해가 선행되어야 함을 제언하면서, 종교다원사회인 한국사회에 활용될 수 있도록 8개 종단을 중심으로 상호문화주의 달력을 정리하였다.

둘째, 다문화사회의 종교 간 대화원리로 세계종교의회가 제시한 9가지 원칙을 탐색하였으며, 캐나다의 Scarboro Missions에서 제시한 종교 간 대화의 5가지 유형—정보공유형, 신앙고백형, 체험형, 관계형, 실용형—을 참조 틀로 삼아 한국의 종교 간 대화에 있어서 대표 사례를 탐색하였다. 이러한 연구는 한국 내 다문화사회의 종교 간 갈등을 예방하고, 시대적 징표(signum temporis)인 종교 간 대화와 평화를 지향하는 방향타로 작동하기를 기대한다.

참고문헌

김경이(2011), 「다문화사회와 가톨릭의 종교교육」, 『종교교육학연구』 36, 한국종교교육학회, 39~72쪽.

김선임(2012), 「이주노동자공동체 형성과정에서 다문화 실태와 불교적 대안: 미얀마, 방글라데시, 필리핀 사례를 중심으로」, 『동아시아불교문화』 10, 동아시아불교문화학회, 45~82쪽.

김창근(2015), 「상호문화주의의 원리와 과제: 다문화주의의 대체인가 보완인가?」, 『윤리연구』 1(103), 한국윤리학회, 183~214쪽.

박영자(2012), 「다문화시대 한반도 통일·통합의 가치 및 정책방향: '상호문화주의' 시각과 교훈을 중심으로」, 『국제관계연구』 17(1), 고려대학교 일민국제관계연구원, 299~333쪽.

박종수(2019), 『한국 다문화사회와 종교』, 한국학술정보.

석창훈(2005), 「종교 간 대화의 원리와 실제: TCRP를 중심으로」, 『철학연구』 93, 대한철학회, 237~260쪽.

신광철(2010), 「다문화사회와 종교」, 『종교연구』 59, 한국종교학회, 1~16쪽.

윤병상(1999), 『종교 간의 대화』, 연세대학교 출판부.

임정수(2015), 「한국 사회의 종교적 다양성의 심화와 다문화 시민교육의 과제」, 『현대사회와 다문화』 6(2), 대구대학교 다문화사회정책연구소, 25~46쪽.

정창호(2011), 「독일의 상호문화교육과 타자의 문제」, 『교육의 이론과 실천』 16(1), 한독교육학회, 75~102쪽.

한국행정연구원사회조사센터(2015), 『사회 통합실태조사』, 한국행정연구원.

Figel, J.(2007), "Culture, intercultural dialogue and the role of religion", *European View*, 6, pp. 65~70.

Morreall, J. & Sonn T.(2011), *The Religion Toolkit: A Complete Guide to Religious Studies*, N.J.: John Wiley & Sons.

www.bamf.de, Interkultureller Kalender,
    https://han.gl/mNeBS (검색일: 2021.11.25)

www.calendarlabs.com, holiday,
    https://han.gl/RFfVRD (검색일: 2021.11.20)

www.etymonline.com, holiday,
    https://www.etymonline.com/word/holiday (검색일: 2021.11.20)

www.religions-congress.org, dialogue,
    https://han.gl/pLLTi (검색일: 2021.11.10)

www.scarboromissions.ca, interfath dialogue,
    https://www.scarboromissions.ca/ (검색일: 2021.11.10)

제**3**부 디아스포라와 문화다양성

소련에서 의사되기

: 의사 출신 영주 귀국 사할린 한인들의 생애사를 통해 본
소련 시기 한인 의사들의 의학교육과 진료경험

구본규

1. 초국적 역사로서의 재외한인 의료인 생애사

재외한인의 귀환 후 의료경험에 대한 연구 과제를 수행하는 과정에서 구소련과 러시아에서 의사, 간호사 등 의료인으로 일했던 사람들과 면담할 기회를 몇 차례 가질 수 있었다. 그런데 이들이 면담과정에서 언뜻언뜻 내비쳤던 젊은 시절 의료인으로서의 경험은 두 가지 점에서 주목할 만 했다. 첫째는 말로만 듣던 구소련의 사회주의 의료에 대한 이야기를, 단편적이지만 그 현장에서 일하던 의사·간호사로부터 그것도 한국어로, 들을 수 있었기 때문이었고 둘째는 모국으로 귀환하여 '세계 최고 수준'이라는 한국 의료서비스의 '혜택'을 받으면서도 자신

들의 이전 거주국과의 비교를 통해서 한국 의료 관행과 서비스를 비판적으로 평가한다는 점이었다. 특히 이들이 한국 의료를 비교하고 평가하는 기준은 당대 러시아의 의료가 아니라 1960년대와 70년대 소련 의료였다.

이 경험은 자연스럽게 귀환재러한인[1] 의료인들의 직업경험에 대한 관심으로 이어졌다. 이들 의료인들의 직업경험은 전문직 재외한인들의 직업 적응이라는 차원에서도 중요한 연구 주제이기도 하지만 동시에 이들의 경험을 통해 우리와 다른 보건의료체계에 대한 내부자적 관점에서의 정보를 얻을 수 있는 기회가 될 수 있다고 생각했기 때문이다. 특히, 소련이 붕괴되고 사회주의적 보건의료모델이 폐기되기 시작한 1990년대 초를 기점으로 그 이전에 의료인으로 일하던 한인들이 고령화되고 있어서 이들의 사회주의 의료체계에서의 직업경험을 기록할 필요가 있다고 판단되었다.

이 글은 한국으로 영주 귀국한 사할린 한인 전직 의료인의 생애사를 통해 이들의 교육과 직업경험을 재구성하는 것을 목적으로 하고 있다. 이를 통해 첫째, 소련의 사회주의 의학교육과 의료제도의 일단을 재현한다. 그동안 소련 사회주의 의료체계에 대한 한국사회의 논의는 두 방향으로 진행되어 왔다. 한쪽에서는 일제강점기와 해방 전후 사회주의 계열 보건의료학자들이 검토(예를 들면, 신영전·김진혁, 2014)하고

---

1) 이 글에서 재러한인을 포함하여 '재외한인(Overseas Koreans)'은 현행 '재외동포의 출입국과 법적지위에 관한 법률'상의 '재외국민'과 '외국국적동포' 그리고 외국국적동포였다가 한국 국적을 회복한 사람들을 의미한다. 또한 '귀환(repatriation)'은 재외한인들이 1년 이상 장기간 거주할 목적을 가지고 한국으로 오는 것을 뜻한다.

북한 정권 수립 이후 북한 보건의료체계 건설에서 적극적으로 수용(예를 들어, 김진혁·문미라, 2019)된 사회주의 의료체계에 대한 평가의 형태로 수행되었고 다른 쪽에서는 냉전 체제하에서 미국의 관점에서 생산된 소련 의료체계의 실패에 대한 연구들(예를 들어, Field, 1990)을 바탕으로 사회주의 의료체계의 비효율성과 낙후성에 대한 논의들이 이루어졌다. 그러나 상반되어 보이는 두 입장은 소련 의료에 대한 직접적인 경험이나 내부자적 관점에 기반을 두고 있지 않으며 삶의 조건으로서가 아니라 정치적 이념이 투영되는 대상으로 의료체계가 개념화되었다는 공통점을 가진다. 이런 점에서 고령의 귀환재러한인, 특히 의료체계의 한 주체인 의료인의 경험과 관점을 통해서 소련 의료를 살펴보는 것은 내부자의 관점에서 본 삶의 조건으로서의 의료를 파악할 수 있다는 면에서 의미가 있다.

둘째, 구소련 및 러시아에서 소수민족 구성원으로서 재러한인, 특히 사할린 한인들이 의료전문직을 가진다는 것의 생애사적, 사회사적 의미를 탐색한다. 의료직이 소수민족에게 사회이동을 가능하게 해주는 전문직인 경우가 있는 반면에 소수민족에게 의료전문직을 허용하지 않았던 사회도 있다. 또 공인된 전문 의료인이 되었다는 것이 위대한 성취로 인정받는 사회가 있고 의료인의 사회적 지위가 상대적으로 높지 못한 사회도 있다. 이 글은 사할린 한인 의사들의 생애사를 통해 소수민족 구성원이 구소련에서 의료인이 되는 경로를 파악하고 이들이 전체 사회 내에서, 직업집단 내에서 차지하는 종족적·계층적 위치를 이해하려고 한다.

국내에서 의료인들의 생애에 대한 연구는 주로 보건의료 및 한국의 탈식민지 국가건설 분야에서 큰 업적을 남긴 인물들에 대한 전기의 형태로 이루어졌다. 이 연구들은 의학 역사상의 위대한 발견과 그 발견을 이룬 인물들의 성공담을 강조하는 초기 의사학의 접근법(Jackson, 2014: xvi~xvii)을 충실하게 따르고 있다. 예를 들어, 대한의사학회지 『의사학』에 1993년부터 2019년까지 게재된 의료인의 생애에 대한 논문 30여 편 중 25편이상이 이런 흐름의 연구들이다. 연구들을 시기별로 살펴보면, 개화기에서 식민지 시기까지의 인물에 대한 연구가 27편, 그리고 의사에 대한 연구가 28편으로 대다수를 차지했다. 의사에 대한 연구 가운데는 캐나다 선교의사들로부터 교육을 받은 조선인 의사, 일제강점기 독립운동에 참여한 한국의사들, 해방 직후 북한의 의과대학 교원 등과 같은 의사 집단에 대한 소수의 연구가 있었지만 대부분 개인의 전기였다. 내용 면에서, 이 연구들 대부분은 의료인들의 의학적 지식과 기술의 '발전'에 대한 기여를 다룬 지성사(김옥주, 2013: 450~451)에 초점을 두면서 의료체계의 발전을 포함해 의료인들의 탈식민지국가건설에의 기여를 함께 논의하고 있다.

또한 한의사(박경용, 2007, 2008), 한약업사(박경용, 2007), 침구사(박경용, 2008), 접골사(박경용, 2013), 조산사(박현순 외, 2017) 등 다양한 의료전문인의 생애직업경험에 대한 연구도 행해졌다. 이들 연구들은 『의사학』에서 다루고 있는 것처럼 주로 문헌자료에 기반한 의료인들의 전기적 연구와 달리, 구술사나 생애사의 방법에 의해 얻어진 자료들을 통해 의료인들의 생애를 재구성한 것이라는 특징을 가지고 있다. 이런 구술·생애사적 접근은 사료의 부족을 보완할 수 있으며 비주류 의료인들의 목소리를 통해 아래로부터의 역사를 재구성하는 사회사·

문화사적 작업이 될 수 있다(신규환, 2013).

그러나 의료인들의 생애에 대한 전기적 연구나 의료인들의 생애사 연구들은 공통적으로 그 서술에서 민족국가 중심적인 경향을 보인다는 특징을 가지고 있다. 예를 들어, 한국 의학 발전에 큰 역할을 한 의료인들 가운데는 외국에서 훈련을 받고 의료인으로서 경력을 쌓은 사람들이 많이 있다. 그런데 외국에서 경력을 가지고 국내로 온 의료인들에 대한 의사학의 기록은, 외국에서의 경력이 아무리 오래되었다 하더라도, 재외한인 의료인으로보다는 '외국에서 교육받고 온 한국 의료인'이나 국내에서 탁월한 업적을 남긴 의료인들이 '외국 생활의 경험'을 가진 것으로 서술되고 있다. 또 한의사들의 생애사 연구에서는 '한의사'가 역사적으로 일제강점기 '의생'으로 제도화되고 '한의학'이 1800년대 말 서양의학과의 최초 접촉 이래 서양의학을 수용하면서 끊임없이 구성되어 온 역사에 대한 인식이 부족하다.

이런 국가, 국민단위의 인식경향은 민족국가를 자연적인 것으로 간주하고 민족국가와 그 국경을 사회분석에서 당연히 주어진 것으로 받아들이는 "방법론적 민족주의(methodological nationalism)"(Levitt & Glick Schiller, 2004)에 기반하고 있는 경우가 많다. 방법론적 민족주의적 인식은 특정민족국가와 사회를 동일시하고 국경을 넘어서는 사회적 정체와 실천을 정상에서 벗어난 것 또는 예외적인 것으로 본다.

그런데 2000년대 들어 역사를 한 국가나 제국의 역사가 아니라 상호연관성을 가진 인간의 역사로 파악하는 초국주의 역사 서술들이 나타나기 시작하였다. 초국적 경험과 실천을 일국의 역사로 수렴하려는 시도에 대해 문제를 제기하면서 초국적인 역사 인식을 통해 지역

(region) 내에서의 교류와 발전을 서술하려는 연구들이 나타난 것이다. 초국적 역사 서술에서 서술의 단위는 한 국가가 아니라 여러 국가를 관통하는 지역이나 주제(theme)가 된다.

이런 점에서 이산공동체(diaspora) 의료·의학의 역사도 대표적인 초국적 역사서술의 주제이다. 그리고 이산공동체 내 의료인들의 역사를 서술한 연구도 이루어졌다. 예를 들어 19세기 말에서 20세기 중반까지 영국식민지간호사협회를 통해 영연방 전역에 파견된 8,400명의 간호사들의 다양한 정체성을 논의한 연구(Rafferty, 2005)가 이에 해당한다. 특히 이산공동체의 의료·의학 역사에 대한 연구는 유대인 이산공동체를 중심으로 본격적으로 이루어지면서 '유대 의사학(Jewish history of medicine)'이라고 부를 만한 일단의 연구 성과들을 산출하였다. 중세 독일에서 출현해서 20세기 초 독일과 오스트리아 의사의 절반이상을 차지할 정도로 성장하기까지의 유대인 의사의 역사를 독일 의료의 역사 안에서 다룬 연구(Efron, 2001), 17세기 초 유럽에서 활동했던 의사의 전기를 통해 북아프리카와 스페인의 유대인 이산공동체에서의 의료 관념들을 검토한 연구(Arrizabalaga, 2009), 그리고 17세기부터 20세기까지 주로 동유럽 유대인 사회를 중심으로 유대주의와 유대 의학 및 건강관리 그리고 소수민족으로서의 차별을 다룬 연구(Moskalewicz et. al., 2019) 등이 그 대표적인 사례들이다.

한국에서도 재외한인 의료인들의 역사를 다룬 연구들이 소수지만 수행되었다. 여기에는 조선에서 태어나 일본에서 교육을 받고 연변에서 임상의이자 의학교육자로 활동한 노기순의 생애를 다룬 연구(신영전·박세홍, 2009), 독일로 노동 이주한 한인 간호사들이 한국과 독일

양국의 간호문화에 끼친 영향을 분석한 연구(나혜심, 2013) 그리고 중국에서 향촌의사로 활동한 재중한인의 생애사를 기록한 연구(박경용, 2016) 등이 포함된다.

이 연구들은 재외한인 의료인의 활동을 통해 "한국 보건의료의 근현대사의 역사적 공간을 넓게 보는 계기"(신영전·박세홍, 2009: 69)가 되었다는 점에서 의미가 있다. 그렇지만 한국 근현대의학에 미친 재외한인의 영향, 더 나아가 750만에 달하는 한인이산공동체의 규모에 비하면 그 연구의 범위와 깊이가 아직 일천한 수준이라는 것을 부정할 수 없다. 한국 의사학에서 재외한인 연구는 여전히 "한국 보건의료의 변경사"(신영전·박세홍, 2009: 69)로 취급되고 있을 뿐이다. 예를 들어, "우리나라 현대의학의 발전이 미국과 밀접한 관계"(최제창, 1996: 7)가 있고 그 발전의 직접적인 계기가 의사들의 장단기 유학·연수를 통한 직접적인 인적 교류였으며 이 인적교류를 촉진한 것이 미국 현지에 형성된 한인의사집단이었다는 사실의 인정에도 불구하고 현재까지 그 '미국 현지 한인의사집단'에 대한 역사 기록은 재미한인의사 당사자가 개화기부터 1990년대 초까지 미국 내 한인 의사들의 업적과 활동을 소개한 『한미의학사』(최제창, 1996)가 유일하다. 최근에는 세계 한인 의료인 네트워크 구축이라는 목적을 가지고 재외한인 의료인들에 대한 현황 조사(현철수 외, 2013)가 이루어지기도 하였지만 여기에는 각국 한인의료인들의 역사는 다루어지지 않고 있다.

소련의 의료체계를 본격적으로 다룬 국내의 연구도 거의 전무한 실정이다. 한국건강관리협회가 발행하는 잡지에 실린 소련 의료전달체계에 대한 짧은 소개 글(이화여대 건강교육과, 1990)이 유일하다시피

하다. 그러나 앞서 언급한 것처럼, 서구에서 소련 의료체계에 대한 연구는 일찍이 30년대부터 시작되었다. 소비에트사회주의 연방공화국 수립 이후 최초의 5개년계획이 마무리된 1932년 미국과 영국 공중보건학자들이 소련을 방문하여 사회주의 보건의료체계라는 "광대하고 매력적인 실험"을 관찰한 결과 보고서『*Red Medicine: Socialized Health in Soviet Russia*』(Newsholme & Kingsbury, 1934)가 그 첫 번째 결과물이었다.

이 보고서를 시작으로 1940~60년대 소련을 방문한 영국과 미국의 의료전문가들이 소련의 의학교육과 의료체계의 현황을 기록한 연구들이 이어졌다. 이 연구들은 낙후했던 제정 러시아의 의료와는 비교할 수 없을 정도의 성장과 발전을 이룬 소련의료(Siegrist, 1947)와 의학교육(Starr, 1958)에 주목하거나 이를 통해 자국 의료제도(Yerby, 1968)와 의학교육(Barnes, 1968)에 시사점을 얻기 위한 목적으로 행해졌다.

그러나 소련 의료에 대한 이러한 평가는 1980년대 이후 그 비효율성이 본격적으로 드러나기 시작하면서 "예산 부족, 낮은 수준의 의료인력, 의약품과 의료장비 부족, 저개발국과 유사한 영아사망률"(Field, 1990: 144)을 특징으로 하는 '낙후'한 의료체계에 대한 비판으로 바뀌었다. 소련 의료체계의 문제점들은 1985년 이후 페레스트로이카(Schultz & Rafferty, 1990)와 1991년 러시아로의 체제 변화 과정에서 의료체제를 개혁하려는 시도(Rowland & Telyukov, 1991) 속에서 더욱 두드러졌다.

이 글은 네 명의 의사 출신 귀환 사할린 한인의 생애사를 바탕으로 소련에서 한인이 의사가 되는 과정을 기술한다. 그러나 처음부터 의사 출신 사할린 한인들의 생애사를 수집하기 위한 목적을 가지고 연구가 행해진 것은 아니었다. 귀환재외한인들의 한국과 이전 거주국에서의 의료서비스 이용경험을 알아보기 위한 연구를 수행하면서 영주 귀국 사할린 한인들을 면담 하였고 면담 과정에서 두 명이 러시아에서 의사였다는 사실을 알게 되었다. 이렇게 처음 두 명의 의사 출신 사할린 한인을 면담하였고 이 면담을 통해서 한국과 러시아에서의 의료서비스 이용 경험 외에도 의사로서의 생애사도 청취하였다. 그리고 이후 다른 귀환 사할린 한인 의료인에 대한 생애사 면담을 진행하였다.

처음 두 명의 면담참여자는 다른 영주 귀국 사할린 한인들과 함께 전국사할린귀국동포단체협의회를 통해서 접촉하였고 나머지 두 명은 이렇게 접촉한 사할린 한인들을 통해 연결이 되었다. 2018년 6월 처음 두 명과 면담을 하였고 2021년 10월과 2022년 1월에 나머지 두 명과 생애사 면담을 하였으며 이어 2월에 앞서 2018년 면담하였던 2인에 대한 추가적인 면담이 행해졌다. 처음 두 명의 면담은 김해와 부산의 영주 귀국 사할린 한인들이 모여 살고 있는 거주지역 사할린 노인정에서 이루어졌으며 2021년과 2022년의 면담은 인천과 김포에 있는 각자의 집에서 있었다. 또 처음 두 명과의 추가적 면담은 전화로 하였다. 각 면담에는 모두 1시간에서 1시간 반 정도 소요되었으며 추가 전화 면담은 각각 20분 정도 소요되었다. 면담은 모두 한국어로 진행되었는데, 세 명의 참여자는 한국어로 면담을 하는데 전혀 문제가 없었으며 한국어가 조금 미숙했던 나머지 한 명은 남편이 면담에 같이 참여하여 필요할 때마다 통역을 해주었다.

면담에 참여한 한인들은 사할린에서 영주 귀국한 후 한국 국적을 회복한 사람들이었다. 남녀가 각 두 명이며 남성들과 여성 한 명은

1945년 이전에 출생했고 나머지 여성 한 명은 1946년생이다. 인천 거주자는 2008년에 귀국하였으며 김해와 부산에 거주하던 이들은 2009년, 그리고 김포 거주자는 2011년 한국으로 돌아왔다. 이들은 모두 사할린에서 태어났지만 사할린에는 의과대학이 없었기 때문에 사할린에서 고등학교를 마친 후 당시 소련 내 다른 지역으로 가 의학 교육을 받았다. 모두 1960년대 중후반에 의대에 입학했으며 졸업 후 두 명은 사할린으로 돌아와 의사로 일을 했지만 다른 두 명은 모스크바 인근에서 진료를 하였다.

현재까지 소련 시기 한인 의료인에 대한 연구는 전무한 실정이다. 더욱이 소련의 사회주의 의료체계의 구체적 상황은 한국인들에게는 여전히 생소하다. 이처럼 한국과는 다른 문화적 맥락에서 행해진 직업 경험을 조사하기 위해 말하는 사람이 주도적으로 자신의 경험을 재구성할 수 있도록 하는 생애사 방법이 채택되었다.

이 글에서 귀환재러한인 전직의료인들의 생애사는 반구조화된 면담을 통해 수집되었다. 면담은 크게 두 부분으로 나누어졌다. 첫 번째 부분은 면담참여자 가족의 사할린 이주부터 본인의 의대 진학하기까지의 기간이며 두 번째는 면담 참여자의 의대 진학 후부터 소련이 해체되는 1991년까지의 기간이다. 첫 번째 부분에서는 가족의 사할린 이주 과정 외에도 가족 상황, 거주지역, 고등학교까지의 학업, 그리고 의대 지원 동기 등을 기본 질문으로 하고 두 번째 부분에서는 의대에서의 학업, 졸업 후 진로, 의사 경력과 의사 직업의 처우, 한인으로서의 종족적 경험 등을 기본 질문으로 하여 연구 참여자들이 이 질문들에 자유롭게 응답하도록 하였다. 두 번에 걸친 전화면담을 포함하여 세 명의 연구 참여자들과의 면담은 모두 녹음되었고 전사(轉寫)되었다. 그러나 면담참여자 가운데 한 명은 녹음을 거부하였고 면담 내용을 필자가 면담 당시에 기록하였다. 한편, 면담과정에서 여성 참여자들은 가족사진과 의과대학 시절에 찍은 여러 장의 사진을 보여주면서 이야기를 보충하였고 그 중 한 명은 필자가 그 사진을 촬영하는 것을 허용하였다.

이렇게 수집된 네 명의 생애사는 시간 순으로 정리되어 비교되었다. 먼저 의과대학 입학 전의 삶에 대한 이야기는 사할린 이주와 정착, 해방이후 부모세대의 삶, 고등학교까지의 학업 등으로 범주화되었고 이어 의과대학 입학과 관련된 이야기는 소련의 의학교육제도와 입시제도, 의대 진학동기, 의과대학에서의 훈련과 생활 그리고 전문의 교육 등으로 분류되었다. 마지막으로 의사 생활은 소련의 의료제도, 배치와 소속, 진료와 일상, 급여·복지·승진, 끝으로 한인 의사로서의 지위 등에 대한 이야기로 구성되었다.

생애사 연구에서 중요하게 검토되어야 하는 것이 자료의 신뢰성을 확보하는 것으로 이는 어떻게 생애사 면담 참여자의 "주관적인 삶의 이야기를 사회과학적인 연구결과로 수용할 수"(이동성, 2013: 90) 있는가와 관련되어 있다. 이 문제를 해결하기 위해 생애사 연구의 고전적 접근법은 "삶은 시간의 경과에 따라 진행되는 자연적 역사를 가지며 객관적인 사건과 경험이 그 삶에 표기된다"(Denzin, 1989: 50)는 전제 하에 생애사 면담에 참여하는 사람들의 삶에 나타나는 객관적 사건과 경험을 기록하고 공식적인 기록물들을 활용하여 이 기록의 신뢰성을 평가하는 전략을 채택하였다.

이 글에서도 생애사 자료의 신뢰성을 확보하기 위해 먼저, 이주부터 의사생활까지의 의사 출신 귀환재러한인들의 객관적 사건과 경험을 기록하고 이들 네 명의 면담 참여자간의 서술을 비교하였다. 이어 같은 해 소련의 의학교육과 의료체계를 소개한 미국(Yerby, 1968)과 영국(Barnes, 1968) 문헌과의 비교를 통해 면담 참여자들의 서술의 신뢰성을 재확인하였다. 미국 문헌은 1967년 7월 미국 하버드대학교 공중보건대학 교수였던 여비(Yerby)가 미소간의 문화과학사절 교환협정에 따라 사절단의 일원으로 3주간 소련을 방문, 의학 교육기관 및 의료기관을 살펴본 결과를 같은 해 7월 미국공중보건협회 연례회의에서 발표한 것이고 영국 문헌은 나중에 영국의사협회 최초 여성 회장이 되는 조세핀 반스(Josephine Barnes)가 왕립의학교육위원회의 대표로 소련의 의학교육을 연구하기 위해 현지를 방문 조사한 후 1968년 2월 의법학회(the Medico-Legal Society)에서 행한 연설이다. 이 두 문헌은 본 연구의 면담참여자들이 의학교육을 받던 시기의 소련의 의료체계와 의학교육을 상세히 소개하고 있는데, 두 문헌의 내용이 서로 일치하였고 참여자들과의 면담 내용과도 일치하였다.

2. 소련 시기 한인 의사들의 의학교육과 진료경험

1) 의과대학 입학 전까지의 삶과 교육

면담에 참여한 한인 전직 의사들이 일한 곳은 모스크바에서부터 연해주, 사할린까지 걸쳐 있었지만 모두 사할린에서 태어난 사람들이다. 이들의 부모들은 함흥 출신 한 가족을 제외하고 나머지는 모두 남한 지역 출신으로 일제 강점기 가라후토(樺太)라고 불리던 남사할린으로 왔다. 그 가운데는 1930년대 말 강제 징용으로 끌려온 사람들도 있었다.

아버지, 어머니가 그쪽으로 그러니까 강제로 끌려갔거든요 39년도에... 사할린 와 갔고 이제 43년에...아버님은 먼저 어, 강제로 와 갔고 그 후에 인제 어머이가 따라 갔는 거예요.

그러나 두 가족은 가난한 고향을 떠나 돈을 벌기 위해 "살기 좋다는" 사할린을 찾아온 사람들이었다.

[우리 아버지는] 결혼 후 아들을 둘을 낳았고 아이들을 더 잘 키우기 위해서는 돈을 벌어야 한다며 사할린 광부 모집에 지원해서 네 식구가 사할린으로 왔다.

이렇게 온 부모 세대들은 샥쬬르스크, 우글레고르스크, 돌린스크, 크라스노고르스크 등 탄광지역이나 탄광인근지역에 정착을 하였다. 1945년 남사할린이 소련군에 점령되면서 한인들은 일본 식민지 치하에서 벗어난다. 그러나 한국으로의 귀환이 좌절되면서 대부분 학력이 낮고 러시아 말을 할 수 없었던 한인 이민 1세대 남성들은 사할린에서 계속 광부로, 탄광을 벗어난 사람들도 막노동자로, 산판 노동자로 힘든 삶을 살았다. 여성들도 생계를 위해 겨울이면 영하 20도 이하로 내려가는 추운 겨울에도 집에서 기른 채소를 장에다 내다 팔았다.

처음 와서 탄광에서 일하다가 노가다하다가 목수 그 도로 공사 뭐 목수도 하고 탄광서 일하다가 인자 좀 몸이 편찮아서 인자 그쪽에서 나왔죠.... 어머니는...우리 어머니들 고생했죠...농사하면서 텃밭에 있는 거 거기서 해 갖고 이자[인제] 장사하면서 돈 벌고.

이런 힘든 생활을 하는 중에도 이민 1세대들은 자녀들을 열심히 교육시켰다. 해방이 되자 한인들이 스스로 조선학교를 세우기도 하였지만, 대부분의 한인 아이들은 1945년부터 1960년대 중반까지 소련 당국이 소수민족정책의 일환으로 사할린 내 한인들이 많이 사는 도시마다 세웠던 '조선학교'를 다녔다. 이곳에서는 북한에서 제작한 교과서를 가지고 조선어를 가르쳤다. 초창기에는 초등학교 4년, 중학교 3년의 7년제로 운영되었지만 1958년부터는 고등학교 과정에 해당되는 중학교 3년이 추가된 10년제 학교도 설립되었다. 그러나 도시마다 사정이 조금씩 달라서 7년제 조선학교만 있는 곳도 있었는데, 이런 곳에 거주하는 학생들은 대학에 진학하기 위해 10년제 조선학교로 옮겨 고등학교를 마쳐야 했다.

조선학교에서 교육받은 경험과 집에서 부모들이 한국어 사용을 얼마나 장려하는지에 따라서 사할린 한인 1.5세나 2세들의 "조선말" 능력이 결정되었다. 조선학교를 졸업하거나 부모들이 집에서 한국어만 사용하도록 한 가정 출신의 사람들은 그렇지 못한 가정 출신 사람들보다 한국어가 훨씬 능통했다. 그렇지만 조선학교에서도 "조선말" 교육은 조선어 시간에만 하고 다른 과목들은 모두 러시아어로 된 교과서로 러시아 학교와 똑같은 과목을 가르쳤다.

한국말은 어느 정도 할 수 있었지만 조선어 시간에 책을 읽는 것은 한자가 섞여 있기도 해서 어려웠다...같은 반에 북한에서 온...친구가 있었는데 조선어 시간이 되면 아이들이 그 친구에게 책을 읽으라고 부추겨서 수업시간 중 한 45분정도는 그 친구 혼자 책을 읽었다.

조선학교를 졸업한 사람들은 러시아어에도 약점을 가지고 있었다. 초등과정에서는 러시아어를 배우지 않기 때문이다. 따라서 의과대학을 포함해서 대학 진학을 계획하는 사람들은 8, 9, 10학년을 러시아학교로 전학해서 마치기도 하였다. 이럴 경우 부족한 러시아어를 보완하기 위한 특별한 노력이 필요하였다.

내 러시아 글은 4학년부터 배우기 시작했어. 그러니까 7학년, 조선학교 졸업한 후에 러시아 학교로 넘어갔죠. 그 때 8학년으로 그래 그 때 내 러시아말 아는 거는 뭐 어방[어림] 없지 뭐 러시아 분[학생들하고는...그래...8학년부터 내 10학년까지 러시아 책, 세계 작가 러시아글로 번역한 책들 많습니다. 그러니까 책들을 내가 많이 읽어봤어요.

면담참여자 중 한 명은 야간 학교를 다니면서 11학년에 고등학교를 졸업하였다. 이는 의대 진학을 위한 전략적 선택이었다고 한다. 경쟁

이 심한 의대를 가기 위해서는 학업 성적이나 시험성적 외의 가점을 얻는 것이 유리한데, 이를 위해 병원에서 일종의 자원봉사와 같은 일을 하려고 일부러 야간고등학교를 다녔다는 것이다.

2) 소련의 의학교육제도와 의과대학 진학

면담에 참여한 한인 전직 의사들은 모두 1960년대에 의대를 입학하였다. 이 당시 소련의 의학대학은 현재와 마찬가지로 6년제였다. 그런데 면담참여자들은 모두 자신들이 교육받은 기관을 "의과대학"이라고 말했지만 사실 소련의 의사교육기관은 의학원(medical school/institute)이라고 번역되는 것이 맞다.[2) 소련의 학생들은 6~7세부터 초등교육을 받기 시작하여 중등교육까지를 마치면 대학이나 특수교육기관 또는 직업학교를 가게 되는데, 의학교육기관은 특수교육기관에 해당한다(Friedenberg, 1987: 214~215).

소련 시절 의대 입학은 힘든 일이었다. 극동의 하바롭스크 의대를 1963년도에 입학한 한 전직 의사는 자신이 입학할 때 "한 자리에 열 명씩" 경쟁을 했다고 하였다. 이는 "네 명 중 한 명만 입학할 수 있었다"(Barnes, 1968: 75)는 기록에 비하면 과장되었거나 의대 정원이 확대된 데 따른 것일 수 있지만, 이 기록이 출판된 해와 같은 해에 시베리아의 치타에 있는 의대에 입학한 전직 의사는 자신이 입학했을 때 경쟁률이 최대 4대 1이었다고 기억하였다.

---

2) 이 글에서는 면담참여자들의 용례를 따라 의과대학이라는 용어를 사용한다.

100명 한다 하면 뭐 200명 300명 400명 이렇게 신청서를 써 가지고...다 못 받죠. 그러니까 이제 아주 [경쟁]이 심했어요.

의대 입학시험은 네, 다섯 과목을 치렀다. 1963년 하바롭스크 의과 대학에서는 러시아어, 영어, 물리, 화학 시험을 봤고 1968년 치타에 있는 의과대학에서는 러시아 문법, 러시아 문학, 물리, 화학, 생물학 다섯 과목의 시험을 치러야 했다.[3] 그리고 모든 과목에서 5점 만점을 받아야 합격할 수 있었다. 그런데 우수한 학생들이 많이 몰리기 때문에 만점자들이 많이 나왔다고 한다. 이 경우 2년 이상의 직업경험을 가진 사람들에게 [입학] 우선순위가 주어졌는데(Barnes, 1968: 75), 앞에서 언급한 것처럼 병원에서 잡역부(orderly)로 일을 한 경력도 의대 진학에 유리했다. 그래서 치타 의과대학에 입학한 이 면담참여자처럼, 병원에서 일을 한 경력을 쌓기 위해 고등학교를 일부러 11학년까지 해야 하는 야간을 가고 주간에 병원에서 일을 하는 학생들이 생겨난 것이다.

시험 치면 이제 사람이 너무 많아서...다 5점 받아가지고...25점 다 됐다 하믄 그 중에서도 또 못 들어가는 사람들 있잖아요. 예 그러니까 이거 암만해도 [병원 자원봉사] 하신 분들이 붙기가 더 쉬웠어요

---

3) 1987년 10주 동안 당시 레닌그라드를 방문한 후 소련의료체계와 의학교육에 대해 보고한 미국의 한 신장전문의에 따르면, 구술시험도 포함된 1980년대 소련 의대의 입학시험과목은 생물학과 물리학(이전에는 화학 포함), 19세기 문학과 소련 문학에 대한 에세이, 지원자의 정치적 성향과 애국심을 보여주는 창작에세이 등이었다(Friedenberg, 1987: 214).

그러나 사할린 한인들은 입학시험에 합격했다고 해서 의과대학을 다 자유롭게 갈 수 있는 것은 아니었다. 국적이 없는 사람들이 많았기 때문이다. 샌프란시스코 강화조약(1951)을 근거로 일본은 그 다음해 과거 식민지 한인들의 일본 국적을 상실시키는 법을 통과시켰고 이로 인해 사할린 한인들은 공식적으로 무국적자가 되었다. 이때부터 한인들은 소련 국적을 신청할 수 있었지만 1950년대 한국으로의 귀환을 염두에 두고 있던 사할린 한인들의 소련 국적취득률은 낮은 수준이었고[4] 면담 참여자들이 대학에 입학할 1960년대도 다수 한인들은 '비공민'으로 남아 있었다. 사할린에서 비공민들은 사전 허가 없이 사할린 섬을 벗어날 수 없었고 섬 내에서도 도시 밖을 나가기 위해서는 통행증이 필요했다. 사할린 외 지역에 있는 대학을 진학하려는 사람들도 마찬가지로 허가를 받아야 했는데, 허가증 받기가 쉽지 않았다.

그러니까 그기 특별한 허가증을 받고 들어가야지 [허가증 받기가] 힘들었어...그래 허가증을 받자고 두 달 [웃음] 좀 고생했지

이런 국적의 문제가 어떤 경우는 어느 의대를 가는가를 실질적으로 결정짓는 요인이 되기도 했다.

블라디보스트크는...비공민증은 안 받았어요....[웃음] 그래 난 이제는 어떡하겠어요? 다른 블라고벤셴스크 쓸라 하니까네 블라고벤셴스크는 또

---

4) 1952년 당시 북한인 무국적자 7,094명을 포함한 약 30,000명의 '한인' 중 소련 국적을 취득한 사람은 1957년까지 6년간 3,208명(쿠진, 2014: 147)에 불과하였다.

중국하고 같이 붙어있죠. 그러이까 예 무서바서 거 또 안 줄까봐 그러니까 내 안 썼어요. 그러면서 지도 이렇게 보가 이자 치따[치타] 있데요 그래 여긴데 써까[쓸까] 그래 이거 나왔어요.

블라고베셴스크는 하바로브스크에서 서쪽으로 약 700km 떨어져 있는 도시로 아무르 강을 사이에 두고 중국과 마주하고 있다. 이곳에 는 아무르국립의학원(Амурская Государственная Медицинская Академия) 이 있는데, 이미 비공민이라는 이유로 연해주에 있는 의과대학에서 입학을 거절당한 경험이 있는 위의 면담참여자는 이곳이 중국과 인접 하고 있는 도시에 있기 때문에[5] 또 입학을 거절당할까 봐 아예 지원을 하지 못한 것이다.

그러나 면담참여자 가운데는 이 대학을 졸업한 사람이 있다. 1964 년도에 이곳에 입학한 이 한인이 이곳으로 가서 공부를 한 이유는 비용 때문이었다.

원래는 모스크바 종합대학에 진학해서 화학을 공부하고 싶었는데 돈이 부족해서 아버지가 우랄 [산맥] 안쪽으로 가라고 했고 아버지와 큰 오빠가 상의한 뒤 의과대학에 가면 화학도 많이 공부한다면서 의대 진학을 설득하 였다.

---

5) 이 면담참여자가 의과대학을 지원할 1960년대 말은 중소갈등이 심각한 시기였고, 특히 아무르 강을 사이에 둔 국경 지역에서는 1969년 초 두 나라 간에 무력충돌이 발생할 만큼 긴장상태가 조성되어 있었다. 따라서 이곳으로 오는 것은 개인적으로 위험한 일이기 도 했지만 중국인과 외모가 비슷한 한인들이 소련 당국으로부터 받을 의심도 의식해야 했다.

공부하는 동안 들어가는 비용도 대학선택에 영향을 준 것이다. 이런 조건들 하에서 면담에 참여한 전직의료인들은 상트페테르부르크에서 의과대학을 졸업한 한 명을 제외하고 모두 극동이나 시베리아 지역에 있는 의대를 가야 했다.

뒤에서 좀 더 자세히 살펴보겠지만, 소련 시기 의사는 수입이라는 측면에서 그렇게 좋은 직업이 아니었다. 의사는 교사와 함께 급여가 낮은 직업에 속했고, 특히 의사는, 그럼에도 불구하고, 교사에 비해서 훨씬 어려운 과정을 거쳐야 했다. 그런데 왜 의대를 가고 의사가 되려고 하는가? 앞에서 살펴본, 모스크바 종합대학에서 화학을 공부하고 싶었지만 경제적인 제약으로 의대를 선택한 경우, 의과대학은 지방에 있지만 모스크바 국립대학에 버금가는 위세를 가지는 교육기관이고 그렇기 때문에 지역에 있는 우수한 성적의 학생들이 진학하는 곳으로 이해할 수 있다.

또 탄광지역 낙후된 곳에서 자란 한인들에게 의사는 전문성과 현대성을 상징하는 직업이기도 하였다. 사할린 서부 해안 탄광지역 도시인 샥조르스크 인근 지역에서 성장한 한 면담참여자는 자신이 살고 있던 지역에서 샥조르스크에 있는 학교까지 걸어 다니는데 너무 오래 걸려서 초등학교를 1년 늦게 가야 했을 정도로 시골이었다고 기억하였다. 이 한인은 가게 점원과 왕진 나온 의사가 입고 있던 흰 가운에 매료되어 의사가 되기를 결심했다.

쪼그말 때부터...어머이하고...가게나 어데 가믄 거게는 러시아에는 전체 흰 할랏(халат 가운)[이라고 있어요 그거 입고 일했어요 그러니까 이제 그거 보고 저도…인제 상점이나 일하거나 가게나 일하거나 하겠다 해서…6학년 공부하는데 내 많이 아팠어요. 감기 걸리 갖고 목이 아프고 그러니까 예 의사 집으로 왔는데 이거 러시아서는 면회[병원] 안 가고 이렇게 뭐요 열 높게 올라가고…의사 집으로 불러요 그[니]까 의사 왔데요. [가운을 입은 그 의사를 보고] 내가 반했어요. 그래 크믄 나도 이거 의사일, 공부 하겠다고. 그 다음에부터 이제 맘 먹고

또 부모님을 비롯한 가족·친척이 질병으로 힘들어하는 것을 보면서 의사가 되어야겠다는 결심을 한 경우도 있었다.

중학교 끝나갖고 인자 나올 때 어머니도 몸 편찮았고 아버지도 편치 않으니까…나는 의사 돼 갖고 부모들 도와주면서 친척들한테 뭐 도움을 줄라고 그런 생각을

그러나 이 면담참여자는 집안 사정 때문에 중학교를 졸업한 후 의과대학에 진학하지 못하고 운전기사로 일을 해야 했고 졸업 후 7년 만에 상트페테르부르크 의대에 입학하였다. 마찬가지로 집안 형편 때문에 고등학교를 졸업한 지 "일주일 만에" 일하러 가야 했던 또 다른 한인도 3년 동안 전기용접공으로 일을 한 다음 하바롭스크 의대에 입학하였다. 그의 의대 진학은 21살의 젊은 나이에 결핵으로 세상을 떠난 누나와의 약속을 지키기 위한 것이다.

위에 세 살 위에[의] 누님이 사망할 때 내 누님한테 사망하기 전에 내

가...말한 거 있었어. 꼭 의사로 공부해서 [웃음] 좋은 의사 되겠다고

그런데 이렇게 아픈 가족을 보면서 의사가 되겠다는 결심을 한 것은 이 둘의 개인사만을 반영하는 것이 아니다. 면담참여자들이 의대 진학을 하던 1960년대 사할린 한인 이민 1세대들은 여전히 앞에서 언급한 것처럼 위험한 작업과 고된 생활을 하였다. 여기에 겨울이 길고 추운 곳은 영하 50도 가까이 내려가는 사할린의 "악기후"까지 겹치면서 이민 1세대들 가운데 사고, 부상, 질환을 얻는 사람들과 일찍 사망하는 사람들이 많았던 것이다.

3) 의과대학에서의 훈련과 생활

의과대학 진학이 힘들지만 의대에 입학하는 것은 의사가 되기 위한 첫 번째 관문을 통과하는 것일 뿐이었다. 입학 후에는 학부 과정 6년 동안의 더 힘든 과정이 기다리고 있었다. 소련의 의학교육은 대학에 기반을 두고 자연과학의 한 분과학문을 가르치는 미국식 의학교육과 상당히 다르다(Barr & Schmid, 1996). 소련의 의학교육기관인 의학원은 대학교에 소속되어 있는 것이 아니라 독립적인 전문학교이며 임상의를 훈련하는 것이 유일한 목적인 기관이다. 한 의학대학에는 한 개부터 다섯 개까지의 과가 있는데, 여기에는 일반진료과(또는 일반의학), 소아과(15세까지의 아동 돌봄), 방역·위생과(공중보건), 구강의학과(치과), 약학과가 포함된다(Barnes, 1968: 74).

1960년대 후반 의과대학 교과과정을 보면, 의예과에 해당되는 첫

두 해 동안 학생들은 물리학, 생물학, 해부학, 조직학, 태생학, 무기·분석·유기교질·물리·생화학, 생리학을 배웠고, 여기에 마르크스—레닌주의, 체육, 외국어(주로 라틴어) 등의 과목도 수강해야 했다(Barns, 1968: 75). 강의가 절반을 차지했고 나머지는 실험이나 실습 시간으로 채워졌다. 일반진료과나 소아과를 전공할 학생들은 2년 동안 강의를 들으면서 저녁에 6~8회기에 걸쳐 지역종합의료센터나 병원에서 간호사 보조로 실습을 하였고 위생을 전공할 학생들은 역학 센터에서 하급 조수로 실습을 하였으며 예과 2년 과정이 끝나면 기본과학과목에 대한 중간시험이 국가시험위원회 주관으로 치러졌다(Barns, 1968: 76).

한편, 2학년부터 3학년까지는 임상과목에 대한 개론 격으로 미생물학, 병리학, 약리학 과목을 배웠고 3학년이 되면 학생들은 중급 의료인력으로 일을 하였다(Barns, 1968: 76). 4년차부터 일반진료과, 소아과, 위생과, 구강과 등으로 과정이 나누어지고 학생들은 의과대학이 소속되어 있는 병원이나 각 지역의 공공병원, 산업의학센터 등지에서 임상 중심의 교육을 받게 되며, 이 과정을 다 거치고 국가시험을 통과한 학생들은 수료증(diploma)과 함께 일반의, 소아의, 위생의, 구강의 등의 자격을 취득했다(Barns, 1968: 76).

의과대학 6년을 마치는 것은 쉬운 일이 아니었다. 어려운 학년 진급 시험에 합격하지 못하고 떨어지는 학생들이 많이 있었다. 한 면담참여자에 따르면, 1968년 치타국립의학원(Читинская Государственная Медицинская Академия)에는 약 450명이 1학년으로 입학하였다. 이 학생들은 20명씩 조를 이루어 6년 동안 계속 같이 강의를 듣고 실험실습을 했는데, 이 면담참여자와 같은 조였던 입학생들 20명 가운데 11명만이 졸업을 하였다.

이 한인이 공부하던 치타국립의학원에서는 그 수가 많지는 않았지만 다른 한인들도 공부를 하고 있었다.

우리 1학년 공부했을 때 4학년 고려사람들 너이. [전체 치타 대학에] 한 열 명 쯤....사할린 서도 여섯 명[이 와서 공부하고 있었어요].

그런데 사할린 한인들이 의과대학에서 가장 먼저 맞닥뜨린 난관은 또 러시아어였다. 1964년 아무르의학원에 입학한 한인은 이를 극복하기 위해 남다른 노력을 해야 했었다.

입학 후 처음 2년 동안은 조선학교를 다녔기 때문에 말을 생각만큼 못해서 엄청 고생을 했다. 수학, 물리, 화학, 해부 등의 과목에서는 100점 만점에 80~90점을 받았지만 역사, 경제 같이 말을 해야 하는 과목에서 3점(100점 만점에 60점)정도 밖에 받지 못했다. 그래서 당시 하루에 3, 4시간 밖에 못자고 공부를 했다. 기숙사에 다림질 같은 것을 하는 조그만 방이 하나있었는데 거기서 매일 이불 뒤집어쓰고 공부를 하였다.

이렇게 열심히 공부한 덕에 이 한인은 대학을 다니는 동안 "몇 과목을 빼고는 다 우등을 받았다".

공부가 어려운 반면 소련 시기 의대는 학비가 없었다. 더구나 위의 면담참여자의 경우처럼 성적이 좋으면 장학금(стипендия)도 받을 수 있어서 집에서 돈을 조금만 보태주어도 충분히 공부를 하고 생활이

가능하였다.

우등을 하면 조금밖에 안 나오지만 최우등을 받으면 [장학금이] 35원이
나오는데 기숙사비 1원 50전, 기숙사 식당 50전이 들었고 책은 무료로
도서관에서 빌려주었으므로 부모님들이 한 달에 15원 정도만 보내주시면
그걸로 옷을 사거나 필요한 데 사용하였다.

장학금은 성적에 따라 차등적으로 지급되었고 장학금을 받지 못하면
공부를 하면서 밤에 일을 해서 생활비를 벌어야 했다. 하바롭스크에서
의과대학을 다닌 한 한인은 3학년 때까지 집에서 형님이 생활비를
보내주었지만 형님이 부모님을 모시고 북한으로 '귀국'6)한 다음부터는
낮에는 공부를 하고 밤에는 간호사로 일하면서 돈을 벌어야 했다.

밤에는 병원에서 일하고 낮에는 공부하고...간호원 [웃음] 러시아에서는
이 3학년 졸업하면 간호원으로 일할 수 있습니다. 있었어요 그때는.

1960년대 전체 의과대학생의 약 3/4이 이처럼 학업기간 동안 장학
금을 받거나 급여를 받는 일을 하였다고 한다(Barnes, 1968: 75). 그러
나 의과대학생들이 받는 장학금은 공학, 수학, 물리학을 전공하는 대

---

6) 북한은 1950년대 후반부터 사할린 한인들이 북한 국적을 취득하도록 많은 노력을 기울였
다. 195년 나홋카에 총영사관을 개설하고 사할린 한인들에게 북한 국적을 취득하도록
적극적인 홍보를 펼쳤다. 그 결과 1960년대 한때 북한 국적을 취득한 사할린 한인들은
65%에 달했고(이성환, 2002; 조재순, 2009: 106에서 재인용), 이들 가운데 북한으로 '귀국'
한 사람들도 생겼다.

학생들의 장학금보다 액수가 적었는데, 이는 이 부문의 인력양성을 강조한 소련 당국의 정책의 결과였다(Starr, 1958: 834).

1970년대부터 6년 과정의 의대를 졸업하면 병원에서 하는 1년 동안의 인턴 과정을 거쳤고 의사로서의 훈련은 인턴을 마쳐야 끝이 났다(Friedenberg, 1987: 214).

대학 6년 공부하고 나믄 인테르나투라(интернатура, 인턴)라고 있어요 예. 또…1년 공부해야 됩니다. 예. 그 다음에 인제 의사로 나옵니다. 7년이죠. 그렇지 않으면 의사 못합니다.

그러나 1960년대는 인턴 과정이 없었다. 의과대학 6년 과정을 마친 졸업생은 곧바로 소련 내 주로 농촌 지역이나 외곽지역으로 배치 받아 가서 3년 동안 의무적으로 일을 해야 했는데, 이 기간 동안 병원이나 지역종합진료소(поликлиника 폴리클리닉)의 진료팀에 소속되어 감독을 받았다(Barnes, 1968: 76).

병원으로 일 나가야 되잖아요 [웃음]…국가적으로 어데로 가라고 딱 저거 주잖아. 그 때 소련시대는 자기별로 찾지 않고 일, 직장을. 그건 국가적으로 의사들 어데 요구되는 데로 보냅니다.

6학년을 마치기 한 달 전에 공석 공고가 나는데 누구를 어디로 보낼 것인가는 의과대학에서의 4~6학년 3년 동안의 임상 교육 성적으로 결정되지만 학생의 가족·건강 상황이 고려되기도 했다(Barnes, 1968:

76). 학생들은 공고가 났을 때 자신들이 가고 싶어 하는 곳을 밝힐 수 있었고 그것이 어느 정도는 반영되었지만 외부로 나간 기회가 자주 없었던 당시 상황에서 학생들은 먼 외곽지에서 보내는 이 기간을 오히려 기대하기도 하였으며 특히 시베리아와 같이 인기 없는 험지로 가게 되면 기본급에 더해 특별 상여금도 받을 수 있었다(Barnes, 1968: 76). 사할린도 그런 지역에 속했다.

4) 구소련의 의료제도와 소련에서의 의사생활

면담 참여자들 가운데 두 명은 각각 상트페테르부르크와 모스크바 인근의 작은 도시로 '배치'를 받았고 다른 두 명은 사할린의 체호브와 샥죠르스크라는 소도시의 지역종합진료소로 갔다.

유즈노사할린스크 큰 병원에 있었죠. 그 사할린 주에 제일 큰 병원이 있습니다. 거게는 이제 외과, 내과 뭐 여러 가지 과 다 있습니다. 신경과 뭐 여러 가지 [거기서 1년 동안 인턴 하고 나서] 샥죠르스크 갔습니다.

1964년 소련 전역에는 2백만 개가 넘는 병상을 갖춘 약 26,400개의 병원과 37,000개소의 외래진료기관 그리고 1,200개의 산업의학시설이 있었다(Yerby, 1968: 281). 이 가운데 지역종합진료소는 소련 의료체계의 기반이 되는 의료기관으로 각 면(участок 우차스타크)별로 설치된 외래진료기관이다(Friedenberg, 1987: 215). 소련의 의료전달체계는 행정단위를 기반으로 조직되어 있었다. 소련은 먼저 15개의 공화국으로 나누어져 있었는데 각 공화국은 대략 인구 백만 명 정도의 주(область 오블라스트)로 구성되어 있고 각 주는 다시 평균인구 약 4만 명 정도의 시 또는 군(paй oн 라이온)으로 구성되었으며 시는 다시 4~5천 명의 면(우차스타크)으로 나눠져 있었다. 이 우차스타크를 단위로 성인 약 3,000명을 포함하는 진료구역이 형성되었고 0세부터 15세까지의 아동들 800~1,000명을 단위로 소아과 진료구역이 별도로 조직되어 있었다 (Yerby, 1968: 281).

각 지역종합진료소에는 지역의 규모에 따라 여러 명에서 많게는 수십 명의 일반의가 배치되어 있어서 진료를 담당했고 환자들은 계속 같은 의사에게 진료를 받았다. 환자들은 의사를 바꿀 수 있었지만 의사들이 자신이 담당하던 환자를 다른 의사가 전담하도록 보낼 수는 없었다. 또 진료소에서는 간단한 진단검사도 했는데 대부분의 진료소에는 단순 병리검사설비와 엑스레이검사장비가 갖추어져 있었다 (Friedenberg, 1987: 215). 그 밖에 지역사회 방역·위생업무 그리고 보건교육도 담당하였다.

그리고 소련에서 내과는 가정의학과와 비슷한 역할을 했다. 통상적으로 내과의사들은 지역종합진료소에 있으면서 외래환자들을 진료하고 처방하며 필요할 때 환자들을 전문의가 있는 지역의 상급 종합진료소에 의뢰하는 일을 한다.

러시아서는 의사믄 옷 다 벗깁니다. 그래...들오는 아픈 사람들 다...진찰해야 됩니다 [그 다음에] 내과로 보낸다 어데로 또 인제 뭐 신경과로 보내준다 피 뺏다 뭐 이렇게 하죠...그러니까 처음에 병자들 받을 때는 다수는 내팝니다....이제 거기서 외과로 가든지 신경과로 가든지 다 보냅니다.

소련에서 일반 의사들이 환자를 진료할 때는 환자 1인당 최소진료시간이 15~20분으로 정해져 있었다. 의사들의 통상 근무시간은 주당 33시간 반 정도 됐고 한 달에 한 번 당직을 했다.[7] 이 때문에 일차의료 기관에서 의사들은 하루에 30명 정도의 환자만 볼 수 있었다. 환자를 진료할 때 병력을 자세하게 듣고 청진과 촉진 등 접촉을 통한 검진을 많이 하는데, 한 면담참여자는 현역 시절 청진기를 너무 오래 사용하여 귓병이 날 정도로 진료를 할 때 청진을 많이 하였다고 했다.[8]

우리들 전부 대학에서 공부했을 때는 박사들이...[우리가 진찰하는 것을] 보면 왜 이런 거 안 벗기고 그냥 듣는가. 다 벗겨야 됩니다. 벗고 그 다음에 다 보고 여기 뭐 낫는[난] 거 이런 거 다 이렇게...봐야 되고...암 만 씨찌[CT]...다 해도 다 봐야됩니다. 첫 번에 아픈 사람 보고 그 다음에 보내야지.

---

[7] 당시 소련에서 일반 노동자들의 통상 근로시간은 주당 약 36시간 반 정도로 의사들의 근무 시간과 크게 차이가 나지 않았다(Barnes, 1968: 74).

[8] 면담참여자들은 이런 점에서 한 목소리로 한국의 의사들이 환자를 진료할 때 직접 검진을 하지 않고 너무 진단기기에만 의존한다고 비판하였다. ("여기선 보니까 어디 뭐 아프다 하믄 안 보네요 안 보고 진찰도 안 해보고 의사가 컴퓨터만 보고 이렇게 하고 [웃음]...의사가 안 봅니다. 직접 진찰을 해야 합니다. 들어보고 의사가...어데가 아픈가 이거 보고 검토를 해야 되잖아요.")

1960년대와 1970년대 초 소련에서는 이렇게 환자 1인당 15분 이상의 진료시간이 보장되면서도 일차의료체계가 원활하게 작동하였는데, 이는 당시 소련이 충분한 수의 의사를 확보하고 있었기 때문이었다. 1960년대 인구 450명당 의사 1명이 있었고 해마다 약 20,000명의 신규 의사가 충원되었다(Barnes, 1968: 74). 이는 1960년대 말까지 영국에서 인구 1,000명당 의사가 1명이 채 안 되었다는 점을 감안한다면(Moberly, 2017) 당시로서는 세계 최고 수준의 의사확보율이었다. 또 1917년 사회주의 혁명 이래 소련에서 의료정책은 사회경제정책의 한 부분으로 계획되어 모든 의료가 무상으로 제공되었고 즉각적으로 이용 가능하였다(Yerby, 1968: 281). 이에 힘입어 2차 대전 후부터 1960년대까지 소련은 영아사망률, 기대 수명, 전반적 사망률 등에서 큰 향상을 보였다(Schultz & Rafferty, 1990: 193).

특히 당시 소련 의료는 치료의학과 예방의학을 통합하는 데 초점을 두었다. 이런 경향은 예방의학에 대한 강조로 구체화되었는데, 전 국민이 최소 3년에 한 번 의무적인 엑스레이 검사를 받도록 하였고 30세 이상의 모든 여성은 매년 자궁경부암검사를 받아야 했다(Barnes, 1968: 73). 또 유아는 생후 1년 간 매월 정기 검진을 받았는데 이를 위해 의사들이 유아가 있는 가정을 방문하였다. 이와 함께 보건 교육이 강조되어 건강 유지와 질병 예방을 주제로 한 수많은 강좌들이 열렸다.

또 모성 의학, 소아 의학, 산업 의학 등 특정 집단의 필요에 맞는 의료를 제공하는 것에도 많은 노력을 기울였다. 진료대상별로 전담 의료기관과 의사가 분리되어 있어서 성인은 지역종합진료소에서, 15세 이하의 아이들은 소아과 의사들이 소아전담 지역종합진료소에서 진료를 전담했다. 또 공업지역에는 특별히 방역·위생의학을 전공한 의사가 자신이 맡은 지역 노동자들의 건강관리를 담당하고 있었다.

졸업 후 모스크바 인근의 병원으로 간 한인은 내과진료와 함께 인근 지역 노동자들의 건강을 관리하는 산업의학 업무를 위생의사와 같이 수행하였다. 당시 소련에서는 위생의사의 권한이 특별히 셌고 위생의학 부문이 "원체 잘 되어" 있었다.

소련에서 노동자들이 일하다가 죽는다는 것은 말이 안 되는 일이었고 이와 관련된 법률이 잘 정비되어 있었다.

또 지역종합진료소의 주요 기능 가운데 하나가 환자들의 근로능력을 평가하는 것이었다(Friedenberg, 1987: 215). 이곳 의사의 진단서를 받으면 노동자들은 짧게는 사흘부터 길게는 넉 달까지 유급으로 유가를 받을 수 있었고 결핵으로 진단되면 열 달간의 유급휴가를 받았다. 더 심각한 병인 것으로 진단되면 연금 대상자가 될 수도 있었다. 14세 이하의 아이들이 병이 나면 그 아이들의 어머니에게 7일간의 유급휴가가 주어졌고 편부모일 경우는 열흘간의 휴가가 주어졌다.

소련 붕괴 이전까지 유지되었던 무상의료 제도는 높은 생산성으로 재정적 뒷받침이 되던 1960년대까지는 상당한 성과를 거두었다. 1961년 소련 의료체계를 시찰한 미국인 의사의 눈에 "소련은 실제로 건강관리를 전체 인구가 상당한 정도로 이용가능하게 만들었다"(Yearby, 1968: 284). 그러나 경제가 하강하고 재정적인 지원이 줄어들면서 1970년대부터 의료의 질과 수준도 하락하기 시작하였다. 예를 들어, "보건

의료부문에 대한 재정지출은 1960년대 GDP 대비 6.5퍼센트까지 도달
했으나 1985년 4.6퍼센트, 1990년 초에는 3퍼센트 이하로"(한국보건산
업진흥원, 2012: 1) 떨어졌다. 당시 OECD 평균(8~9%)의 절반에 못 미치
는 수준이었다. 그 결과 보건지표에서 하락이 발생하였다. 영아사망
률이 1971년 1000명당 22.9명에서 1985년 26명으로 높아졌는데, 이는
당시 유럽에서 가장 높은 수준이었다(Schultz & Rafferty, 1990: 193).

한 영주 귀국 사할린 한인의 증언에 따르면 특히 사할린과 같이
의료시설이 미비한 곳에서는 그 상황이 더 심각했다.

무상 치료 받고 의료봉사 기관이 상당히, 본토에서 만 킬로미터나 떨어
진 곳이어서 의료시설이 완벽하지 못하고 무상으로 하다보니까 의사들
이...의무, 양심이라든지 의료시설이 그렇게 잘 구비되지 못하고

더욱이 이 무렵이 되면 지역종합진료소의 근로능력평가기능이 노
동자들이 병원진료를 쉽게 받지 못하도록 하는 역할을 하였다.

근로자들이 일하다 몸이 아프면...치료기간이 열흘이 넘는다는 진단을
받아야만 심사위원회를 거쳐 특별병원에 입원할 수 있었다. 의료봉사를
제대로 받기 힘들었다. 어지간하면 감기 같으면 감기약 타다 먹고.

한편, 의무근무 기간 3년을 마친 의사들은 전문의 훈련과정에 들어갈
수 있었다. 1960대 소련 전역에는 전문의를 교육하는 고급 의학원이
있었고 일부 학부 의학교육 기관에도 전문의 교육과정이 개설되어

있었다. 전문의 공석이 생기면 1년 전에 공고가 나므로 의무근무 기간 중 2년을 끝마친 학생들은 소속 부서장의 추천을 받아 지원을 하였다 (Barnes, 1968: 76~77). 전문의 훈련과정은 먼저 고급 의학원에서 6개월 동안 이론과 실습 훈련을 받고 이어 병원이나 대규모 지역의료센터에서 감독을 받으면서 2년 반 동안 해당 분야 경력을 쌓는 것으로 구성되어 있었고 이 3년의 과정이 끝낸 사람은 전문의 자격을 신청할 수 있었다 (Yearby 1968: 282). 면담 참여자들은 모두 내과 전문의였는데, 두 명은 일반내과, 한 명은 신경내과, 다른 한 명은 심장내과 전문의였다.

6개월을 더 전문영역의 훈련을 받으면 전문의가 됩니다. 내과의 경우는 [그 후] 1년에 3~4개월씩 심장, 신장, 위 등 차례로 전문과 훈련을 받아 각 영역의 내과 전문의가 될 수 있습니다.

전문의들에게는 상당한 정도의 위세와 경제적 보상이 주어졌지만 1960년대 기준으로 매년 의과대학 졸업자의 10퍼센트 정도만 전문의 훈련을 받았다(Yerby, 1968: 283).
또 전문의를 포함, 의사들은 일정기간이 경과하면 재교육을 계속 받아야 했다. 주로 지역종합진료소에서 진료하는 일반의들을 대상으로 하는 재교육과정은 통신 과정과 함께 두 달 동안의 전일제 이론과 실습 과정으로 구성되었다(Barnes, 1968: 77). 시골 지역의 의사들은 매 3년 마다, 도시 지역은 매 5년마다 재교육을 받았고 이렇게 소집되어 재교육을 받는 기간 동안에는 정규 급여가 지급되었다(Yerby, 1968: 283).

소련시대나 러시아에서는 의사들 있잖아요...3년, 5년에 한 번씩 꼭 학습하러 갔다 와야 되요...한 달 두 달 석 달까지 꼭 갔다 와야 됩니다. 거기 가서는 꼭 그 이 시험치고 그리고 세르티피카트라고 있어요. 그거를 꼭 받아와야 되요...그러니까 내 40년 일하면서 온 소련 그 지역 다 갔다 왔어요.

대중들이 건강관리서비스를 원활하게 받도록 하는 것에 초점을 두고 있었던 소련 의료체계의 특성상 의학교육은 일차의료를 담당하는 의사를 양성하는 데 집중하고 있어서 전문의 교육이 부족하다는 지적을 일찍부터 받고 있었고 소련 보건 당국은 이 문제에 대한 해결책으로 의사들의 재교육을 강조하였던 것이다(Storey, 1971).

면담참여자들은 모두 지역종합진료소에서 일을 하였는데, 앞에서 언급한 대로 소련의 지역종합진료소에서 의사들은 대체로 하루 5시간 조금 넘게 일을 하고 오전과 오후 2교대로 근무가 이루어진다. 그러나 일반 의사에서 승진하여 과장이 되면 근무시간이 더 길어진다. 세 명의 면담참여자들이 일하던 진료소에서 과장을 역임했다. 모두 첫 병원에서 7년을 일한 후 승진하였다. 이들에 따르면 과장이 되면 하는 일도 일반의사들과 다르다. 여기에는 의무근무를 하는 초급 의사들을 포함하여 과에 소속되어 있는 의사들을 감독하는 일이 들어 있다.

나는...하루 점도록 일하죠. 여덟 시부터 네 시꺼정. 점심 후에도 내 한테로 이렇게 콘술타찌야[консультация 진료]하면 뭐야, 과장이니까... 의사들이 좀 모르믄 내 한테 아픈 사람 델고 오죠. 내가 보고 이렇게 얘기

해주고. 내 밑에서 의사들이 여덟 시부터 열 두 시까지 또 한 시부터 여섯 시 꺼정 일합니다. 나는 하루 점두룩 있으이까. 환자들 보는 거는 어떻게 보는가 하믄 다른 의사, 좀 보기...어려브문 내 한테 보내죠.

또 환자들의 불만을 처리하는 일도 과장의 업무였다.

내 한테 옵니다 이 의사 잘못 했다[느]니 뭐 했다[느]니 얘기 하고 말도 하고. 과장한테 오잖아요...저 의사는 조금 서툴고.

승진을 하면 급여도 인상되었다. 과장이 되면 일반의사들보다 약 30퍼센트 정도 급여를 더 받았다. 또 재교육을 마치고 복귀해도 그 때마다 급여가 20퍼센트까지 인상되었다(Barnes, 1968: 77). 그러나 앞서 이야기한 것처럼 전반적으로 소련 의사들의 급여는 높지 않았다. 면담참여자들에 따르면, 1970년대 초 소련 의사의 기본급은 모스크바 인근 도시의 병원에서 120루블, 그리고 사할린에서는 125루블이었다. 당시 모스크바 인근에서 차비가 0.02루블, 계란이 0.09루블이었다고 하니 그렇게 적은 월급은 아니었지만 그렇다고 많은 것도 아니었다. 특히 노동자들의 급여와 크게 차이가 났다.

탄광에서 일한 분들, 힘든 데서 일하는 사람들, 천 짜는 사람들, 음식 만드는 데서 일하는 사람들과 같이 [삼]교대로 일해야 하는 사람들은 의사 보다 [월급을] 두 배 더 받고 이렇게 어려운 공부를 하고도 별로 많지 않은 수입을 번다는 상황에 대해 여러 가지 대처 방식이 생겨났다. 먼저 의대를 졸업하고도 의사를 하지 않고 다른 일을 하는 사람이 많았다.

그 때 시대 그러니까 의대 공부한 후에 만일 [웃음] 돈 벌자 하믄 딴 데로, 딴 저거로 많이. 그러니까 의대 졸업한 후에도 의사로 일하는 사람들 그렇게 많이 없었어요.

또 한 가지 방법은 과외로 일을 더 하는 것이다. 여기에는 두 가지 방식이 있다. 첫째는 원래 일하는 곳에서 추가로 일을 하는 것이다.

아홉 시부터 두 시 반까지 일하믄 125루블 받는데 그 후에 또 세 시간, 네 시간 일하믄 또 그 절반만큼 받거든요. 그 병원에서 일하면서도 추가로.

두 번째는 한 병원에서 근무를 끝내고 다른 더 큰 규모의 병원에서 일을 하는 방식이다. 이 방식은 돈을 벌기 위한 이유도 있지만 의사로서 경력을 쌓기 위한 목적도 있었다.

또 다른 데 가서 병원에 일해, 큰 병원입니다 거기는 예. [낮에는 폴리클리닉에서 일하다가] 밤에는. 일주일에 한 번씩...두 번씩.

그렇지만 모든 면담참여들은 소련에서는 생활비가 많이 안 들었기 때문에 의사 수입으로 사는데 문제가 없었다고 하였다.

소련 시대로는 우리 돈 벌이, 돈 이렇게 작게 받아도 먹는 거나 저거 생활비는 어, 뭐 [웃음]...싸지 뭐

또 노후나 만일을 대비해 돈을 저축한다는 개념이 희박해서 수입을 여행이나 재충전에 사용했다고 하는 사람도 있었다.

월급을 저장[축]한다는 것은 없었다. 1년을 근속하면 36일을 휴가로 쓸 수 있었고 이 때 관광을 가거나 스트레스가 많다면 스트레스를 이완시키는 치료를 받는데 돈을 썼다.

특히 휴가를 받으면 같은 사회주의권 국가들로 여행을 많이 다녔다. 그러나 소련 시기 의사들은 다른 국가에서 의료업무를 할 기회가 거의 없었던 것 같다. 면담 참여자들 중 해외연수나 해외근무 경험을 가진 사람은 한 명도 없었다. 이는 당시 냉전 체제로 일반인들이 서방과 교류할 수 있는 기회가 극히 제한되어 있었고 여행이 가능했던 같은 사회주의권 내에서는 소련이 가장 의학적으로 발전된 국가였으므로 의사들이 그 곳으로 가서 의료기술을 배울 필요가 없었기 때문이다. 그러나 모스크바에서는 사회주의권의 다른 국가에서 의사들이 와서 일하거나 훈련을 받는 경우가 있었다. 면담참여자들 가운데는 모스크바에서 북한 의사들을 만난 사람도 있었다.

79년도 모스크바에 공부하러 갔죠 또. 북한에서 오신 분들이 있었어요. 공부하러. 사회주의 국가니까 북한에서 모스크바까지 파견해 가지고

소련에서 의사의 수입이나 승진 면에서 남녀차이는 전혀 없었다. 오히려 앞에서 언급한 것처럼 의사는 교사와 함께 여자들이 다수인 직업이었고 그래서 남자들의 수가 3대 1로 워낙 적었기 때문에 의학대학에서 오히려 남자들이 "공부를 조금 잘 못해도, 시험도 조금 잘 못 쳐도 봐주는" 경향이 있다고 하였다.[9] 당시 소련에서는 오지나 험지에 의사를 보낼 때 남성 의사를 선호했기 때문이다. 반면, 소수민족에 대한 차별은 존재했고 한인 의사들도 그런 차별을 받았다고 하였다.

5) 한인 의사

그러나 직장과 사회에서 차별 받은 적이 없느냐는 질문에 면담 참여자들은 처음에는 한결같이 차별이 없었다고 대답하였다.

러시아 사람이 아니라고 차별 같은 거 병원에서 일하시면서 받고 이러신 건 없으셨나요?
그런 거는 [웃음] 없었는 거 같에요. 전혀 없었어요.

하지만 여기에는 몇 가지 단서가 붙었다. 먼저, 지금은 없지만 전에는 있었다는 것이다.

지금은 차별 없는 것 같습니다...있지만 이렇게 표 이렇게 안 나지.

---

9) 1958년 당시 152,000명의 의과대학 재학생 중 70%가 여성이었다(Starr, 1958: 828).

예. 전에는 한국인이라 하믄...인종 차별이 많았습니다. 일, 직장부터도 그렇지 뭐 예 그 다음에...공산당에도 못 들어갔고 공산당이 아니면 또 높은 일 시키지도 않고 그랬어요

특히 1970년대 초중반 사할린 섬에서는 한인들을 "카레이즈"라고 부르며 차별했다고 두 명의 면담참여자가 기억하였다.

74년까지 약 2년간 사할린에서는 "정치"로 인해 인종갈등이 있었고 러시아인들은 한인들을 "카레이즈"로 부르며 심한 차별을 하였다.

또한 소련 국적을 받지 못한 '비공민' 한인들은 구조적인 차별을 받았다. 사할린의 한 지역종합진료소에서 내과 과장을 역임한 한 면담참여자는 국적을 받기 전까지는 승진을 할 수가 없었다고 하였다.

내가 러시아 국적 77년도에 처음 받았어요. 그 때까지는 그러니까 과장으로 세우지 않겠지.

그리고 마지막으로 제도화된 차별은 아니지만 소수민족이나 이민자들이 주류 사회에서 암묵적으로 받는 차별이 있었다.

우리 한국 사람들은 공부도 잘 하고 일도 잘 하고 이렇게 해야 조금 받아 주지. 아 조금 이거 하면 아니에요.

면담 참여자들의 기억에 따르면 이런 암묵적 차별을 한인들은 어느 정도 내면화하고 있었던 것으로 보인다.

소련시대 비록 한인이라고 차별은 받지 않았지만 그래도 항상 자녀들에게 한 대는 더 위에 있어야(더 열심히 노력해야 하고 한 수 위의 실력을 갖추어야) 한다고 가르쳤다

면담 참여자들은 모두 소련 사회주의 체제에서 초중등교육을 받고 이후 오랫동안 전문직으로 훈련을 받은 "공부도 잘하고 일도 잘하던" 사람들이었다. 이는 이들이 그만큼 소련사회에 잘 문화화되었다는 것을 의미한다. 그럼에도 불구하고 일상생활이나 사회관계에서는 부모 세대의 가치와 관념이 상당 부분 영향을 준 것으로 보인다. 예를 들어, 한 면담참여자는 식사를 한식으로 하고 싶어서 "병원에서 식사할 수 있지만...병원에서 식사하지" 않고 "언제든지 집에 와서 식사"를 하였다고 한다. 또 가족과의 관계, 특히 부모와의 관계에서 더욱 그런 경향이 강하게 나타났다. 어떤 경우 부모와의 관계가 자신들의 경력관리보다 우선되기도 하였다. 치타에서 의대를 마친 후 줄곧 사할린에 있는 병원에서 일했다는 한 면담참여자는 원래 모스크바에서 일하고 싶었으나 부모들 때문에 그 계획을 포기했다고 하였다.

내 생각은 모스크바 가서 일 할라 했습니다. 그러니까 부모들, 어머니 하시는 말, 7년간 공부시키줬는데 치료 부모들한테 해줘야 되는데 이제 우리 나이가 얼마 됐는가 하데요. 그러니까 안 보냈어요

3. 소련에서 의사되기

이 글은 사할린 한인 의료전문인들의 경험을 통해 공식적 기록물에 드러나지 않는 소련사회 내의 한 소수민족 집단의 역사를 기록하려고 하였다. 소수민족의 역사는, 그 민족 스스로 기록하지 않으면, 많은 경우 일반화된 주류 사회의 역사 속에 매몰되기 쉽다. 그런 반면, 소수집단은 주류 사회 구성원들이 그 주류성으로 인해 실감하지 못하는 경험을 하고 그 결과 주류 사회와는 구별되는 독자적인 인식을 형성한다.

소수집단의 경험과 인식은 따라서 주류 사회의 제도와 구조에 구체성을 부여한다. 의사 출신 영주 귀국 사할린 한인들의 생애사에서도 이런 구체성이 넘쳐난다. 1960년대 누가, 왜, 어떻게 소련의 의과대학을 가고 의사가 되는지에 대해 기존의 서구 문헌에서 알 수 있는 것은 여성들이 압도적인 다수를 차지한다는 사실과 2년 이상의 노동경험을 가진 사람이나 간호사, 조산사, 응급구조사가 더 나은 직업경력을 추구하는 과정에서 의대를 진학한다는 것이 전부이다.

그러나 한인 전직 의료인들의 생애사를 통해 우수한 고등학교 학업 성적을 가지고 중심부에 있는 최고 수준의 대학교에서 공부하고 싶었지만 가정 형편이 어려웠던 주변 지역의 학생들이 의과대학에 진학했다는 것을 알게 되었다. 또 험한 환경 속에서의 고된 노동 때문에 질병과 부상으로 고통 받는 부모세대의 모습을 보면서 사회적 의무감을 느끼는 학생들이 의대를 진학하였으며 주로 탄광지역을 중심으로 형성되었던 사할린 한인사회의 낙후함에서 벗어날 수 있는 현대적인 직업을 갖고자 했던 아이들이 의대 진학을 희망하였다는 것도 확인하였다.

그리고 이것을 가능하게 했던 것이 힘든 생활 여건 속에서도 자녀들을 적극적으로 교육시킨 부모 세대 한인들이었고 또 조선학교를 한인들이 많이 사는 지역에 세워 한국으로의 귀환을 항상 마음에 품고 있던 한인부모들도 자녀들에게 기꺼이 소련의 제도교육을 시킬 수 있게 만들었던 소련의 소수민족정책이었다.

또 조선학교에서 공부한 한인학생들이 주로 러시아어 때문에 의과대학 진학에 어려움을 겪었다는 것은 조선학교에서의 학업 수준이 러시아어 외의 과목에서는 소련 주류 학교와 차이가 없었다는 것을 반증하는 것이며 더욱이 학업 능력만 있으면 누구나 의과대학에 진학할 수 있다는 것, 즉 소수민족 구성원들의 의대 진학을 막는 구조적인 장애가 없었다는 것을 보여준다. 실제 1950년대 후반 소련의 의과대학을 시찰한 한 미국 의사는 "학생들의 외모나 복장은 소련의 체질적, 문화적 다양성의 분명한 증거"(Starr, 1958: 829)라고 하였다. 학업 성적에 따라 의과대학에서 받는 장학금이 차이가 난다는 것에서도 의과대학에서의 평가가 전적으로 학업 능력에 기반하고 있다는 것이 드러난다.

한편, 재러한인 전직 의사들의 생애사와 문헌자료를 통해 드러나는 1960년대부터 1970년대 초까지 소련 의료의 양상은 귀환한 재러한인들이 왜 소련 의료를 기준으로 한국의 의료를 비판적으로 평가하는지를 잘 보여준다. 행정단위를 중심으로 소련 전역에 고르게 분포되어 있는 의료기관, 충분한 의료인력, 원활한 일차의료 공급에 초점을 둔 의료체계 속에서 의사들은 환자 1인당 15분 이상의 진료시간을 지키면서도 하루 5~6시간만 근무를 해도 되었고 환자들은 모자보건, 산업보건 등이 강조되는 환경에서 충분한 의료혜택을 무료로 누릴 수 있었다.

사할린 한인 전직 의사들의 생애사는 생활인으로서의 소련 의사들의 모습도 보여주고 있다. 소련에서 의사는 급여가 높지 않은 직업이었다. 대신 전반적으로 물가가 싸고 또 근무시간이 짧아 여가시간에 여행을 즐기는 등 상대적으로 여유 있는 생활을 하였다.

그런데 사할린 한인 전직 의사들의 생애사에는 한국 이민자들이 이주국에서 의사와 같은 전문직을 가지게 될 때 흔히 나타나는 성공담이 없었다. 이는 의사들의 급여가 힘든 일을 하는 노동자들의 급여보다 적다는 사실과 무관하지 않다. 또한 다수의 의과대학생들이 장학금을 받았지만 이들은 공학이나 수학, 물리학을 전공하는 학생들보다 장학금을 적게 받았다. 이 사례들은 당시 소련에서 의학이 차지하는 부차적인 지위를 보여주고 있다.

사할린 한인 전직 의사들은 소련 시기 의사로 일하면서 여러 가지 방식으로 차별을 경험하였다. 주로 비공민 신분 때문에 받는 차별이었지만 소련 국적이 있는 사람들도 암묵적으로 차별을 경험하였고 이에 대해 한인 의사들은 현지인들과 동등한 대우를 받기 위해서는 월등한 노력과 실력이 있어야 한다는 방식으로 대응하였다. 또 이들은 전문인으로 소련사회에 잘 문화화된 한편 부모세대의 가치관을 내면화하면서 한인사회와도 여전히 밀접한 관계를 유지하고 있었다.

한국에서 그간 재외한인에 대한 연구는 한국 '민족'의 역사적 경험이 투사되면서 이주 시기 한국(한반도)의 상황에 따라 전형성을 띠는 방식으로 이루어졌다. 이런 전통 속에서 재러한인, 특히 사할린 한인은 식민지 기억의 아픔을 체화하고 있는 존재로, 이후에는 냉전시대의 고통을 담지하고 있는 이산 집단으로 전형화되었고 연구도 이런 관점을 기저로 진행되었다. 이는 근대적 이주민으로 개념화되어 의료인을 포함한 다양한 전문직에 대한 연구가 일찍부터 이루어진 재미한인의 경우와 큰 대조를 보인다. 이 글은 기존의 북미, 서구 중심의 재외한인 지식인에 대한 연구를 확대하여 재외한인의 역사에서 지금까지 가려져 있었던 재러한인 전문직의 직업경험을 기록함으로써 재외한인 인식의 지평을 넓히는 동시에 한 이산 집단의 소멸하게 될 경험을 역사화하고자 하였다.

이 글은 그러나 본격적인 작업이 아니라 소수의 사례를 중심으로 한 시험적인 시도이다. 특히 역사적으로 특수한 경험을 한 사할린 한인의 사례를 중심으로 하고 있어 소련 내 전체 한인의 경험으로 일반화하는 데 한계가 있다. 이후 재러한인 전체에 대한 연구로, 또 의사뿐만 아니라 전체 의료인에 대한 연구로 확대하여 한인 이산집단의 소멸해 가는 경험을 기록할 필요가 있다.

참고문헌

김옥주(2013), 「한국 현대 의학사 연구에서 구술사의 적용: 의학자들의 구술을 중심으로」, 『의사학』 22(2), 대한의사학회, 449~482쪽.

김진혁·문미라(2019), 「사회주의 진영의 북한 의료지원과 교류(1945~1958): '소련배우기'와 '주체적' 발전의 틈새에서」, 『의사학』 28(1), 대한의사학회, 139~189쪽.

나혜심(2013), 「트랜스내셔널 관점에서 본 독일 한인간호이주의 역사: 양국 간호문화에 대한 영향을 중심으로」, 『의사학』 22(1), 대한의사학회, 179~216쪽.

박경용(2016), 「한 조선족 향촌의사의 생애와 중국 농촌 의료제도: 1939년생 P씨의 생애구술을 중심으로」, 『디아스포라연구』 10(1), 전남대학교 글로벌디아스포라연구소, 71~100쪽.

박경용(2013), 「접골사(接骨士)의 구술생애사를 통해 본 접골 의료문화」, 『실천민속학연구』 21, 실천민속학회, 297~332쪽.

박경용(2008), 「전통 침구의 단절과 침구사의 존립 양상: 원로 침구사의 경험과 인식을 중심으로」, 『한국학논집』 37, 계명대학교 한국학연구원, 291~318쪽.

박경용(2008), 「원로 한의사의 의료적 실천과 문화적 함의」, 『인문과학』 41, 성균관대학교 인문학연구원, 237~269쪽.

박경용(2007), 「한약 전통의 계승과 단절: 한약업사의 가업 계승을 중심으로」, 『민족문화논총』 36, 영남대학교 민족문화연구소, 396~431쪽.

박경용(2007), 「원로 한의사의 한의학 입문과 지식·기술의 전승」, 『비교민속학』 34, 비교민속학회, 489~535쪽.

박현순·김영순·정소민(2017), 「조산사 생애사에 나타난 사회적 실천의 과정과 의미 탐색」, 『교육문화연구』 23(1), 인하대학교 교육연구소, 501~527쪽.

신규환(2013), 「최근 한국의학사 연구에서 구술사 연구의 성과와 한계」, 『의사학』 22(2), 대한의사학회, 421~448쪽.

신영전·김진혁(2014), 「최응석의 생애: 해방직후 보건의료체계 구상과 역할을 중심으로」, 『의사학』 23(3), 대한의사학회, 469~511쪽.

신영전·박세홍(2009), 「노기순(盧基舜)의 생애: 한국 보건의료의 변경사」, 『의사학』 18(1), 대한의사학회, 69~90쪽.

이동성(2013), 「생애사 연구방법론의 이론적 배경과 분석방법에 대한 탐구」, 『초등교육연구』 26(2), 한국초등교육학회, 71~96쪽.

이화여대 건강교육과(1990), 「의료혜택의 균등한 분배가 목적인 소련」, 『건강소식』 14(11), 한국건강관리협회, 24~25쪽.

조재순(2009), 「사할린 영주귀국 동포의 주거생활사: 안산시 고향마을 거주 강제이주 동포를 중심으로」, 『한국주거학회논문집』 20(4), 한국주거학회, 103~112쪽.

최제창(1996), 『한미의학사』, 영림카디널.

한국보건산업진흥원(2012), 『러시아 의료보장제도』.

현철수·이경률 외(2013), 『세계 한인의료인 네트워크 구축』, 한국보건산업진흥원.

Arrizabalaga, J.(2009), "Medical Ideals in the Sephardic Diaspora: Rodrigo de Castro's Portrait of the Perfect Physician in early Seventeenth-Century Hamburg", *Medical History*, 53(Supplement 29), pp. 107~124.

Barnes, J.(1968), "Medical Education in the Soviet Union", *Medico-Legal Journal*, 36, pp. 72~86.

Barr, D. A. & Schmid, R.(1996), "Medical education in the former Soviet Union", *Academic Medicine: Journal of the Association of American Medical Colleges*, 71(2), pp. 141~145.

Denzin, N. K.(1989), *Interpretive biography*(vol. 17), Sage.

Efron, J.(2001), *Medicine and the German Jews: A History*, Yale University Press.

Field, M. G.(1990), "Noble purpose, grand design, flawed execution, mixed results: Soviet socialized medicine after seventy years", *American Journal of Public Health*, 80(2), pp. 144~145.

Friedenberg, D. S.(1987), "Soviet health care system", *Western Journal of Medicine*, 147(2), pp. 214~217.

Jackson, M.(2014), *The History of Medicine: A Beginner's Guide*, Oneworld Publications.

Levitt, P. & Glick Schiller, N.(2004), "Transnational perspectives on migration: conceptualising simultaneity", *International Migration Review*, 38, pp. 1002~1039.

Moberly, T. (2017). *UK has fewer doctors per person than most other OECD countries*, BMJ: British Medical Journal, 357.

Moskalewicz, C. Caumanns, U. & Dross, F.(ed.)(2019), *Jewish Medicine and Healthcare in Central Eastern Europe: Shared Identities, Entangled Histories*, Springer.

Newsholme, A. & Kingsbury, J. A. (2013). *Red Medicine: Socialized Health in Soviet Russia*. Elsevier.

Rafferty, A. M.(2005), "The Seductions of History and the Nursing Diaspora", *Health and History*, 7(2), pp. 2~16.

Rowland, D. & Telyukov, A. V.(1991), "Soviet health care from two perspectives", *Health affairs*, 10(3), pp. 71~86.

Schultz, D. S. & Rafferty, M. P.(1990), "Soviet health care and perestroika", *American journal of public health*, 80(2), pp. 193~197.

Sigerist, H. E.(1947), *Medicine and health in the Soviet Union*, Bombay: Jaico Publication House.

Starr, A.(1958), "Medical Education in Soviet Russia", *Journal of medical education*, 33(12), pp. 827~836.

Storey, P. B.(1971), "Continuing medical education in the Soviet Union", *New England Journal of Medicine*, 285(8), pp. 437~442.

Yerby, A. S.(1968), "Medical care in the Soviet Union", *Medical Care*, 6(4), pp. 280~285.

Кузин, А. Т.(2014), *Исторические судьбы сахалинских корейцев* (J. I. Moon & J. H. Kang, Trans.), Huebooks(Original work published 2010).

디아스포라의 양상과 치유

: 이창래의 『제스처 인생』

차민영

1. 디아스포라의 시작

현재 미국 문단에서는 소수민족 작가들을 제외하고는 동시대 문학의 흐름을 설명할 수 없을 정도로 다양한 출신의 배경을 가진 작가들이 활동하고 있다. 흑인이나 미국 원주민과 같은 전통적인 마이너리티 문학은 미국으로 이주한 이민자와 입양인들의 디아스포라 문학으로 세분화되었다. 오래전에 미국에 정착한 중국, 인도, 일본계 이주 작가들이 주류였던 아시아계 미국소설도 한국계 작가들의 작품이 관심을 받으며 갈래는 더욱 다양해졌다. 그 중 한국계 미국인 작가 중 문단의 주목을 받는 작가는 단연 이창래(Chang-rae Lee)이다. 이창래는 1995

년 그의 첫 소설 『네이티브 스피커(*Native Speaker*)』가 PEN 헤밍웨이 (Hemingway Foundation/ PEN Award)를 수상하면서 이민 1.5세대의 이민자가 한국과 미국 양 국가 사이에서 겪는 이민자의 양가적 정체성의 문제를 묘사하며 평단과 대중의 호평을 받았다. 『제스처 인생(*A Gesture Life*)』(1999)은 그의 두 번째 소설로 전쟁, 이민, 입양이라는 복잡한 디아스포라의 배경이 얽혀 있는 텍스트이다. 『제스처 인생』에 대한 다수의 연구는 정체성 문제, 디아스포라, 탈식민지 주체성 그리고 다문화 윤리성과 관련한 것으로 타자에 대한 이해와 공존의 탐구가 공통적인 주제이다.

소설은 주인공 프랭클린 구로하타(Franklin Kurohata)라는 정체가 다소 수상해 보이는 노인을 중심으로 주변의 인물들로 인해 그의 과거가 드러나면서 그의 복잡한 디아스포라의 실체가 드러난다. 의도치 않은 상황이 과거의 기억을 불러오고 하타는 복잡한 심리적 갈등 속에서 이산의 삶을 재배치하는 경험을 하게 된다. 하타의 의식은 현재 시점에 과거의 상황이 자유롭게 플레쉬백(flash-back)되면서 그의 기억은 이야기 전체를 이끌어가는 중요한 장치가 된다. 성공한 아시아계 미국 이민자로 존경받는 노신사는 하타가 만든 식민지 동화의 열망이다. 하타에게 있어 과거란 잊고 싶지만 잊혀지지 않는 기억으로 현재의 삶에 끊임없이 소환되어 인생의 계시와 같은 역할을 한다. 하타의 의식은 과거로 회귀하고 미래를 위해 현재로 다시 소환되면서 고뇌하고 성찰한다. 디아스포라의 경험 속에서 하타는 현재 자신이 속한 국가와 사회에 완전히 동화되기 위해 과거의 자신을 부정하고 은폐한다. 생존을 위한 디아스포라의 선택이었다고 하지만 이것 또한 주체적이지 못한 위선적인 자기 합리화이다. 하타의 의식의 흐름은 과거, 현재, 그리고 미래에 이르며 자신의 인생에 대해 끊임없이 고뇌하는 모습을 보인다. 그러나 디아스포라로 점철된 자신의 삶을 필연적 결과로 정당화시키는 하타의 성찰은 진정성이 의심스럽다.

『제스처 인생』은 피지배 민족과 인종, 나아가 젠더의 타자화를 통해 디아스포라의 양상을 보여준다. 주류 문화에 진입하기 위해 동화를 추구하는 타자의 열등의식과 우울감이 전쟁, 이민, 그리고 입양이라는 다양한 디아스포라에 주요한 상흔으로 드러나고 있다. 극복하지 못한 디아스포라는 이상적인 초국가 코스모폴리탄을 지향하는 하타가 가진 근원적 한계이다. 이 글은 하타의 디아스포라의 정체를 밝히고, 극복하는 과정에 조력자들의 역할과 존재의 의미를 인간의 관계 속에서 찾고 있다.

2. 디아스포라의 양상

주인공 하타는 민족, 인종, 국적을 넘나드는 초국가적 디아스포라의 주체로 노년에 이르러 왜곡된 동화 지향적 태도의 문제점을 인식하며 타자의 원형을 찾아 인생에 대한 성찰을 한다. 소설 초반 하타는 성공한 이민자이자 모범적인 미국 시민으로 주변의 존경을 받는 모습으로 소설에 등장하면서 사실상 갈등의 원인을 모호하게 한다. 거기에 품위와 교양 있는 노신사로 경제적 부를 이룬 미국 중산층이 살법한 튜더 양식의 저택으로 중무장한 하타는 주변 사람들에게 선의와 경제적 배려를 베풀기까지 한다. 그러나 타운 사람들이 그에 대해 알고 있는 것은 거의 없다. 하타는 타운의 개발 초기부터 그곳에 살았기 때문에 그를 알고 있는 사람들은 하타의 과거에 대해 자세히 아는 바가 없다. 다문화 리얼리티의 표본인 베들리 런(Bedley Run)은 다양한 이민자와 소수민족들이 자유경제 논리에 따라 타운에 들어오고, 밀려 나가면서 사람들은 깊은 관계를 맺는 것이 서로에게 불편함이라고 생각한다. 타운의 모든 사람들은 하타의 가까운 지인들로 보이지만, 정작 그의 과거에 대해 자세히 아는 사람은 아무도 없다. 이러한 배경에는 무엇보다 자신의 과거의 행적과 실체를 철저히 숨기는 하타의 행동이 있다. 그는 자신의 디아스포라의 불안과 우울함을 자기부정과 강박증으로 억압하며 주어진 상황에 자신을 합리화하는 것으로 대응하는 데 매우 익숙하다. 그는 한참이 지나서야 자신의 과거에 대해 처음으로 입을 여는데, 일본계 미국인이었던 자신은 사실 일본인 가정에 입양된 한국인이라는 것이다.

하타는 베들리 런이 개발될 즈음부터 30여 년이 넘는 긴 세월을 그곳에서 살아온 타운의 토박이이다. 이웃들은 그를 '의사'로 부르며 마주칠 때마다 동양의 예를 갖추듯이 반갑게 인사를 건넨다. 그러다 하타는 느닷없이 자신은 사실 의사가 아니라고 말하며 그의 실체에 대해 상당한 의구심을 갖게 한다. 그는 타운의 사람들이 자신이 의사가 아니라는 것을 알면서도 오랜 세월 의료기기 상점을 운영해 온 자신을 그렇게 부르는 것에 자부심을 느끼며 베들리 런의 품위 있는 노신사라는 자신의 이미지를 생이 다하는 날까지 지키고 싶어 한다. 하타는 의료기기 상점 주인이 의사의 호칭을 듣는 것을 새롭게 편입한 외부인이 미국사회의 주류로 인정받는 것으로 착각하며 동화를 가속화한다. 그는 오래된 의료기기 상점을 히키 부부(Mr. and Mrs. Hickey)에게 팔고는 자신의 남은 삶을 정리하며 여생의 시간을 보내기로 한다. 하타의 이름인 프랭클린이 상기시키듯이 그는 미국인들이 존경하는 벤자민 프랭클린(Benjamin Franklin)의 '근면, 성실, 절제'의 덕목들을 철저하게 실천하는데, 예를 들면 그는 오랜 세월 하루도 빠짐없이 같은 시간에 가게 문을 열고, 심지어 매일 같은 시간에 산책하거나 수영을 하는 규칙을 지키고 있다. 자신이 겪은 디아스포라의 외상을 덮을 수 있는 것은 이같이 철저히 미국인이 되기 위해 노력하는 것이지만, 그것은 작위적인 흉내내기와 위장에 불과하다.

하타는 베들리 런이 황량한 빌리지였던 때부터 이곳에서 살아왔기 때문에 타운 사람들도 그에 대해 특별히 새롭거나 궁금한 것이 없어 보인다. 그들은 하타를 오래전 미국에 이민 온 일본인으로 알고 있을 뿐 과거의 그의 행적에 대해 아는 바가 없다. 하타 역시 "과거란 결국 매우 불안정한 거울이어서 너무 가혹하면서도 동시에 지나치게 아부성이 짙다. 그래서 사람들이 믿고 싶어 하는 것과는 달리 절대 진실을 반영하지 않는다"(Lee, 1999: 5)며 과거와 현재의 인과관계를 신뢰하지 않는다. 어차피 사람들은 보이는 것만 믿고, 타인의 행동에 대해 이해할 수 없기에 자신의 지난날에 대해 알릴 필요가 없다는 것이다. 하타는 자신의 과거로 인해 현재의 타운 사람들에게서 받는 선의의 존경과 배려가 사라질지도 모른다고 생각한다. 모범적인 모델 마이너리티의 구속이 자신을 왜곡시키는 프레임으로 보지 못하는 하타는 미국 백인 중산층에 동화되고자 노력한다.

하타는 애초에 '척하는 삶'으로 자신을 위장하는 것에 익숙한 인물이다. 자신의 디아스포라의 삶을 정당화하기 위해 타인의 시선에 자신의 약점을 노출하지 않는다. 품위 있는 언행을 취하는 하타에게서 문제점을 찾기는 쉽지 않다. 이관수는 하타를 "비주류 문화를 부정하고 상위 문화로의 순응과 동조에 적극적인 인물"(이관수, 2014: 22)로 비유하는데 비주류 문화란 실제로 하타가 처해 있는 피지배자의 상황을 말한다. 비주류에서 상위 문화권에 진입하려는 사이 공간에서 하타는 어떠한 이의제기나 저항을 하지 않는다. 오히려 자신의 피식민적 열등함을 감추기 위해 자신을 부정해 버린다. 하타는 "가끔 나는 내가 진짜 누구인지 잊어버린다"(Lee, 1999: 285)고 고백할 정도로 그의 정체성 왜곡과 자기부정은 심각한 수준이다. 하타는 지배와 피지배 사이에서 극도로 위태롭고, 불안해하는 심약한 인물이다.

이러한 하타의 동화 열망에 제동을 건 것은 히키부인(Mrs. Hickey)이 상점 창고에서 꺼내온 그의 입양 딸, 써니(Sunny)의 사진이었다. 써니의 사진을 통해 하타는 과거의 기억을 소환하게 되는데 과거는 그의 자기부정과 죄책감의 원천이다. 하타에게 과거는 그의 무의식 깊은 곳에 봉인된 기억으로 그것을 대면하기를 두려워한다. 앞서 하타가 과거란 현실을 비추는 거울이 아니라고 규정한 것도 이러한 이유에서이다. 하타의 숨기고 싶은 과거는 그가 한국에서 태어나 일본 제국주의 가정에 입양되고, 2차 세계대전 당시에는 일본 군의관으로 참전해 대량학살과 패전을 경험한 전범이라는 것이다. 입양, 전쟁, 이민의 디아스포라로 한곳에 정착하지 못하고 유랑하고 있는 하타에게 민족성, 인종, 그리고 인간의 진지한 존엄성은 의미 있는 가치로 보이지 않는다. 그에게 삶의 진정성을 구현하는 것은 의미가 없으며 그가 처한 지배문화에 동화되어 순응하는 것이 유일한 삶의 목표로 보인다. 그러나 이와 같은 그의 생각은 디아스포라를 은폐하고 이상적인 초국가 코스모폴리탄에 위배되는 것으로 써니를 통해 하타는 "초국가적 실천에 대한 몇 가지 쟁점들을 전면에 부각"(Lee, 1999: 137)시키며 본격적인 성찰의 기회를 얻는다.

민족제국주의의 피해자이면서 동시에 가해자이기도 했던 양가적 위치는 그의 전쟁 디아스포라의 특징이다. 조선인의 피가 흐르는 하타는 일제 식민지의 지배/종속 헤게모니의 피해자이면서 동시에 일본 제국주의 군의관으로 참전해 수많은 무고한 사람들을 죽음에 이르게 하여 이에 대한 죄의식을 가지고 있다. 과거는 하타의 내재된 죄의식의 원천으로 그 중심에 전쟁에서 만난 K, 끝애(Kkutaeh)가 존재한다. K는 태평양전쟁에 끌려온 종군위안부로 하타가 짧았지만 뜨거운 감정의 소용돌이를 경험하게 한 조선의 여인이다. K는 인종, 민족, 젠더에 대한 총체적 식민지 폭력과 억압의 타자로 하타는 이런 여인에게 사랑과 연민의 감정을 품는 자신을 인정할 수 없다. K는 하타의 일본 제국에 대한 동화주의를 조롱하며 하타의 가식적인 삶을 멈출 것을 촉구한다. 그러나 무결점 동화의 완성을 추구하는 하타는 그녀를 자신과 같은 식민주의 타자로 인식하기 때문에 K를 받아들일 수 없다. K는 결국 일본 군인들에 의해 비참하게 죽임을 당하게 되고 하타는 그녀에 대한 기억을 검은 깃발로 상징하며 상자 안에 가두고 만다.

식민지 상황에서 공공의 안녕이라는 대의명분은 그의 타자성을 숨기기 위한 효과적인 위장이 된다. 하타가 국적과 민족의 경계를 이동하며 깨달은 것은 "자아와 사회의 조화로운 관계," 즉 "상리공생(mutualism)" (Lee, 1999: 72)의 중요성이다. 그에게 "이상적인 공생은 강력한 해방을 의미"(Lee, 1999: 72)하며 그는 첫 디아스포라였던 일본인 가정으로의 입양에 대해서도 공생을 위해 서슴지 않고 가족을 떠났던 것으로 회상한다. 그에게 일본인 가정으로의 입양은 조선인 갖바치 게토에서 근근이 살아가야 했던 그의 가족과 자신을 해방시켜 준 기회였다. 피식민자인 자신이 일본인이 될 것이라는 착각으로 하타에게 입양은 가족들과의 생이별보다 중요한 것이다. 하타의 이러한 심리상태는 이숙희가 언급한 "많은 마이너리티의 선망 지점, 즉 대타자와의 행복한 동일시를 통하여 자신에 대한 사회적, 심리적 통일성을 획득"(이숙희, 2009: 145)하고자 하는 의도를 의미한다. 입양제도는 자기와 같은 계층의 신분 상승을 가능하게 할 수 있는 모범적인 사회적 시스템이며 자신은 그 혜택을 받은 사람으로 상리공생의 가치를 확인했다고 생각한다.

그는 일본인의 옷을 입고, 그들의 음식을 먹으며, 교육받을 수 있다는 것만으로도 이미 자신이 지배자 계층으로 신분 상승한 것 같은 착각을 한다. 이제 그는 진짜 일본인, 지로 구로하타(Jiro Kurohata)로 완벽하게 동화되는 일만 남았다고 생각한다. 이와 같은 하타의 입양에 대한 상리공생과 동화주의는 이후에 써니를 입양할 때도 똑같이 작용한다. 하타는 써니가 자신을 입양아로 받아준 것에 대해 고마운 마음을 가질 것으로 생각한다. 자신이 처했던 과거를 회상하며 써니를 입양한 자신이 구원자까지는 아니어도 써니와 비슷한 인종이며, 거기에 당당히 자산까지 있는 미국 시민이라는 것만으로도 써니는 양부가 된 자신에게 감사할 것이라고 기대하는 것이다.

한편, 공생의 윤리성에 대한 신념으로 하타는 일본 제국주의 군대의 일원으로 태평양전쟁에 참전하게 된다. 그는 이런 행위로 '대동아 공영'이라는 일황의 명령을 전 세계에 전파하여 일본에 통일시켜야 한다고 믿는다. 대동아 공영의 실천은 하타 자신과 사회의 조화로운 균형을 유지하는 일이다.

나는 또한 나의 진정한 패기가 도가니의 전쟁터에서도 드러나기를 바랐다. 그래서 나를 미천한 친족으로부터 데려와 기른 일이 가치 있는 일이었는지를 의심하는 사람에게 그렇다는 것을 증명하고, 우리 모두의 내면에 있는 본질적이며 내적인 정신을 드러내고 싶었다. 하지만 나는 여전히 훈련과 양육이 우리가 나온 단순한 흙과 재와 피보다 더 많은 것을 말해주는지, 아니면 혹은 이런 사회적 단련은 결국 죽은 사람의 옷이 썩어 사라져 그 밑의 뼈를 드러내기 위해 서서히 사라지는 것인지 항상 궁금해했다.

I had hoped, too, that my preparation and training would be tested and confirmed by live experiences, however difficult and horrible; and more specifically, that my truest mettle would show itself in the crucible of the battlefield, and so prove to anyone who might suspect otherwise the worthiness of raising me away from the lowly quarters of my kin and reveal the essential, inner spirit that is within us all. And yet still I have always wondered if training or rearing tells more than the simple earth and ash and blood from which we come, or whether these social inurements eventually fall away, like the moldering garments of the dead, to reveal the underlying bones. (Lee, 1999: 120)

하타에게 태평양전쟁 참전은 완벽한 일본인이 되기 위한 동화의 완성을 의미하지만, 전쟁에서의 패전으로 더 추구할 가치가 없어져 버린다. 그는 완성하지 못한 지배문화의 욕망을 실현하기 위해 미국으로의 이민을 결정한다. 하타는 일본을 위해 더는 희생할 가치가 없다는 것을 깨닫고 일본인의 정체성을 포기한다. 이영옥(Young-oak Lee)은 하타의 결정에 대해 "[하타는] 사회적으로 그리고 이데올로기적으로 일본을 떠날 수밖에 없었다"(Lee, 2009: 70)고 말한다. 철저한 기회주의자인 하타에게 대타자는 일본인에서 미국인으로 재설정되며, 그가 K에게 그랬던 것처럼 써니를 입양함으로써 이타적 미국 시민이 될 위장을 한다. 철저히 일본인을 흉내 내는 제스처의 삶을 살아갔던 것처럼, 완벽한 미국 시민으로 위장할 필요가 있었던 것이다. 어린 나이에도 언어와 문화가 다른 입양가정에 쉽게 적응할 수 있도록 해준 하타의 지배문화에 대한 동화에 대한 열망은 미국에서도 빛을 발한다. 그는 미국의 낯선 곳에 개인사업체를 운영하며 비교적 쉽게 자리를 잡을 수 있었던 이유를 다음과 같이 설명한다.

가까운 이웃으로부터 환영 카드나 사탕 바구니를 받았을 때조차 나는 어느 정도가 정확한 대응인지를 판단했다. 감사 편지를 쓰는 간단한 일로 조용히 응답하면 섬세하고 연약한 균형이 파괴될 수도 있기에, 내가 한 일은 값비싸고 묵직한 카드에 신중하게 정성껏 손으로 글을 쓰는 것이었다. 각각의 짧은 내용의 카드는 고맙다는 말을 하는 것이었지만 표현은

다 달랐다. 나는 이것이 도움이 되어, 내가 외국인, 그것도 일본인임에도 불구하고 마운트뷰의 이웃들은 나를 빨리 받아들이게 되었다는 것을 안다. 그리고 내가 이미 비추었듯이, 그들은 모두 내가 그들의 집으로 넘어 들어 가 포장지에 싼 선물이나 초대장을 내민다거나, 어떤 기대를 가지고 달라 붙어 포옹을 한다거나 하는 짓을 하지 않았다는 것에 대해 특히 놀랐고 또 기뻐했다. 사실 그들은 내 덕분에 그들이 실제로 얼마나 안전한지, 얼마나 보호받고 있는지를 확인하고 안심했었음이 틀림없다.

Even when I received welcome cards and sweets baskets from my immediate neighbors, I judged the exact scale of what an appropriate response should be, that to reply with anything but the quiet simplicity of a gracious note would be to ruin the delicate and fragile balance. And so this is exactly what I did, in the form of expensive, heavy-stock cards, each of which I took great care to write in my best hand. Each brief thank-you was different, though saying the same thing, and I know that this helped me gain quick acceptance from my Mountview neighbors, especially given my being a foreigner and a Japanese. And as I've already intimated, they all seemed particularly surprised and pleas that I hadn't run over to their houses with rapped presents and invitations and hopeful, clinging embraces; in fact, I must have given them the reassuring thought of how safe they actually were, how shielded, that an interloper might immediately recognize and so heed the rules of their houses. (Lee, 1999: 44)

동양계 미국 이민자의 모범적 사례로 보이는 이 같은 하타의 모습은 소수민족 출신 이민자의 "주류 사회의 문화적 규범에 대한 과도한 집착의 결과"(이숙희, 2009: 147)이다. 기존 주류 문화에 편입하기 위해 그가 보인 상호작용은 그들의 문화를 차용하지만, 그들에게 폐를 끼치지 않은 범위의 성의와 예의를 보이는 것이다. 베리(John Berry)는 미국과 같은 다민족국가에서 소수민족 출신 이민자들이 경험하는 문화적 변용의 종류를 문화적 통합, 동화, 고립의 형태로 분류(Berry, 1992: 72)하는데 이 중에서도 하타는 안전한 동화를 선택함으로써 주류 문화로 비판 없이 편입하는 것을 시도한다. 주류에 동화되기 위해 하타는 자신의 민족성과 문화를 억압하거나 은폐하며 그들을 모방한다.

노년의 하타에게 베들리 런은 그의 디아스포라의 종점이자 완벽한 미국 시민이 되기 위한 완결지점이기를 바라던 곳이다. 그는 미국 개척기 시절과 유사한 상황에서 프랭클린이라는 이름을 걸고 근면 성실한 미국인으로 살아왔다고 자부한다. 그러나 소수민족 출신의 이민자들이 미국에 정착하는 것은 녹록치 않다. 그들은 경제적인 어려움을 겪고 있거나, 민족적, 인종적 편견으로 고통받고 있다. 백인은 3세계 출신의 이웃을 미개한 종족으로 취급하고 피부가 검다는 이유로 타운의 여성들은 암묵적으로 자리를 피한다. 과거 이탈리아인과 아일랜드인들이 운영하던 가게들은 이제 베트남인들과 불어권의 흑인들에게 넘어가고 있는 상황으로 기존의 소수민족 출신 이민자들은 자신들의 영역에 적극적으로 침범해 들어오는 그들을 불편해하며 경제적 이권은 이민자들의 갈등의 원인이 된다. 그러나 하타는 이러한 일들은 성공적인 동화로 미국 백인 중산층의 삶으로 완벽히 편입된 자신과는 관계없는 문제로 받아들인다.

한편, 하타가 입양을 기획한 일은 다문화사회에서 이타적 자선을 베푸는 것이 선행이라고 여기는 미국의 담론을 실천하는 행위이다. 당시 한국은 한국전쟁 이후 전쟁고아가 넘쳐났으며, 미군 병사와 기지촌 여성 사이에서 출생한 혼혈아의 존재를 국가적 수치로 여겼던 상황이었다. 가정과 사회에서 버려진 수많은 혼혈아를 더 나은 복지와 교육 제공을 담보로 미국의 가정으로 보내는, 이른바 초국가적 해외입양이 국가적 차원에서 권장되던 때였다. 그러나 하타는 흑인 혼혈아인 써니를 처음으로 만났을 때 실망스러움을 감출 수 없었다고 기억한다. 심지어 가출과 일탈을 반복하며 자신과의 관계가 악화되면서 입양은 모범시민 하타에게 실패의 상징이 되어 버린다.

『제스처 인생』은 초국가 입양의 상흔에 대해 중요하게 다루고 있는데, 정(Mark C. Jerng)은 소설이 입양 서사를 중심으로 "당신은 어디에서 왔는가"라는 일관된 질문으로 "환경과 정체성"의 관계를 묻고 있다(Jerng, 2006: 51)고 밝힌다. 또한, 그는 "입양된 아이들은 생모와 같은 인종적 조상(racial antecedents)으로부터 격리"되어 그들에게 인종의 개념은 모호할 수밖에 없으며, "모호한 인종의 개념은 모자간의 유대적 존재에서부터 조상, 가족 혹은 인종이 경험한 역사라는 더 큰 범주에서 격리된 상흔"에 이른다(Jerng, 2010: 133)고 지적한다.

물결치는 숱 많은 검정 머리와 거무스름한 피부의 여위고 관절이 도드라진 어린아이를, 나는 처음에는 실망했다. (…중략…) 내 동료와 지인과 이웃들이 비록 아이가 양녀라는 것을 안다 해도, 어려움 없이 우리가 한 종류이고 한 핏줄이라는 것을 금방 받아들일 것으로 생각했다. 그러나 그 아이를 처음 보는 순간 나는 우리에게 그런 자만은 있을 수 없다는 것, 쉽게 얻어지는 설득은 있을 수 없다는 것을 깨달았다. 그 아이의 머리카락, 그 아이의 피부가 그 자체로 눈에 보이는 것이었다. 그리고 그 아이의 깊은 곳에서 어떤 다른 색깔들이 흐르고 있다는 것도 분명했다. 어쩌면 바로 그 순간부터, 출발부터, 그 어린 여자아이는 내 눈에서 머뭇거림을, 헛된 희망을 느꼈다고 보는 것이 옳을지도 모른다.

I was disappointed initially; (…중략…) I had assumed that child and I would have a ready, natural affinity, and that my colleagues and associates and neighbors, though knowing her to be adopted, would have little trouble quickly accepting our being of a single kind and blood. But when I saw her for the first time I realized there could be no such conceit for us, no easy persuasion. Her hair, her skin, were there to see, self-evident, and it was obvious how some other color (or colors) ran deep within her. And perhaps it was right from that moment, the very start, that the young girl sensed my hesitance, the blighted hope in my eyes. (Lee, 1999: 204)

고국을 떠나 장시간의 비행 끝에 긴장과 기대로 양부를 마주했을 때 부딪혔던 하타의 실망스러운 눈빛은 일곱 살 여자아이에게 지울 수 없는 초국가 입양의 상흔이 된다. 이후 써니는 미국이라는 나라와 자신이 지내야 할 하타의 집, 심지어 하타와도 편안한 관계 맺기에 실패한다. 써니의 미국 생활은 분명 하타의 삶과는 다르지만 그렇다고 베리가 언급한 문화적 변용 중 통합에 속하는 것도 아니다. 이 같은 배경에는 한국에서 입양된 소수민족 출신의 흑인 혼혈여성이라는 써니의 다층적 타자성이 문제가 된다. 미국의 다문화사회에서도 가장 주변부에 있어 수용을 거부당하고 언제든지 억압될 수 있는 위치에 있기 때문이다. 하타는 써니가 피아노를 연습하고, 가능한 책을 많이 읽으며, 공부를 열심히 함으로써 백인 중산층에 동화될 수 있다고 믿고 있다. 그는 써니의 피아노 연주로 자신과 써니에게 내재한 인종적 오염을 씻어낼 수 있다는 환상을 가지고 있다. 그는 쇼팽을 듣고 있는 순간만큼은 자신을 교양 있는 백인 중산층의 남성이 된 것으로 상상한다.

엥(David L. Eng)과 한(Shinhee Han)은 유색인종들의 주류 사회에 대한 동화란 "백인성, 양성애, 중산층 가정의 가치"를 의미하는데, 그들은 이상적인 백인성을 상실한 인종으로 우울한 정신적 상태를 갖게 된다(Eng & Han, 2000: 345)고 설명한다. 인종적 우울 상태는 정신병리학적 기질로 드러날 수 있는데 하타의 경우 매일 정확한 시간에 산책과 수영을 하며, 아침 식사를 챙기는 등의 기이한 행동이 이것에 해당한다고 볼 수 있다. 이와 같은 반복적인 노력으로 하타는 자신과 써니의 인종적 열등함을 제거하고 싶어 하는 것이다.

극단적인 하타의 인종적 열등감은 만삭이 되어 돌아온 써니에게 중절 수술을 시키는 행위로 나타난다. 18살의 써니는 가출한 지 1년 만에 전화를 걸어와 두려운 목소리로 하타를 찾는다. 써니가 그녀의 임신 사실을 알리자마자 하타는 그녀를 수술시킬 병원부터 찾는다.

하타는 써니의 임신은 자신과 써니 둘 모두에게 "불명예와 수치심의 깃발"(Lee, 1999: 340)을 거는 일로 간주한다. 이선주가 지적하는 것처럼 "하타가 필사적으로 중절하고자 한 것은 흑인혼혈 자손의 탄생"(이선주, 2008: 256)이다. 어떻게든 아이를 지우겠다는 일념으로 써니에게 검사를 종용하며 닥터 아나스타샤(Dr. Anastasia)를 찾아간다. 이미 배 속의 아이가 너무 커서 수술할 수 없으며 수술을 도울 간호사도 없어 써니의 수술을 거부하는 의사에게 스스로 간호사의 역할을 자처하며 수술을 요구한다. 수술방에 있는 자신을 발견하지 못하도록 그는 써니에게 신경안정제를 다량 복용시킨다. 결국, 수술은 감행되었고 하타는 써니의 죽은 태아에 대해 "절대로 보지 말았어야 할, (…중략…) 기억에 담아두어서도 안 되는, 역사의 차가운 장치에 놓아야 하는"(Lee, 1999: 345) 끔찍한 기억으로 비유한다. 하타는 써니의 중절 수술에 직접 개입하여 그의 후손을 단절시키는 그로테스크한 행위를 하면서도 자신은 이 땅에서 문제없이 살아가고 있다는 확신으로 그의 행위를 정당화한다.

나는 아직 이 땅으로부터 추방당하지 않았다. 내가 가깝게 알았던 거의 모든 영혼[사람]이 어떤 끔찍한 일이나 슬픈 불행에 처했음에도 나는 끈질기게 살고 있다. 나에게 따라붙는 따뜻함과 특권으로, 나는 내가 속하게 될 마지막 자리에서 늘 좋은 지위를 확보하고 있다.

I have not yet been banished from this earth. And though nearly every soul I've closely known has come to some dread or grave misfortune, I instead persist, with warmth and privilege accruing to me unabated, ever securing my good station here, the last place I will belong. (Lee, 1999: 346)

그러나 하타의 주류 문화를 향한 끊임없는 동화 열망과는 다르게 써니는 자신이 가진 인종성을 거부하지 않는다. 그녀는 자기와 같은 유색인종의 남성과 데이트를 하고, 그와의 사이에서 아이를 갖는 것을 두려워하지 않는다. 인종 차별적 이데올로기에 사로잡혀 있는 하타와 다르게 써니는 주류의 문화를 비판 없이 모방하여 백인 중산층의 흉내를 내는 하타의 위선에 반기를 든다. 써니는 댄스파티에 하타와 그의 데이트 상대인 메리 번스(Marry Buns)가 함께 가는 것을 거부하는데, 친구들의 파티에 부모가 동반 참석하는 것이 부끄러운 것이 아니라 동양인 양부와 그의 백인 여자친구, 그리고 흑인과 동양인 혼혈아인 자신이 한 가족의 자격으로 무대 위에 있는 부자연스러움을 견딜 수 없기 때문이다.

써니를 주류에 동화시키기 위한 피아노는 급기야 그녀를 가출하게 만드는 기폭제가 된다. 써니의 가출과 흑인 남자친구와의 동거는 하타가 그토록 두려워했던 혼혈의 재생산을 의미하는 것이다. 하타에게 써니의 일탈은 충격적인 일이었으며 마음먹은 대로 따라오지 않는 써니의 행동은 일관되게 지켜온 그의 동화전략에 심각한 손상을 입힌다. 하타는 방탕한 부모를 둔 혼혈아를 잘못 입양한 탓에 의도치 않게 자신의 명예가 실추되었다고 생각한다.

써니는 하타가 그녀의 남자친구에 대해 캐묻자 자신에게 쓸데없는 관심을 두지 말라며 그의 아버지인 체하는 태도에 분노한다. 하타는 써니가 흑인 마약상으로 알려진 지미 기지(Jimmy Gizzi)와 성관계를 하는지를 묻자, 하타가 백인 여자친구인 메리 번스와 가능한 것이 자신에게는 왜 불순하고 방탕한 일이 되는지 묻는다.

한편, 하타와 써니가 논쟁을 벌이는 다음의 인용은 써니가 하타의 가식적인 삶을 적나라하게 밝히며 하타의 동화예찬론에 문제를 제기하는 부분이다.

"그러나 제가 보아온 것은 아빠가 모든 일에 매우 주의를 기울이고 있다는 거예요. 우리의 예쁘고 큰 집에서도, 이 가게에서도, 모든 손님에게도요. 보도를 쓸고 다른 가게 주인들하고 기분 좋게 이야기하는 아빠 말이에요. 아빠는 남에게 보이기 위해 제스처와 예의만으로 인생을 살아가고 있어요. 아빠는 늘 다른 사람에게 이상적인 파트너이자 동료가 되려고 하죠."

"그러면 왜 안 되는 거니? 우선 나는 일본인이다! 유순해서 남들의 사랑을 받는 게 뭐가 그렇게 나쁜 거냐?"

"베들리 런에서는 어느 누구도 아빠에게 신경 쓰지 않아요. 카드 가게에서 무슨 이야기를 들은 줄 아세요? 쓰레기와 보도 청소 일정을 잘 짜는 '착한 찰리'가 있으니 얼마나 좋으냐는 거였어요. 그게 사람들이 아빠에 대해 진짜로 생각하는 거라고요. 일등 시민이 되는 게 아빠의 직업이 되어 버렸다고요."

"But all I've ever seen is how careful you are with everything. With our fancy big house and this store and all the customers. How you sweep the sidewalk and nice-talk to the other shopkeepers. You make a whole life out of gestures and politeness. You're always having to be the ideal partner and colleague."

"And why not? Firstly, I am a Japanese! And then what is so awful about being amenable and liked?"

"Well, no one in Bedley Run really gives a damn. You know what I overheard down at the card shop? How nice it is to have such a 'good Charlie' to organize the garbage and sidewalk-cleaning schedule. That's what they really think of you. It's become your job to be the number-one citizen." (Lee, 1999: 95)

써니는 하타의 의식을 송두리째 문제 삼으며 보여주기식에 사로잡힌 그의 가식적인 태도를 비판한다. 써니의 지적에 하타가 내뱉은 '자신이 유순한 일본인이기 때문에 그렇다'라는 답변은 실제로 하타가 가진 '나는 진짜 일본인이 되어야 한다'는 동화에 대한 강박증이 '실제로 나는 일본인이다'라는 정신 병리적 착란으로 표출되는 지점으로 볼 수 있다. 마치 푸른 눈을 가지고 싶어 했던 흑인 여자아이가 거울에 비친 자신의 모습을 보며 가장 푸른 눈을 가진 백인 여자아이의 환영을 보듯이 주류 문화에 보이기 바라는 자신의 모습은 유순한 일본계 이민자였던 것이다. 써니와의 대화로 하타는 심각한 충격을 받게 되지만, 이 일로 인해 하타는 자신의 삶에 대해 성찰의 기회를 갖게 된다. 무엇보다 하타는 그에게 그토록 동양적 예의를 다해 다정함과 친절을 보여주었던 베들리 런 사람들이 그를 '착한 찰리'로 비하하며 자신들의 목적에 의해 소모되는 인물로 취급한다는 사실에 대해 자신을 돌아보게 된다.

『제스처 인생』의 서사의 특징은 하타와 관계 맺고 있는 인물들이 모두 하타의 정체성 회복을 위해 존재하는 조력자들이라는 점이다. 하타의 의식의 흐름이 과거와 현재의 시공간을 자유롭게 넘나들며 국적과 국가의 경계를 초월하는 구조 속에서도 하타의 조력자들은 곳곳에 배치되어 있다. 그들은 우연한 기회에 자신과 상호텍스트성을 가진 다른 인물을 하타에게 상기시켜 그를 과거의 역사 속으로 안내하거나 내면의 갈등을 일으키는 역할을 한다. 예를 들면, 소설 초반 심장병으로 생사를 넘나드는 히키부부의 아들인 패트릭(Patrick Hickey)은 하타의 제국주의 전쟁 참전과 포로의 심장을 마사지하던 오노 대위(Captain Ono)를 떠올리게 한다. 또한 베로니카(Veronica)와 그녀의 어머니인 코모 경관(Officer Como)으로 인해 하타는 자신이 일본인 가정에 입양된 한국인이라는 사실을 밝히게 되며, 히키부인이 꺼내온 써니의 사진으로 그는 과거 써니를 입양하던 때를 기억하게 된다.

특히, 소설에서 하타의 정체성의 변화에 가장 적극적으로 참여하는 인물은 써니로 볼 수 있는데 써니는 옷장에서 검은 깃발을 찾아내 하타의 오랜 역사 속의 봉인된 인물, K를 소환시킨다. K는 하타가 전쟁에서 만난 조선인 여성으로 아름다운 기품과 자유로움, 주체성을 가지고 있다. K는 하타가 사랑했지만 지켜 주지 못한 여인으로 이로 인해 그는 깊은 죄의식이 있다. 감당하기 힘든 기억은 말하기조차 어려운 것처럼 하타는 K에 대해 언급하지 않는다. K를 만났던 당시에 하타는 위선과 의심으로 K를 비참하게 죽어가게 했고 그녀의 죽음은 그에게 회복할 수 없는 남성성의 폐기와 패배의 상흔으로 남았다. 써니는 검은 깃발로 K를 상기시키는 역할을 하지만 하타는 써니의 모습에서 과거의 K를 발견한다. 써니는 육화된 K의 모습으로 하타에게 말할 수 없는 기억 속에서 K를 불러내 대면할 것을 집요하게 주문한다. 써니에 의해 소환된 K는 이제 하타의 집에 혼령의 모습으로 출몰하며 지난날 마무리 짓지 못한 대화라도 하듯이 하타는 그녀의 환상에 끌려다니고 있다.

"나는 당신이 영원히 나와 함께 살기를 바라요."

희미한 슬픈 웃음으로 그녀의 얼굴이 부드러워졌다. 그녀는 검은 천을 어깨에서 아래로 미끄러뜨리고 이불 속으로 들어와 내 옆에 누웠다. (…중략…) 나는 누워서 자려고 눈을 감았다. K가 밤새도록 나와 함께 있을 것이라고 믿었다. 그러나 동이 트기 전 침침한 어둠 속에서 일어났을 때 그녀는 떠나고 없었다.

"I want you to live with me forever."

A faint, sad smile softened her face, and she let slip the back cloth from her shoulders and lay down with me beneath the covers. (…중략…)

I lay back down and close my eyes to sleep, sure that K would stay with me through the night. But when I woke up in the dim of predawn she was gone. (Lee, 1999: 287~288)

"기억하기는 결코 자기반성이나 회고와 같은 정태적 행위가 아니다. 그것은 현재의 외상을 이해하기 위해 조각난 과거를 짜 맞추어 보는 것, 고통스러운 다시 떠올림"(송명희, 2012: 89 재인용)이라고 바바(Homi K. Bhabha)가 말한 것처럼, 하타가 K의 환영을 대하는 것은 아직 발각되지 않았을 뿐 사라지지 않고 자신을 괴롭히는 그가 저지른 가장 잘못한 행위를 바라보는 것과 같다. 하타는 위선이 만들어낸 희생은 결국 지울 수 없는 죄책감이 되어 돌아온다는 것을 깨닫는다.

소설의 결말에서 하타는 제스처 인생의 상징인 베들리 런의 집을 팔아 패트릭의 병을 치료하기 위해 기부를 할 것이며, 써니에게도 남은 재산을 물려준 후 자신은 어디론가 떠나겠다고 밝힌다. 이러한 그의 계획은 또 다른 디아스포라를 암시한다. 그러나 그는 앞으로 자신은 운명을 따르지 않을 것이며, 죽은 자들로부터 용서를 구하지 않겠다(Lee, 1999: 356)고 선언함으로써 다가올 디아스포라에 대해 비장한 모습을 보인다. 하타의 미래가 어떻게 전개될지는 열려 있지만, 남은 삶의 디아스포라는 분명 이전과는 다른 양상이다.

3. 디아스포라의 치유

주체성이 결여된 하타의 디아스포라는 경계의 사이 공간에서 바람직한 혼종성을 재현하지 못하고 만다. 그는 지배 주류 문화에 순응하고 적응하는 방식으로 디아스포라의 상흔을 덮어두려 한다. 겉으로 보이는 하타는 누구에게나 신뢰받는 인물로 그려지지만, 그것은 보여주기식의 인생으로 연출한 삶이다. 자신의 역사를 부정하고 정체성이 부재한 삶으로, 하타는 정착하지 못하고 또 다른 디아스포라를 계획하게 된다. 그는 동화주의에 대한 환상으로 이민자와 입양아, 그리고 제국주의자의 삶을 은폐할 수 있을 것으로 생각하지만 매번 완전한 동화에 실패하게 된다. 정착하지 못하는 삶은 새로운 곳에 적응하지 못하는 것을 의미하며 하타는 오늘날 다문화사회의 부유하는 유목민적 디아스포라를 연상시킨다. 『제스처 인생』은 하타라는 전쟁과 입양 그리고 이민의 중첩된 디아스포라의 삶을 살아온 인물을 통하여 다문화 리얼리티를 추구하는 코스모폴리탄이 지향할 바를 제시하는 텍스트이다. 결국, 디아스포라는 아직 끝나지 않았지만, 노년의 성찰을 통해 새로운 삶을 쓰겠다는 그의 다짐은 디아스포라를 극복하고자 하는 하타의 주체적 의지와 변화의 미래이기도 하다.

무엇보다 하타가 자신의 디아스포라의 정체를 바로 보고, 치유하는 과정에서 조력의 역할을 한 주요 인물이 입양한 혼혈인 딸과 전쟁에 강제로 끌려온 종군위안부 여성이라는 점에서 의의가 있다. 이 두 여성은 극단적 마이너리티에 속하는 인물들로 하타의 평생의 신념에 위반된 존재처럼 그려지지만 결국은 그들과의 관계와 조력으로 자신의 디아스포라의 상흔을 대면하고, 나아가 극복할 방향을 모색하는 것이다. 이것은 소설에서 다루고 있는 전쟁, 이민, 입양이라는 디아스포라의 상황에서도 치유와 공생, 그리고 번영이 공존할 수 있다는 이창래 작가의 디아스포라에 대한 시사점이다.

참고문헌

박미선(2008), 「초국가적 문화서사와 재현의 정치」, 『여성이론』 18, 여이연, 134~158쪽.

송명희(2012), 「주류 사회에서 아웃사이더의 정체성 찾기: 이창래의 『제스처 라이프』를 중심으로」, 『인문학자, 노년을 성찰하다』, 푸른사상.

이관수(2014), 「호미 바바의 혼종성과 『제스처 라이프』에 나타난 하타의 위장 전략」, 『인문학논총』 36, 경성대학교 인문과학연구소, 1~19쪽.

이선주(2008), 「이창래의 『제스처 인생』: 패싱, 동화와 디아스포라」, 『미국학』 31(2), 서울대학교 미국학연구소, 235~264쪽.

이숙희(2009), 「스파이와 모델 마이너리티를 넘어서: 『네이티브 스피커』와 『제스처 인생』에 나타난 디아스포라적 주체의 가능성」, 『새한영어영문학』 51(2), 새한영어영문학회, 133~156쪽.

Berry, John(1992), "Acculturation and adaptation in a new society", *International Migration*, 30, pp. 69~85.

Bhabha, Homi K.(1994), *The location of culture*, London: Routeledge.

Eng, David L. & Han, Shinhee(2000), "A dialogue on racial melancholia", *Psychoanalytic Dialogue*, 10(4), pp. 667~700.

Jerng, Mark C.(2006), "Recognizing the tansracial adoptee: adoption life stories and Chang-rae Lee's *a gesture life*", *MELUS*, 31(2), pp. 41~68.

Jerng, Mark C.(2010), "The Right to Belong", *Claiming Others*. Minneapolis: Minnesota UP.

Lee, Chang-rae(1999), *A gesture life*, New York: Riverhead Books.

Lee, Young-oak(2009), "Transcending ethnicity: Diasporicity in *a gesture life*", *Journal of Asian American Studies*, 12(1), pp. 65~81.

스테프 차의 서사전략과 인종 갈등, '애도와 화해의 불/가능성'

: 두순자 사건(1991)과 사이구(LA 폭동), 『너의 집이 대가를 치를 것이다』(2019)

이행선

1. 두순자 사건(1991)과 사이구(LA 폭동), 마이클 브라운 사건(2014)

우리는 살아남을 수 없게 되어 있어.

그렇게 계획되었으니까.

(투팍 샤커, 라타샤 할린스 추모곡 〈머리를 들어라〉)

오늘날까지도 우리 가족에게 이런 일이

벌어졌다는 사실이 믿기지 않습니다.

(1991년 10월 25일 두순자가 조이스 칼린 판사에게 보낸 편지)

(스테프 차, 2021: 7)

2021년 4월 한국계 미국작가 스테프 차(Steph Cha)[1]의 범죄소설 『너의 집이 대가를 치를 것이다(*Your House Will Pay*)』(2019)[2]가 번역 출간되었다. 인용문은 이 작품의 서문에 배치되어 있는 문구이다. 첫 번째 언급된 라타샤 할린스와 두 번째 두순자는 살인 피해자와 가해자 의 관계이다. 1991년 3월 16일 미국 LA 코리아타운[3] 인근에서 엠파이 어 주류마켓 앤드 델리를 운영하던 이민 1세대 한인 두순자(1943년생)

---

1) "스테프 차는 1986년 미국 캘리포니아 출생으로 스탠퍼드 대학에서 영문학과 동아시아 학을 전공했으며 이후 예일대 로스쿨에 진학하여 법무박사 학위를 취득했다. 그는 한국 계 미국인 탐정 주니퍼 송이 활약하는 『*Follow Her Home*』(2013)으로 데뷔하였고 이후 『*Beware Beware*』(2014), 『*Dead Soon Enough*』(2015)를 출간했다. 그는 『LA 타임스』, 『USA 투데이』 등에 칼럼과 비평을 기고하였으며 미스터리계의 전설적인 편집자 오토 펜즐러에게서 바통을 이어받아 『*The Best American Mystery and Suspense*』의 책임 편집을 2020년부터 맡고 있다. 현재 작가는 가족과 함께 LA에 거주하며 집필 활동을 이어 가고 있다." 이 글에서 살펴볼 『너의 집이 대가를 치를 것이다』(2019)는 월 스트리트 저널·시카 고 트리뷴·릿허브 선정 '올해의 책'이며 2020년 LA 타임스 도서상 수상작이다(스테프 차, 2021: 1).

2) 이 소설 제목인 '너의 집이 대가를 치를 것이다'는 LA를 기반으로 활동하던 힙합가수 토디 티(Toddy Tee)의 〈Batterram〉(1985) 가사에서 인용한 구절이다. 이 노래는 당시 레이건 정부가 추진한 '마약과의 전쟁'에서 흑인과 라틴계 커뮤니티를 난폭하게 진압하던 공권력에 대한 비판이 담긴 곡이다.

3) LA 코리아타운은 미국 내 최대의 한인 상가 밀집지역으로 넓게는 LA 카운티 북부에 위치한 노스리지에서 동쪽의 하시엔다 하이츠, 남쪽으로는 세리토스와 LA 도심의 올림픽 가와 그 인근에 산재한 한인 주거지를 가리키는 경우도 있으나, 이곳은 한인들의 거주지 역이라기보다는 히스패닉이나 흑인 등 소수민족 거주 지역에 한인 기관, 단체 및 상업 서비스업체가 밀집 분포한 상업지구라 지칭하는 것이 타당할 것이다. 코리아타운이라는 이름의 행정구역이 무색하게 실제 이 지역에 거주하고 있는 한인들의 수는 많지 않다. 그 이유는 교육 환경을 중시하는 한인들의 특성상 이들 대부분은 새로운 이민 생활에 적응을 마친 후 주거 환경이 양호한 지역으로 이주를 하고 있다. 그 결과 거주 기능은 약화되었고 야간에는 히스패닉이나 흑인 우범자들의 타운으로 변한다. 이처럼 한인의 실제 거주지와 상업 지역의 분리로 인해, 지역사회에 대한 기여는 등한시 하고 '돈만 벌어가는 한국인'이라는 그릇된 이미지를 심어 주어 LA 폭동을 촉발시킨 요인이 되기도 하였다(김진영, 2012: 37~38, 45).

는 오렌지주스(1달러 79센트)를 사려던 흑인 소녀 라타샤 할린스(15세)를 강도로 오인하여 그 아이와 가방을 붙잡았다. 라타샤는 그에 맞서 두순자를 네 차례 가격하고 돌아서서 나오려고 했다. 이에 두순자는 총을 꺼내 라타샤의 뒤통수에 총격을 가해 살해했다. 라타샤는 왼손에 2달러를 쥔 채 사망했다. 21일부터 두순자의 엠파이어 마켓 앞에서는 흑인의 시위가 시작되었으며 인근 한인 주류상점 곳곳에서 흑인들의 보복행패가 잇달았다(최협, 2011: 214). 두순자의 살인의 모든 정황이 비디오에 녹화됐고 두순자는 고의에 의한 과실치사로 유죄판결을 받았다. 하지만 법원은 벌금 500달러와 라타샤의 장례식 비용 부담, 400시간의 사회봉사 활동 명령과 함께 집행유예 판결(5년)을 선고했다.

또한 이 작품의 첫 장에는 '두순자 사건' 발생 이전, 로드니 킹 사건에 관한 소문이 확산된다. 두순자 사건보다 2주 앞서 벌어진 로드니 킹 사건(1991.3.2)은 네 명의 백인 경찰이 검문 중이던 흑인 청년 로드니 킹(과속 운전 혐의)을 무자비하게 폭행한 사건이다. 일련의 두 사건이 언론에 집중 보도되면서 흑인 커뮤니티의 분노를 강하게 고조시켰다. 그리고 1992년 4월 29일 오후 3시 흑인 운전자 로드니 킹을 무차별 구타한 혐의로 기소된 로스앤젤레스 경찰국 소속 백인 경관들에게 무죄 판결이 내려지면서 미국 사법제도의 불공정성이 만천하에 드러났다. 현장을 직접 녹화한 비디오와 3개월간 무려 54명의 증인의 증언을 청취했던 로드니 킹 법정 판결은 미국을 경악케 했고 흑인의 걷잡을 수 없는 분노는 폭력을 유발해 폭동으로 번졌다. 4월 29일부터 5월 4일까지 이어진 LA 폭동은 한인 타운에 막대한 피해를 입혔다. 사망 53명, 부상 4,000명, 검거 1만 8,000명, 재산피해는 7억 5,000만

달러를 넘겼다(장태한, 2012: 75~87).[4]

이와 같이 『너의 집이 대가를 치를 것이다』는 단순한 흥미 위주의 범죄소설이 아니라 한국계 미국작가가 1991년 두순자 사건을 중심에 놓고 1992년 LA 폭동까지 고려하여 서사를 구성한 작품이다. 실제로 작가는 이 작품을 "라타샤 할린스 살인사건을 바탕으로 했습니다. 제 소설을 쓰기 위해 이 사건을 허구로 만들고 실제 사건을 최대한 그대로 두면서 제가 만든 인물들을 채워 넣었습니다. 인물 중 한 사람만 실제 인물을 모델로 했습니다. 실라 할러웨이는 지난 12월 작고한 라타샤의 이모 데니즈 할린스에게서 영감을 받았습니다. 데니즈는 라타샤의 사망 후 조카와 다른 폭력 피해자들을 위해 운동가로 활동하며 모두가 라타샤를 잊지 않도록 끊임없이 노력했습니다."(스테프 차, 2021: 397~398)라고 밝혔다. 이처럼 라타샤와 두순자의 비극적 사건을 염두에 두게 된 것은 작가가 2014년 경찰의 총격으로 18세 흑인 마이클 브라운이 사망한 사건[5]과 이로 인해 벌어진 퍼거슨 소요 사태를

---

4) "흑인들은 특히 아시아인들이 모범 소수민족이라는 고정관념을 갖고 있고 미국 정부가 아시아인들에게 특혜를 베풀고 있다고 믿고 있다. 그들은 한인 상인이 미국 정부와 은행의 특혜를 받는 반면 흑인들은 차별당한다고 믿고 있으며 한인 상점에 대한 그들의 무차별 공격은 그렇게 조장된 편견의 결과였다."(장태한, 2004: 130~134)

5) 2014년 8월 9일, 오전 11시 54분, 18세의 대학입학 예정자인 흑인청년 마이클 브라운은 동료와 함께 편의점인 Ferguson Market & Liquor에서 말리는 주인을 밀치고 49달러 정도의 담배를 털었다. 12시 1분, 백인 경찰 대런 윌슨은 2명의 편의점 강도 소식을 듣고 현장으로 혼자 차를 타고 이동하는 과정에서 도로 가운데를 걷던 브라운과 존슨을 만나게 된다. 윌슨은 차에서 내리지 않고 옆 좌석 창 건너로 도로에서 이동하라고 말했다. 그리고 이 둘은 옥신각신 하게 되고 윌슨은 차안에서 두발의 총을 발사했다. 한발은 브라운의 팔을 관통하고 두 번째는 빗나갔다. 브라운은 도망가기 시작하고 윌슨은 차에서 나와 총을 쏘며 브라운을 쫓아갔다. 이 과정에서 도망치던 브라운은 최소 6발을 맞고 사망했다. 8월 10일, 마이크의 죽음은 퍼거슨과 세인트루이스 등 이 지역 인종폭동의

목도하면서 이 작품을 구상하게 되었기 때문이다.

2014년 후반은 백인 경찰의 과도한 공권력 집행과 인종살인, 사법 판결의 불공정 문제가 인종을 둘러싼 미국의 분열상을 또다시 극명하게 드러냈다. 사건을 둘러싼 직간접적 이해당사자의 목소리가 사회에 퍼져나가고 다양한 사회관계망을 통해 사건의 사회화 과정이 광범위하게 진행되었으며 퍼거슨 소요 등 인종 갈등이 폭력적으로 첨예하게 분출하던 시점이었다. 인종살인이라는 사회적 재난을 목도한 대중은 어느 때보다 진지하게 흑인의 목소리에 귀 기울였지만 백인 경찰을 지지하는 집단이 등장하고 사회적 갈등이 비등해지면서 '말하는 자와 듣는 자' 모두는 '무엇을 어떻게 말할 것이며, 어떻게 들을 것인가'에 대한 보다 깊은 고민을 해야 했다. 사정이 이러할 때, 마이클 브라운 사망 사건과 이로 인해 벌어진 퍼거슨 소요 사태를 목격한 한국계 작가 스테프 차는 두순자 사건과 LA 폭동을 떠올리게 되었다.

이러한 맥락에서 작품을 살펴보면, 이 소설은 2019년을 살고 있는 한인 2세 여성 그레이스 박과 흑인 남성 숀 매슈스를 중심으로 28년 전 한정자 총격 사건(=두순자 사건, 1991)에 얽힌 비극적 진실과 갈등이

방아쇠가 되었다. 8월 13일, 시위대가 백인 경찰의 신원을 공개하고 처벌하라는 요구를 하였으나 경찰이 거부하자 시위도 점점 격렬해져 갔다. 이후 미국 현지시각 11월 24일 동부시각 저녁 8시(한국시각 25일 오전 11시) 지난 8월 미주리 퍼거슨에서 백인 경찰 대런 윌슨이 쏜 총을 맞고 사망한 흑인청년 마이클 브라운 사건에 대한 대배심 평결(백인 경찰 윌슨의 기소여부)이 불기소로 나왔다. 11월 21~23일에 조사된 미국내 여론은 아주 팽팽했다. 윌슨 경관이 살인을 했다는 주장은 32%이고 그 정도는 아니지만 과실이 있다고 보는 주장은 25%이며 무죄라는 주장은 31%이었다. 하지만 인종적으로 들어가면 백인 중에서 무죄를 주장하는 비중은 38%에 달했다. 이는 유색인종의 살인 주장이 54%에 이르는 것과 대조적이었다. https://www.clien.net/service/board/lecture/6855852 (검색일: 2022. 6.27)

드러나는 서사다.6) 그렇다면 스테프 차는 2019년이라는 시점에서 1990년대 초 한·흑 갈등을 다룬 작품을 통해 독자에게 무엇을 전달하고자 했을까. 1991년 두순자 사건 이후 23년(2014)이 지났지만 인종 갈등은 해소되지 않고 비슷한 역사가 반복되고 있었다. 작가는 우리가 과거의 비극적 사건을 진정으로 기억하고 교훈으로 삼고 있는지 의문을 품게 된 것이다. 역사적 사건으로 기록되었지만 어느덧 사회에서 잊혀져버린 인종살인 사건을 다시 복원하고 사회적 기억화하는 작업에 뛰어든 작가는 사건 관련자의 다양한 입장과 염원을 재조합하고 전달하는 서사전략과 관점을 고심하지 않을 수 없었다. 특히 살해 사건은 많은 이해관계자가 얽혀 있기 때문에 시간이 지났어도 민감한 사안이다. 게다가 이미 많이 알려진 사건을 다시 소환했다는 것은 이 작품이 작가가 어떻게 쓸 것인지 더욱 고심하여 산출한 소설이라는 것을 환기한다. 요컨대 이 글은 이 작품이 지닌 서사전략을 파악하고 이를 매개로 인종살인의 책임 문제를 중심으로 인종 간 애도와 화해의 불/가능성의 문제를 구명(究明)하고자 했다.

그래서 나는 작가의 서사전략으로 '가족생애사'와 '피해자 관점과 가해자 관점의 대비 구도', 그리고 '가해와 피해의 전복'에 주목했다.

---

6) 이 작품은 총 4장인데 마지막 4장은 사실상 짧은 결말이고 실질적 주요 사건의 전개는 1~3장이다. 작가는 각 장의 맨 앞에 프롤로그 격으로 1991년과 1992년을 배치하는 서사구조를 기획했다. 가령 1장 앞 프롤로그의 1991년 로드니 킹 사건 직후의 불안한 거리 풍경에 이어, 1장은 2019년 경찰의 과잉 진압으로 사망한 흑인 소년의 추모식의 내용으로 구성되어 있다. 그리고 2장 프롤로그에는 1991년 한정자 총격 사건(=두순자 사건)이 배치되며, 3장 프롤로그에는 1992년 한정자 재판 6개월 뒤 로드니 킹 사건 판결과 LA 폭동이 배치된다. 그래서 이 소설은 작품 속 현재인 2019년이 과거 28여 년 전인 1990년대 초의 인종 차별 및 살인 사건과 연결되어 있음을 독자에게 암시하는 서사구조이다.

이러한 점을 고려하여 이 글은 2장에서 가족생애사와 피해자 관점에서 사건 발생 28년 후 '피해자 유가족의 분노와 애도의 불/가능성'의 문제를 접근했으며, 3장은 가족생애사, 가해자의 관점과 '가해와 피해의 전복'을 통해 사건 발생 28년 후 '가해자 가족의 사과와 용서, 화해의 불/가능성'의 문제를 살펴봤다. 이 구도는 이 작품이 단순히 피해자와 가해자 가족의 개인 서사가 아니라 이 두 가족으로 대변되는 이민의 역사, 미국 내 인종지형도 하의 흑인차별과 인종 갈등의 역사를 내포하고 있다는 것을 함의한다. 그래서 이 글은 아직까지도 해소되지 않은 인종 갈등의 이면에 있는 인종 간 입장의 차이를 통해 인종 갈등의 책임 인정, 애도와 화해의 복잡성과 가능성을 조명하는 의미가 있다. 이 과정에서 빈곤, 범죄, 구속, 죽음의 굴레에서 쉽사리 벗어나지 못하는 미국 내 흑인의 삶과 고통을 통해 흑인이 범죄, 폭동 등을 하게 되는 이유도 인식할 수 있다.

2. 피해자 흑인 유가족의 분노와 애도의 불/가능성

『너의 집이 대가를 치를 것이다』의 핵심 주인공은 흑인 남성 숀 매슈스와 이민자 한인 2세 여성 그레이스 박, 이렇게 두 명이다. 작가는 두순자 사건의 실명을 그대로 사용하지 않고 바꿨다. 그래서 두순자는 한정자가 된다. 그리고 작품 속 한정자의 둘째딸이 이름이 그레이스 박이다. 또한 두순자가 살해한 라타샤 할린스는 작품에서 에이바 매슈스로 등장하고 에이바의 가상의 동생으로 숀 매슈스가 설정되었다. 공간적 배경은 LA이고, 시간적 배경은 1991년이 아니라 2019년이다. 정리하면 작가는 한정자 총격 사건(=두순자 사건, 1991)이 벌어진지 28년이 지난 시점을 배경으로 살인 피해자의 흑인동생 숀과 살인자의 딸 그레이스를 소설의 핵심 인물로 내세워 피해자 가족과 가해자 가족이 비극을 어떻게 감내하며 28년 동안 살아왔는지를 다룬 작품을 기획했다. 소설은 두 집안의 상황이 교차하는 방식으로 서사가 전개된다. 작가는 인종살인 사건과 LA 폭동의 역사를 알리는 수단으로서 피해자의 목소리에만 집중하지 않고 가해자의 입장도 고려하여 '가족 생애사' 서사전략을 택했다는 점에서 1991년 사건만을 다룬 것보다 다층적으로 사건을 재해석하고 여러 이해관계자의 목소리를 대변하는 서사효과를 확보하고 있다. 이러한 작가의 사회화 방식을 고려하여 이 장에서는 가족생애사와 피해자의 관점에서 인종살인의 책임을 중심으로 사건 발생 28년 후 '피해자 유가족'의 분노와 애도의 문제를 조명했다.

먼저 살인사건을 살펴보면, 1991년 당시 누나 에이바(살해 피해자)와 남동생 숀은 실라 할러웨이 이모집에서 살았다. 에이바의 8살 때 엄마가 음주 교통사고로 사망했고, 아버지의 존재는 그전부터 몰랐다. 두 사람이 의탁한 실라 이모집은 흑인 지역의 대명사인 사우스센트럴에 있었다.[7] 사건 당일 이모 심부름으로 에이바는 숀과 함께 우유를 사기

---

7) "한국계 미국인 사업이 가난한 도심 지역에 밀집한 이유는 한국계 미국인 상인들이 직면한 기회구조로 설명된다. 부유한 지역들은 이미 물건을 보다 더 저렴한 가격에 유통할 수 있는 대형 체인점들과 고객과의 상호작용과 좋은 서비스가 필수적인 전문점이 장악하고 있었다. 대부분의 한국계 미국인들은 부유한 지역에서 유럽계 미국인 고객들의 요구에 응하는 데 필요한 재정적, 문화적 자본을 갖추지 못했다. 반면 한국계 미국인 상인에게

위해 단골가게인 피게로아 주류마트(식료품도 판매)에 갔는데 얼굴을 서로 아는 주인아저씨는 자리를 비웠고 그레이스의 엄마 한정자가 있었다. "에이바는 부인을 향해 씩 웃어 보이고 티셔츠 앞주머니에 우유를 넣고는 손을 향해서는 다른 미소를 지었다."(스테프 차, 2021: 148) 에이바와 손을 모르는 한정자는 에이바의 미소를 곡해하여 에이바가 물건을 훔치는 것으로 생각했다. 에이바가 우유를 꺼내기도 전에 한정자가 멱살을 잡자 에이바는 한정자의 얼굴을 네 차례 가격했다. 자리를 피하기 위해 돌아선 에이바의 뒤통수에 한정자는 총을 쐈다. 그 소리를 듣고 주인아저씨가 가게로 달려 들어왔다. 이 '에이바 살해 사건'으로 손은 혼자가 된다.

한 사람의 죽음과 그 파장은 그 개인에 국한되지 않는다. 남겨진 가족이 있다. 소중한 사람의 비극적 죽음을 마주한 '남겨진 가족'은 그 상실의 고통을 감내하며 생을 살아가야 한다. 앞에서 손은 이모집(흑인)에서 함께 살았다고 했다. 이모에게는 16세 아들, 흑인소년 레이가 있었다. 우유 심부름을 시킨 실라 이모, 평소 우유 담당이었던 레이, 누나의 구멍 뚫린 이마와 죽음을 목도한 손은 모두 충격과 죄책감에 휩싸였다. 따라서 피해 유가족의 범주는 손과 실라 할러웨이 이모의 가족인 셈이다.

그래서 내가 주목한 점이 피해 유가족의 분노와 애도의 문제다. 살인 사건은 당사자의 죽음뿐만 아니라 남겨진 가족에게 평생의 잊지

가난한 도심지역은 다른 지역에 비해 비경쟁적인 사업환경이었다. 민족이나 문화적 성향보다 더 중요하게 작용한 것이 기회 구조였던 것이다."(낸시 에이벨만·존 리, 2020: 228~237)

못할 상처가 된다는 점에서 참담한 일이다. 사회는 시간이 지나면 사건조차 잊어버리기 마련이지만 '남겨진 가족'의 분노와 고통은 영속적이다. 그런 점에서 작가가 가족생애사 서사방식을 택한 것은 억울하게 죽은 가족을 둔 '남겨진 가족'의 영속적 분노와 고통을 드러내어 독자에게 인종 갈등과 살인 피해의 심각성을 더욱 강하게 사회화하는 효과가 있다. 그리고 그 분노와 고통의 정도를 결정짓는 것은 사건의 해결 여부이다. 즉 인종살인의 책임 소재를 가리고 처벌을 하는 과정에 따라 유가족의 분노 및 고통의 정도와 애도 방식이 상당 부분 결정된다.

"하지만 비디오가 있고 손의 증언이 있었는데도, 한 씨네가 선임한 달변 흑인 변호사는 에이바가 한정자를 죽이겠다고, 그 자리에서 죽이거나 나중에 돌아와서 죽이겠다고 협박한 사실을 기억하라며 손을 몰아붙였다. 배심원단이 나흘 걸려 에이바의 살인범을 고의에 의한 과실치사로 유죄판결을 내린 뒤에도. 그때도 거짓말이 우세했고, 젊은 한국인 여자는 갱단의 흑인 강도가 죽도록 무서웠다고 주장했다. 백인 여자 판사는 한정자에게 집행유예 5년과 400시간의 지역사회 봉사, 500달러의 벌금형을 내렸다. 일주일 뒤, 그 판사는 한 남자에게 금고형 30일을 선고했다. 개를 발로 차고 때린 죄를 지었다고." (스테프 차, 2021: 152)

재판 진행 당시 사건 현장 비디오가 있었고 증언도 했지만 변호사는 사건을 조작했고 살인 가해자 한정자는 누나를 "갱단의 흑인 강도"로 매도했다. 손을 더욱 분노하게 한 것은 판결이었다. "백인 여자 판사는 한정자에게 집행 유예 5년과 400시간의 지역사회 봉사, 500달러의 벌금형을 내렸다. 일주일 뒤, 그 판사는 한 남자에게 금고형 30일을 선고했다. 개를 발로 차고 때린 죄를 지었다고." 숀의 누나의 죽음은 개를 폭행한 죄보다 형량이 더 낮았다. 살인자 한정자는 결국 구속되지 않았다. 누나의 비통한 죽음뿐만 아니라 공권력의 인종 차별과 불공정한 사법 정의가 숀과 흑인사회의 분노를 자아냈다. 이것은 미국 내 인종지형도 하 흑인의 위치와 흑인차별을 보여주는 한 사례였다.

이처럼 사건이 정의롭게 처리되지 않으면서 이 작품은 남겨진 '피해자 유가족의 분노와 애도'의 문제로 28년간의 숀과 이모집안의 삶을 구성하는 피해자 유가족생애사 서사가 된다. 사람들은 비극적 사건이 발생하면 사건 당사자에만 집중하는 경향이 있다. 이 과정에서 남겨진 유가족의 고통은 기억되지 않는다. 그런 점에서 작가가 택한 가족생애사 전략은 피해자와 관련된 가족의 삶과 모습을 모두 가시화한다는 점에서 남겨진 가족의 상실감뿐만 아니라 그 고통을 껴안고 불합리한 판결을 한 사회에서 살아가야 하는 유족의 분노와 애도의 문제까지도 사회화하는 서사효과가 있다.

이 작품에서 피해자 유가족의 분노와 애도는 살인자가 구속되지 않은 상황에서 가족의 필연적인 반응이다. 그래서 작가는 충돌하는 두 가지의 애도 방식을 서사장치로 도입했다. 첫 번째 실라 이모가 사회적 애도와 추모의 방식으로 분노를 억제하는 애도 방식을 택했다면, 두 번째 피살자의 친동생인 숀은 분노의 방식으로 누나의 죽음을 애도했다. 작가가 이 작품에서 유일하게 실제 인물인 라타샤의 이모 데니즈 할린스를 참고했다는 실라 이모는 데니즈가 운동가로 전신한 것처럼 흑인 차별과 폭력을 반대하는 운동가가 되어 추모집회나 흑인 차별 반대 시위에 참석하여 연설을 하며 자신의 조카인 에이바 살해 사건을 지속적으로 소환했다. 이런 방식으로 에이바를 사회적으로 기억하고 추모하는 것이 이모의 애도 방식이었다.

하지만 숀은 사건 현장에 있었고 재판의 당사자이기도 했다. 누나의 머리가 뚫린 얼굴을 바로 옆에서 본 숀은 충격을 받았고 불합리한 재판에 또 다른 충격을 받았다. 누적된 숀의 분노는 이듬해 로드니 킹 판결과 함께 발생한 LA 폭동에서 분출했다. "코리아타운. 거기에 한국인들이 있었다. 한정자의 무리가. 한정자가 운이 나빠 에이바가 죽었다는 말, 자동차 사고나 천재지변 같은 일이었다는 말을 믿고 지지하는 인간들이. 이 분노를 코리아타운으로 가져가는 게 당연하다고 여겨졌다. 그들에게 심판을 내릴 생각이었다. 그 여자의 커뮤니티, 그 여자의 가족에게. 그 여자에게."(스테프 차, 2021: 278~279) 숀의 분노와 적개심은 백인 재판관, 한정자뿐만 아니라 한정자를 옹호한 한인 사회로 향했다. 숀은 한정자를 발견하지 못해 살해하지는 못하고 한정자의 가게와 일대에 불을 질렀다. 그 이후에도 "그는 언제나 뉴스를 경청했다. 그 여자가 어떻게 사는지 상상할 수 없었고, 괴롭겠지만 알아내고 싶은 욕구가 늘 사라지지 않았다. 인터넷이 생기자 그 여자 이름은 검색 엔진에서 두 번째로 많이 찾아본 검색어가 되었다. 결과는 에이바를 검색했을 때와 같았다. 그녀는 1992년 이후 흔적을 남긴 적이 없었다"(스테프 차, 2021: 128). 숀은 LA 폭동 때 가게를 불살라 한정자를 사우스센트럴에서 쫓아냈지만 분노가 사그라들지 않고 복수심이 여전했다.

이와 같이 대비되는 유가족의 애도 방식과 충돌에서 실라 이모의 방식은 지금 여기까지도 지속되고 있는 흑인차별 반대 운동을 둘러싼 사회적 연대와 이어지는 것이고, 손의 방식은 현재도 지속되고 있는 인종 갈등과 폭력, 살인의 현실로 이어진다. 문제는 가족의 비극적 죽음이 가해자 처벌로 정의롭게 종결되지 않으면서 '애도'가 사회적으로 부정당하고 공식적으로 종결되지 않았다. 오히려 피살자의 범죄성이 부각되는 등 죽음이 존중받지 못하고 모욕을 받았다. 애도가 공식적으로 종결되지 못하면서 28년간 애도가 유가족에게 계속해서 중요한 쟁점이 된다. 보통의 죽음처럼 단순히 사망일에 묘지를 찾는 방식의 추모로는 피해 유가족의 한과 아픔이 해소되지 않는다. 이로 인해 피해 유가족 간에도 '장기간에 걸쳐 이루어지는 애도'의 방식을 둘러싼 갈등이 야기되고, 유족과 사회의 갈등도 초래되어 유가족이 참극으로부터 벗어나지 못하고 고통이 계속되고 있다는 점이 사회화되고 있다.

그런 점에서 첫 번째 '실라 이모의 애도 방식'은 28년에 걸친 가족생애사 서사전략과 결부되면서 애도의 '지속성'의 문제와 죽음의 '기억 방식'의 문제를 둘러싼 유족 간 갈등을 드러내는 서사효과를 가져온다. 피해자 유가족은 흑인을 둘러싼 중층적인 구조적 차별의 문제를 일상에서 감내하면서 분노하고 체념하면서 '사망한 에이바'의 죽음을 기억하고 추모할 수밖에 없다. 문제는 시간이 흐르고 흑인이 폭력을 당하거나 살해당하는 사건이 반복되면서 유가족은 자신의 가족이 살해된 사건이 사람들 사이에서 더 이상 회자되지 않고 기억되지 않는 상황에 직면하게 된다. 특정 사건이 공식 기억으로 정립되더라도 사람들에게 언급되지 않는다면 그것은 과거의 사건 기록일 뿐 사람들의 심금을 울리는 사건이자 기억이 아니다. 나는 앞에서 작가가 '피해자 유가족의 분노와 애도'를 초점화했다고 했는데, '분노'가 가해자뿐만 아니라 분노를 자아내는 미국의 구조적 문제와 결부된다면 이 '애도'는 사회적 기억의 방식, 내용 및 기억의 주체와 관련이 있다.

피해자는 어떤 방식으로 애도하고 추모해야 '지속적'이고 '온전히' 기억될 수 있는 것일까. 이 문제의식과 관련해 실라 이모가 '지속적'에 집중했다면, 남동생 손은 '온전히'를 더 중시하면서 두 사람은 충돌했다. 이와 관련해 이 작품에는 백인 신문기자 줄스 서시가 등장한다. 1991년 그가 신입 무명기자일 때 에이바 살해 사건이 발생했다. 그가 에이바 사건과 이모를 취재해 쓴 『이별의 왈츠: 에이바 매슈스의 삶과 죽음』은 베스트셀러가 되었고 그는 이모와 친한 사이가 된다. 줄스는 2019년에는 남부 캘리포니아의 흑인 차별을 다룬 책을 출간했는데 그 책 안에 에이바 사건을 또 한 챕터로 넣었다. 이런 줄스 서시를 두고 실라 이모와 손은 언쟁을 펼친다. 손이 줄스의 애도의 진정성을 의심한 것이다.

"무슨 말을 하려는지 알 것 같구나. 에이바의 삶을 기념하지 않으면, 그 애는 그저 죽음이 되어 버릴 뿐이지. 참 아슬아슬한 일이야. 우린 알폰소 쿠리얼이 좋은 학생이었다는 걸 알고 있다. 그렇다고 나쁜 학생은 죽임을 당해도 된다는 말은 아니지. 하지만 체계화된 인종 차별이 참 무차별적이란 걸 기억해야 한다. 불행히도 많은 사람들이 깡패들만 죽임을 당한다고 믿으려고 하니까." (…중략…) 서시는 에이바를 만난 적 없었지만 실라 이모의 도움을 받아 처음에는 기사에, 그 다음에는 2년 뒤에 출간된 『이별의 왈츠』에 에이바의 공적 이미지를 만들어냈다. (…중략…) 그 절반은 청소년 쇼팽 대회 우승으로 증명된, 에이바의 음악적 천재성에 할애됐다. (…중략…) 피아노 덕분에 에이바는 대학에 갈 수 있었을 것이며, 에이바가 뛰어넘어야 할 것을 뛰어넘을 방편이 피아노였다고, 다들 생각했다. 죽은 뒤에도, 그것이 에이바를 특별하게 만들어줬다. 그저 가련한 흑인 소녀가 아니라 똑똑하고 재능 있는, 전도유망한 소녀로. 숀은 누나를 믿었고 누나가 16세 이후까지 살았다면 어떤 삶을 살았을 것인지 상상하며 많은 시간을 보냈다. 하지만 피아노는, 잊을 수 없는 대회 우승의 날에도 그건 에이바를 에이바로 만드는 것이 아니었고, 에이바를 추모해야 하는 이유는 더더욱 아니었다. 서사는 진짜 에이바를 묻어 버렸는데, 숀 이외에는 그걸 아무도 알아차리지 못하는 것 같았다. (스테프 차, 2021: 101~106)

실라 이모는 줄스 서시의 책과 기사가 죽은 조카 에이바의 삶을 기념할 뿐만 아니라 '지속적'으로 기억하게 한다고 믿었다. 에이바는 가난한 형편에 피아노 레슨도 받은 적 없지만 청소년 쇼팽 대회에서 우승을 했다. 줄스가 이 점을 부각하면서 에이바는 죽기에 아까운 존재가 되었다. 이모는 "불행히도 많은 사람들이 깡패들만 죽임을 당한다고 믿으려고 하"는 것을 알고 있기 때문에 죽은 조카가 절도범 사망자로 기억되지 않고 피아노 천재로 기억되기를 원했다. 이런 맥락에서 실라 이모는 다른 흑인 사망자를 추모하는 집회에 가서도 '특별한' 조카의 '아쉬운' 죽음을 거론했다. 이모에게는 기억의 진위보다 조카가 계속 기억되는 게 중요했다.

하지만 친동생 숀은 줄스 서시가 "진짜 에이바를 묻어 버렸"다고 판단했다. 그는 레슨을 못 받고 학비도 없는 에이바가 줄스 말처럼 대학을 갈 수 있다고 믿지 않았다. 게다가 피아노 우승이 "에이바를 추모해야 하는 이유는 더더욱 아니었다". 숀은 이모에게 "저 사람은 누나를 알지도 못했고, 누나가 누군지 관심이 없었으니까요. 단 한 번도."(스테프 차, 2021: 105)라고 말했다. 숀에게 줄스는 자신의 출세를 위해 누나를 이용한 백인 기자에 불과했다. 그가 만든 에이바의 이미지는 조작이었고 실제 누나가 아니었다. 그래서 숀은 줄스를 통한 추모와 기념을 옹호하는 이모의 방식과 관점을 받아들이지 않았다. 진짜 누이가 애도되는 게 아니기 때문이다.

이에 실라 이모는 "그럼 뉴스를 누가 방송하니? 법정엔 누가 있고?"라고 지적했다. 이 말은 미국 주류 사회의 백인이 알아야 뉴스에 보도되고 법정에서 백인 배심원의 지지를 받을 수 있다는 의미였다. 실라 이모는 흑인사회가 기억하는 에이바 죽음이 아니라 흑인을 포함한 백인, 미국사회 전체가 기억하고 존중하는 죽음이기를 원했던 것이다. 하지만 숀은 반문했다. "그래서 법정에서 어떻게 됐죠?" 이 답변은 가해 살인자 한정자가 집행유예로 풀려난 것을 가리킨다. 백인은 흑인 편이 아니었다. 화가 난 이모는 "숀, 애야. 28년이 지났잖니. 사람들이 에이바를 잊고 있어. 난 에이바가 잊히길 원치 않는다. 에이바를 기억하고 추모하면 좋겠어. 줄스 덕에 모두 에이바의 이름을 알게 됐으니, 솔직히 네가 저 사람을 어떻게 생각하든 난 상관없다. 에이바를 잊게 둘 순 없어."라고 말하지만 숀은 "전 누나를 잊지 않았어요. 하지만 서시가 누나를 추모한다고 생각하신다면, 이모는 누나를 잊은 거 같네요."라고 답했다(스테프 차, 2021: 107). 숀은 미국 백인이 기억하는 방식으로 누이를 신성시하는 방향으로 이미지 조작을 하는 것을 용납하지 못했다. 사람들이 기억하고 추모하는 줄스의 누나 이미지, 공식 기억은 가짜였다. 이와 같이 기억의 '지속성'을 강조한 실라 이모와 '진짜' 기억을 중시하는 숀의 입장의 차이는 백인사회에서 '진정한 애도의 불/가능성'을 둘러싼 흑인 유족의 해소되지 않는 충돌이자 해소되지 않는 상실의 아픔을 독자에게 환기하고 있다.

두 번째 '숀의 분노의 애도 방식'은 28년에 걸친 가족생애사 서사전략과 결부되면서 앞에서 말한 지금도 지속되고 있는 인종 갈등과 폭력, 살인의 현실로 이어진다. 유족과 사회의 갈등이 야기되는 것이다. 이는 유족의 분노가 표출되는 애도의 문제를 넘어 계속해서 반복되는 흑인의 분노, 폭동, 범죄, 구속의 원인이 되는 '미국 내 인종지형도 하의 흑인차별과 인종 갈등이 현실화된 흑인의 삶의 실상'을 드러내는 서사효과를 가져온다. 에이바의 죽음이 보여주듯 인종 갈등과 흑인차별의 구조적 문제에는 단순히 강도 사건이 아니라 한인 점주가 에이바를 도둑으로 의심하게 하는 '사회의 편견'과 '흑인의 경제적 현실'이 중요한 비중을 차지했다.

이를 테면, 에이바 살해사건 이전에 이미 이모의 아들 레이(16세)가 갱단에 가입했다. 그 또래가 "갱단에 들어가는 건 주로 허세를 부리며 친구들과 어울리는 과정이었다"(스테프 차, 2021: 72). 그리고 착하고 순수했던 숀도 누나가 살해되고 LA 폭동 화재 직후 14세의 나이에 배링 크로스 크립스 갱단 단원이 된다. 청소년기에 갱단 가입은 허세와 인종 차별의 분노 등이 이유였다. 하지만 갱단 가입에는 경제적 문제도 있었다. "레이는 고등학생 시절 이후로 제대로 된 일을 한적 없었다. 손도 매니가 기회를 주기 전까지는 마찬가지였다. 그들은 배링 크로스 일원들과 함께 여기저기 돌아다니고 말썽을 부리며 돈이 필요하면 마약을 나르고 불법을 저질렀다. 올바로 살고 싶어져도 일거리를 찾기 어려웠다."(스테프 차, 2021: 68) 흑인이 일할 수 있는 양질의 일자리가 부족하고 불법의 유혹은 상존하는 환경에서 레이는 결국 가짜총으로 은행 무장강도 행위를 했다가 2019년 10년 만에 출소했다. 그리고 손도 소년원을 드나들고 랭키스터 주립교도소 3년 복역 후 7년 전 출소하여 드디어 정신을 차리고 일을 하기 시작했다. 손은 출소 후부터 2019년 현재까지 7년 동안 매니 이삿짐센터에서 일하고 사랑하는 여성 재즈와 동거를 하면서 가정의 소중함을 새삼 인지하기 시작했다. 이와 같이 차별의 경험과 열악한 경제적 현실에 대한 분노가, 흑인과 그 가족의 삶에 큰 영향을 미쳤다.

손과 레이의 집이 보여주듯, 이 작품에서 흑인 가정은 모두 결손가정이다. 손도 레이도 아버지가 없다. 손은 어머니까지 음주 교통사고로 잃었다. 경제적으로 궁핍할 수밖에 없고 안정적인 교육을 받을 수 있는 환경이 아니다. 손의 누나 에이바도 뒤늦게 학교에서 피아노에 소질이 있다는 것을 발견하지만 돈이 없기 때문에 전혀 사교육을 받지 못하고 피아노도 없다. 이러한 현실에서 레이와 손은 갱단에 들어가 마약을 나르는 등 쉽게 돈을 벌 수 있는 불법 행위를 하다가 교도소에 가게 된다. 10년 만에 출소한 레이에게는 아내 니샤와 아들 대릴(16세), 딸 다샤가 있지만 자식들과 데면데면하다. 너무 오랫동안 떨어져 지냈기 때문에 자녀와 아버지의 교감이 부족하다. 7년 전 출소해 이제 정신을 차리고 일을 하는 손이 사촌형 레이를 대신해 대릴과 다샤의 아버지 역할을 해 왔다. 레이는 출소 후 손이 일하는 이삿짐센터에서 일하지만 1주도 안 되어 그만 둔다. 박봉에 힘든 일을 하는 것이 힘들기 때문이다. 이러한 형식으로 빈곤과 결손, 범죄와 구속이 대물림되는 게 흑인이 처한 구조적 환경이다.

흑인의 '분노의 애도'의 작동은 '일상의 유/무형의 제도적 인종주의가 세대를 넘어 이어지는 구조적이고 제도화된 불평등과 가난의 순환이 재생산되는 국면'과, '누적된 흑인의 사회적 적대감이 범죄로 표출되는 국면'을 가시화하는 효과가 있다(알리 라탄시, 2011: 239~241). 이를 통해 수감된 남성의 모습은 일상에서 흑인 유가족의 '상실'이 에이바의 죽음만이 아니라는 것을 환기한다. 그래서 흑인의 불만은 개인의 생계형 범죄와 동족의 애도되지 않는 죽음, 사법차별, 구속, 가족 해체 등을 매개로 미국사회를 향한 폭력, 폭동으로 분출하게 되는 것이다.

정리하면, 작가 스테프 차는 에이바 살해 사건에 가족생애사 서술전략과 피해자의 관점, 충돌하는 애도 방식의 서사장치를 결합하여 28년에 걸친 '피해자 유가족의 해소되지 않은 분노와 애도의 불/가능성'을 사회화하는 서사를 구축했다. 유가족의 분노에 대한 조명은 분노가 가해자뿐만 아니라 분노를 자아내는 미국의 구조적 문제와도 결부된다는 것을 드러냈기 때문에 흑인에 대한 사회적 편견과 경제적 현실도 함께 부각되는 서사효과가 발생했다. 단순히 해당 사건의 경과에 대한 공식 기억을 되풀이 하는 것이 아니라 흑인의 사회적 죽음과 차별을 초래하는 흑인의 사회경제적 문제를 다시금 가시화하는 서사효과가 있다. 작가가 설정한 이 작품의 '흑인 피해자 유가족'은 1달러 짜리 우유를 훔치는 에이바를 흑인 강도로 생각하고 총을 쏘게 하는 미국사회의 흑인 차별과 사회적 편견, 그리고 제대로 교육받지 못하고 가난의 굴레에서 쉽사리 벗어나지 못하는 흑인의 경제적 현실, 교도소에 내몰리는 가장과 가족 돌봄이 제대로 이루어지지 않는 결손 가정의 모습으로 독자에게 제시된다. 이는 미국에서 '흑인으로서 살아간다는 것'에 대한 작가의 문제의식의 반영인 셈이다.

또한 피해 유가족의 애도는 가족의 슬픔을 감내하고 잊지 않는 문제를 넘어 미국 내 사회적 기억 방식과 관련이 있었다. 백인 주류 사회에서 백인기자에게 주목받고 미디어에서 기념되기 위해서는 '범죄자 흑인'이라는 낙인에서 벗어나 '재능 있는 흑인'으로 인식될 필요가 있었다. 에이바 살해사건을 범죄자의 죽음이 아니라 '재능 있는 흑인'의 안타까운 죽음으로 기억되도록 하는 과정에서 '진짜' 에이바의 존재가 사라지고 기억되지 않는 것은, 결국 흑인을 향한 미국사회의 편견이 견고하게 지속되고 있다는 것을 재확인하는 것이다. 그래서 숀은 이모의 애도 방식에 동의하지 않았다. 애도 문제는, 흑인은 죽은 이후에도 긍정적으로 기억되기 위해서는 백인사회의 인정을 받아야 하는 현실을 독자에게 보여주는 서사효과가 있다. 이러한 여건에서 진정한 애도는 불가능하다.

그래서 작가의 '흑인 피해자 유가족의 생애사를 통한 분노와 애도'의 고찰은 '흑인의 고생담'이라는 수준으로 명명하기 어려운 흑인의 경제적 어려움과 인종 차별, 인종적 편견, 사법의 불공정, 죽음의 트라우마와 애도의 불/가능성 등이 구조적이고 복합적으로 지금 여기에도 지속되고 있다는 것을 환기하는 가치가 있다. 따라서 이 소설을 접한 독자는 자신이 피해자의 존재를 몰랐다는 반성과 함께 소외되어 왔던

'피해자 가족'의 실상과 고통에 놀라고 공감할 수밖에 없다. 작가는 인종살인의 아픔뿐만 아니라 가족을 매개로 해결되지 않은 구조적 차별과 흑인의 사회적 현실을 드러내 미국에서 살아가는 다수 흑인의 참상을 극대화하는 데 성공한 셈이다. 한국에서는 2020년 5월 25일, 미국 미네소타 주 미니애폴리스에서 위조지폐 사용 신고를 받고 출동한 미니애폴리스 경찰국 소속 경찰관 데릭 쇼빈이 용의자 조지 플로이드를 체포하는 과정에서 8분 46초 동안 무릎으로 목을 눌러 살해한 사건이 큰 화제가 되면서 미국의 인종 갈등 문제가 새삼 재인식되었다. 조지 플로이드 사망 사건으로 흑인에 대한 경찰의 과잉진압 및 공권력 인종 차별에 대한 항의 시위가 미국 전역에서 벌어지는 것을 목도한 한국 독자에게 스테프 차의 『너의 집이 대가를 치를 것이다』는 미국 흑인의 삶에 대한 이해를 일부분 돕는 문학적 가치가 있다.

3. 가해자 가족의 사과와 용서, 화해의 불/가능성
: 가해와 피해의 전복

앞 장에서 피해자의 관점을 조명했다면, 이 장에서는 반대로 가해자의 관점과 가족생애사, '가해와 피해의 전복'이라는 서사방식에 주목했다. 이를 매개로 작가가 '살인의 책임 문제를 중심으로 가해자 가족의 사과와 용서, 화해의 불/가능성'의 문제를 어떻게 구성하고 독자에게 사회화하고자 했는지 살펴보고자 했다. 먼저 가해자 가족의 가족생애사를 살펴보기 위해 1991년 무렵의 가족의 상황을 파악할 필요가 있다. 1991년 에이바를 살해한 한정자는 이민1세 한인으로 사건 당시 27세였고 둘째 그레이스 박을 임신한 상태였다. 첫째 딸 한미연은 4살이었다. 한정자의 남편은 한 씨(사건 당시 37세)로만 소개 되는데 서울대 출신으로 대기업 현대에 다니다가 1980년대 29세에 미국 LA로 이민해서 여러 일을 하다가 사건이 벌어진 주류마트를 운영했다. 한 씨는 단골인 에이바와 손의 얼굴을 잘 알고 있었지만 에이바를 살해한 아내를 변호했고 한정자도 에이바를 흑인 강도로 매도하며 우발적 살인임을 호소했다. 두 사람이 다니던 한인 교회와 한인 지역사회도 한정자를 옹호했다. 이 때문에 손의 가족의 분노가 더 강하게 치솟았 다. 손은 사과를 받지 못한 대신 LA 폭동 때 가게를 불태워 사우스센트 럴에서 한정자 가족을 몰아낸 것에 만족해야 했다. 그 이후 이들의 행방은 알려지지 않았다. 왜냐하면 온 가족이 이름을 미국식으로 바꿨 기 때문이다. 한정자는 이본으로 바꿨고, 한 씨는 폴로 개명했으며, 딸 한미연은 미리엄이 됐다. 둘째 딸은 출산 후 애초에 그레이스로 정해졌다.

다음으로 작품 초반 설정된 2019년 한정자 가족의 상황과 관계를 살펴보면, 폭동 때 가게가 불 탄 직후 폴은 친한 친구인 조지프에게 고용되었다가 동업자 관계가 된다. 그리고 폴이 조지프의 가게를 인수 했다. 그래서 폴 가족은 밸리 그라나다 힐스에 거주하면서 노스리지에 위치한 한인마켓 내 '우리약국'을 운영한다. 폴(64세)과 이본(54세)은 약국 회계담당이고 약사는 둘째 딸 그레이스(27세)가 맡고 있다. '우리 약국'은 일종의 가족경영이다. 첫째 딸 미리엄(31세)은 명문대를 졸업 하고 작가로 활동하고 있다. 겉으로 보기에는 아무 문제가 없는 가정이다. 하지만 2년 전부터 가족은 해체 상태다. 부모는 에이바 사건을 자식에게 평생 숨기며 살아와서 그레이스는 엄마가 살인자라는 사실을 몰랐다. 하지만 미리엄은 그 사실을 3년여 전 우연히 알게 되는데 겉으로 발설하지 않았다. 평소 흑인차별을 반대하는 입장인 미리엄은 부모에 반감을 갖게 되고 2년 전 흑인 남자친구를 집에 데려왔다. 이 사건이 일어나면서 가족이 붕괴되었다. 에이바 사건을 겪었지만 폴과 이본은 흑인에 여전히 적대적이었다. 미리엄은 흑인을 배척하는 부모를 부정하고 집을 나가면서 연락을 끊어버린다. 그 사이에서 그레이스 박은 큰 혼란을 겪었다. 그레이스는 부모와 언니 사이에서 중재하며 다시 가족 관계를 회복하고자 하지만 가족 해체 상태는 지속되고 있었다.

스테프 차는 2019년 가해자 가족 집안의 상황을 이렇게 설정한 후 (1991년 가해자였던) 이본이 약국이 있는 한인마켓주차장 앞에서 복면을 쓴 남자에게 총을 맞는 '이본 총상 사건'을 서사장치로 취했다. 그 현장에 이본과 함께 있었던 그레이스는 엄마의 총상에 충격을 받았다. 소식을 접한 언니 미리엄이 2년 만에 다시 부모를 만나러 병원에서 와서 가족은 다시 대면하게 된다. 그런데 백인 형사가 찾아와 그레이스에게 이상한 질문을 했다. 아빠의 차단으로 미리엄과 그레이스는 집에 오게 되는데 이때 언니는 동생에게 엄마가 1991년 에이바 살해사건의 가해자라는 사실을 고백한다. 이에 그레이스는 충격을 받게 된다. 이 같은 '이본 총상 사건' 도입은 에이바 사건과 시기 차이는 있지만 흑인과 한인이 번갈아 총을 맞는다는 것을 독자에게 직접적으로 제시하는 것이기 때문에 일차적으로 미국에서 소수인종이 폭력과 살인에 일상적으로 노출되어 있다는 것을 드러내는 서사효과가 있다. 또한 이런 설정은 '가해자였던 한인 가족'이 이제 피해자가 되어 흑인 유가족의 입장과 대비되는 이차적 서사효과를 갖는다. 이본 총상 사건 의 서사장치가 가해와 피해의 전복이라는 서사전략으로 이어지는 것 이다.

또한 앞에서 살펴봤듯이 작가는 가해자 관점과 가족생애사 전략을 결부지었다. 그렇다면, 가해자 가족의 정신사를 드러내기 위한 서사의 주체는 누가 가장 적합한가. 가해자 이본(엄마)은 자녀에게 사건을 은폐했고 에이바 살인의 잘못을 인정하지 않았으며 사과도 하지 않았 기 때문에 가해자 가족사의 서사주체로 적절하지 않다. 작가는 이본의 '말하지 못하는 입' 대신 진실을 알지 못했던 유일의 존재 둘째 딸 그레이스 박을 가해자 가족 서사의 주인공으로 설정하여 부모가 하지 않았던 '가해의 사죄와 용서'의 화두를 전면에 내세웠다. 이는 이민2세 그레이스 박의 시점에서 그려지는 가족과 사회의 풍경이다. 한정자 사건에 대한 2세 자녀의 시선을 드러낸다는 점에서 한인 1세대와 2세대 의 관점의 차이가 드러나는 가족생애사 서사전략이 갖는 장점이 있다. 그래서 앞장에서 피해자 유가족의 핵심인물이 피해자 동생 손이었다 면, 이장에서 가해자 가족의 핵심인물은 둘째 딸 그레이스 박이다.

그래서 나는 소설의 서사장치(이본 총상 사건(작품 초반), 레이 기소 반대 및 흑인 차별 반대 '시위'(작품 후반))와 서사전략(가족생애사, 가해와 피해의 전복)을 기반으로 '한정자 사건의 살인 책임 문제와 이본의 총상 사건'에 대한 그레이스의 의식변화에 주목했다. 가해자 가족의 핵심인 물인 그레이스의 의식변화가 이 장에서 밝히려는 '가해자 가족의 사과

및 용서' 그리고 가해와 피해의 전복과 화해의 불/가능성의 문제를
구명(究明)하는 핵심이기 때문이다.

그렇다면, 이제 가해자 가족의 일원인 그레이스의 의식변화를 단계
별로 구명(究明)하면서 가해 가족과 피해 유가족 간 사죄와 화해의
문제를 살펴보자. 첫 번째 단계는 이본 총상사건 이전, 그레이스가
엄마의 살인을 모르고 자신이 가해자 가족인 것을 모른 초기 상황이
다. 이때 그녀는 부모와 언니의 관계가 파탄이 난 상황을 도저히 이해
할 수 없는 상태였고 부모의 삶을 존중했다. "그레이스가 약국 운영을
도우며 이민 1세대의 근로 윤리를 가까이에서 살펴보니 좀 더 잘 이해
할 수 있었다. 부모는 날마다 그레이스를 놀라게 했다."(스테프 차,
2021: 76) 부모는 최선을 다해 돈을 벌고 언니와 그레이스를 양육해
좋은 대학까지 보내줬다. 그레이스는 (엄마에게 총격을 당한 에이바와
달리) 비싼 피아노 레슨을 받으며 대학 때까지 피아노를 치기도 했다.
흑인에 적대적인 부모와, 흑인차별 반대집회에 나가는 언니 미리엄
사이에서 그레이스는 중도적 입장을 취했다. 그녀는 흑인 차별을 머릿
속에서는 찬성하지 않았지만 "텔레비전에, 뉴스 피드에, 바깥세상에,
낯선 곳 낯선 사람들에게 일어나는 일. 그건 분명 중요했지만 그레이
스의 삶은 아니었다. 사랑하는 사람들이 지닌 선함과 가치를 깎아내릴
수 없었다"(스테프 차, 2021: 91). 그녀에게 흑인 차별은 남의 일이었다.
자식으로서 그녀는 소중한 부모의 선함과 가치를 부정할 수 없었다.
그레이스는 흑인에 대한 생각이 다르다는 이유로 부모를 전면적으로
부정하는 언니의 태도에 동의하지 않았다. 이 단계의 그레이스에게
부모의 흑인을 향한 부정적 태도는 자녀 세대와 '다른' 이민 1세대의

생각일 뿐이었다.

이와 같이 28년이 지났지만 부모가 흑인에게 적대적인 것은 그들이 에이바 살인의 잘못을 아직도 인정하지 않는다는 것을 의미하며 그 사건으로 인해 야기된 고통(가게 전소, 개명, 자녀에게 은폐, 가족 해체)으로 오히려 적대감이 더욱 강화되었다는 것을 함의했다. 이에 비해 미국에서 성장한 자녀들은 정도의 차이는 있지만 인종 차별이 올바르지 않다고 생각한다. 그레이스의 언니는 엄마의 살인과 부모의 흑인차별을 용납하지 못했다. 앞 장에서 피해자 가족이 애도의 방식 때문에 충돌했다면, 가족생애사와 결부된 가해 가족서사 부분에서는 '가해 인정과 흑인차별의 찬반'을 매개로 한인가족이 세대 간 충돌하는 것이 핵심이라는 점이 독자에게 환기되는 효과가 있다.

"이것이 정당한 보복이라 여기는 사람들에게 뭐라고 할 건가요? 당신 어머니가 10대 여자애를 죽이고 아무런 처벌도 받지 않았다고 생각하는 사람들에게?" (…중략…) "그 여자애가 먼저 쳤다고요. 엄마를 때렸어요. 그리고 그거 알아요? 그 앤 말라빠진 어린애가 아니었어요. 165센티미터에 61킬로그램이었다고요!" (…중략…) "난 스물일곱이고 지금 165센티미터예요. 내 체중이 60킬로그램인데, 엄마보다 몸집이 커요. 어떤 야만적인 180센티미터에 열다섯 살 애가 당신을 때리면 어떻겠어요? 자신을 방어할 거죠? 그럴 거예요. 고등학교 다니는 깡패가 머리를 때리면 그게 애라는 걸 잊을 거라고요." 남자가 눈을 휘둥그레 뜨고 믿을 수 없다는 듯 킥킥거리자 그레이스는 화가 치밀었다.

"이건 정당방어 사건이 아니었어요. 당신네 어머니는 살인으로 기소되었다고요. 법정에서 유죄 판결을 받았어요."

"엄마는 충분히 고생했어요."

"아동 살인으로 말인가요?" (스테프 차, 2021: 179~180)

그레이스의 의식변화 두 번째 단계는 '이본 총상사건'이라는 서사장
치에 의해 이루어진다. 엄마 이본이 한인마켓 주차장 앞에서 차에
탄 복면 남자에게 총을 맞고 엄마가 과거 1991년 에이바 살해사건의
가해자라는 사실이 언론에 보도된 시점이다. 이 단계에서 그레이스는
순식간에 사회에서 가해자의 가족, 살인자의 딸이 된다. 엄마가 가슴
에 총상을 입고 수술 후 코마 상태에 있는 상태에서 그녀는 해당 사건
영상과 보도 자료 등을 샅샅이 찾아봤다. 그레이스는 "머릿속에서 비
명을 질러 대는 괴로움을 잊고 싶"(스테프 차, 2021: 174~175)어서 미리
엄의 집에서 나와 산책을 하고 있는데 『액션 나우』의 이반 하우드
기자가 등장해 이본의 사건이 에이바 살해사건에 대한 "정당한 보복"
이 아닌지 물었다. 분노한 그레이스는 엄마의 편에서 엄마보다 덩치가
더 큰 깡패의 폭행에 대한 엄마의 불가피한 대응이었다고 항변했다.
이 장면이 다 찍혀 언론, 유튜브 등 미디어에 보도되면서 그레이스는
살인자의 딸일 뿐만 아니라 "인종 차별주의자"로 낙인찍힌다. "27년
인생에서 처음으로, 그레이스는 미움 받는 느낌이었다. 온몸이 뜨겁
고, 살갗이 참을 수 없이 따끔거렸다. 아무에게도 상처 주지 않았는데
누가 못 마땅히 여긴다고 생각하면 미칠 것 같았다."(스테프 차, 2021:
183) 하지만 피해자의 동생인 숀이 그레이스의 영상을 보게 되면서
그는 또 다시 누나의 죽음이 가해자 가족에 의해서 부정당하는 상처를

입게 된다. '이본 총상사건'으로 28년 만에 다시 사죄와 용서의 문제가 부상한 것이다.

이본의 소재가 파악되고 살인범이었다는 점이 다시 공론화된 이 단계에서 손에게 이본 총상사건은 28년 만의 뒤늦은 '정의의 실현'이 었고 그레이스의 영상은 피해자 유족의 분노를 자아내는 일이었다. 반면, 그레이스는 엄마의 범죄 사실을 마주하고 에이바 사건의 책임 소재와 사죄에 대한 입장을 분명히 해야 하는 윤리적 국면에 처해졌 다. 그레이스는 가해가족으로서 살인의 '공동책임'을 져야 했지만 그 녀 역시 부모 때문에 사회적 낙인이 찍힌 '피해자'였다. 또한 그녀는 죄 지은 부모와 함께 사는 '자식'이기도 했다. 이러한 삼중의 고통 속에서 그녀는 언니와 달리 딸 입장에서 엄마가 '불가피한' 살인을 저질렀고 충분히 대가를 치렀다고 항변했지만 세상은 인정하지 않았 다. 그레이스의 모습은 이해관계가 얽혀 있는 인종사건의 가족이 겪어 야 하는 윤리적 딜레마를 독자에게 보여주는 효과가 있다. 이런 상황 에서 그녀가 겪는 고통은 과거 부모가 겪은 고통을 일부 추체험하는 것이기도 했지만, 사회적 비난을 받으면서 그녀는 인종 갈등이 자신의 삶의 문제이며 가해자와 피해자의 입장을 모두 생각해야 한다는 점을 깨닫는 단계로 접어들게 된다. 가해 가족의 사죄의 기반이 조성되기 시작한 것이다.

"이모는 아무 말 없었지만, 무겁게 고개를 끄덕였다. 이 여자는 어떻게 감히 그들 집에 찾아와 부당함이 어쩌니 말하면서 그의 누나를 방금 발견 한 시체 취급하는 것도 모자라 그들에게 그 시체를 처리하게 도와 달라고

하는 것인가. 그들은 이미 그 시신을 천 번도 넘게 묻었는데. 누나를 망각되지 않게 하기 위해, 그들이 아는 유일한 방법에 최선을 다했는데." (스테프 차, 2021: 262)

세 번째 의식 변화 단계는 그레이스의 사죄와 1차 화해의 시도이다. 인종 차별주의자로 낙인찍힌 그녀도 엄마의 과거 행동과 자신의 발언에 죄책감을 느껴 에이바를 다룬 『이별의 왈츠』를 쓴 백인 신문기자 줄스 서시를 통해 실라 이모집까지 찾아가 퇴근한 숀과 만나게 된다. 사과하지 않은 엄마 대신 그레이스는 자신이 사과를 하고 용서를 받고자 했다. 하지만 숀은 "한정자는 근 30년 동안 사과 안 했어요. 대신 거짓말을 해서 실형을 피하고 사라졌지. 우리 쪽을 한 번 쳐다보지도 않고. 그래요, 우리도 그걸 받아들일 만큼 바보는 아니라우."(스테프 차, 2021: 260~261)라며 화를 냈다. 숀에게 그레이스의 방문과 어설픈 사과는 "침범이나 다름없었다"(스테프 차, 2021: 263). 피해 유가족은 28년 동안 에이바의 죽음을 수천 번 떠올리고 고통을 느끼고 추모했는데, 그레이스는 자신의 현재의 고통을 잊기 위해 사실을 알자 곧바로 유가족에게 용서를 바라고 찾아온 격이었다. 게다가 앞서 말했듯이 숀도 그레이스의 영상을 봐서 그녀의 입장을 알고 있었다. 그녀의 방문은 자신의 마음이 편해지기 위해 다시 유가족에게 고통을 주는 행위였다. 당사자의 진정어린 사과가 아니면 피해 유가족은 받아들일 수 없었다. 사실 그레이스의 언니도 사실을 알았을 때 피해자를 수소문했지만 직접 방문은 예의가 아니어서 하지 않았는데 그레이스가 단독 행동을 한 것이다. 이와 같이 28년 만에 이루어진 가해자 가족의 사죄 시도의 단계에서 '올바르고 진정한' 사과의 '방법' 문제가 독자에게 가시화된다.

네 번째 단계는 이본의 총격범인이 대릴(16세)이라는 사실이 밝혀지면서 가해와 피해의 관계가 전복되는 시점이다. 엄마 이본의 총격 용의자로 숀의 사촌형 레이가 체포됐는데, 며칠 후 그레이스는 진짜 범인이 숀의 조카이자 레이의 아들인 대릴이라는 것을 알게 된다. 원래, 대릴이 총격 가해자인 것이 밝혀지기 이전 상황일 때는 레이가 구속되면 다시 세상에 나오기 힘들기 때문에 그레이스가 과거 엄마의 살인에 대한 사죄의 의미로 도움을 주기로 했다. 숀도 가족 레이를 지키기 위해 그레이스의 증언을 과거 누이의 죽음에 대한 용서의 의미로 받아들이기로 했다. 하지만 건강을 회복하는 듯 했던 이본이 패혈증으로 사망하고 장례식 날 레이의 기소도 결정되었다. 이런 상황에서 그레이스는 아버지가 혼자 갖고 있던 가게 CCTV를 통해 범인이 숀의 조카 대릴이라는 사실을 알게 되고 격분하게 된다. 그리고 이 무렵 가출한 대릴을 만난 숀도 조카의 범죄를 인지했다.

이 작품에서 '이본 총상사건'과 그 '범인이 숀의 조카 대릴'로 상정된 것은 이 소설의 가장 중요한 대목이다. 이본 총상사건은 가해자였던 이본이 이제 피해자가 된다는 것을 의미했다. 더욱이 그 가해자가 낯선 타인이 아니라 과거 피해 유가족 중 한 명이라는 것은 사건이 사적보복, 보복살인 시도일 뿐만 아니라 '가해와 피해의 관계가 전복'된다는 것을 의미했다. 피해자 유가족이 이제 가해자가 되고 가해자가 피해자가 되는 격이다. 이로 인해 가해자와 피해자의 사과와 용서의 딜레마가 발생한다. 화해의 불/가능성 문제가 부상하게 되는 것이다.

이러한 현실을 마주한 그레이스의 의식변화와 대응이 매우 주목되고 중요하다. 이러한 설정은 그레이스뿐만 아니라 독자에게 상반되는 입장이 되어 인종 문제를 바라보고 성찰하도록 권하는 서사효과가 있다.

"그레이스도 가게 비디오를 보기 전까지는 그렇게 생각했다. 지난밤 늦게, 그 아이를 실라 할러웨이의 집에서 본 기억이 떠올랐다. 여동생쯤 되는 아이와 거실에 있었다. 실라가 그레이스를 맞이했을 때 애들은 티브이를 보고 있었고, 실라가 숙제하러 들어가라고 하기 전까지 그레이스를 빤히 보고 있었다. 실라의 손주들이라고 했다. 그렇다면 레이나 숀의 아들이었다.

그레이스는 덩컨 그린의 글에 충격을 받았다. 교도소에서 흑인 여성이 자살했는데 페이스북에서 사람들이 살인이었다고 주장할 때처럼, 지나친 반응이라 여겼다. 그레이스는 별생각 없이 세상은 공정하고 이성적이라고 믿었다. 사회를 작동시키고 안전하게 만드는 시스템과 구조가 존재했고, 그런 것을 잘 이해하지 못하면서 무턱대고 믿지 않을 수도 없었다. 하지만 이번에는 알 수 있었다. 시스템이 실패했다. 분란을 일으키고 음모론을 만드는 사람들, 그들이 옳았다." (스테프 차, 2021: 333)

다섯 번째 단계는 그레이스의 미국사회의 인종 구조 인식과 2차 화해의 시도이다. 작품 초기 흑인 살해사건은 자신의 삶과 무관하다고 여겼던 그레이스가 가게 비디오에서 숀의 조카를 발견하면서 대릴에게 크게 분노하게 되지만 '인종 차별이 시스템 실패에서 기인했다'는 것을 자각하게 된다. "세상은 공정하고 이성적이라고 믿었"지만 "사회를 작동시키고 안전하게 만드는 시스템과 구조"는 모두에게 동일하게 작동하지 않았다. 그 결과가 미국 주류 백인사회 하에서 엄마 이본의 에이바 살해였고, 손의 조카 대릴의 이본 살해였다. 시스템은 개선되지 않고 사회적 약자의 위치에 있는 소수인종 간 갈등과 반목이 반복되었다. 그레이스는 "시스템이 실패했다. 분란을 일으키고 음모론을 만드는 사람들, 그들이 옳았다."는 것을 깨달았다. 이러한 자각이 이루어진다면 가해와 피해의 직접 이해당사자 간 사과와 용서는 필수적으로 이루어져야 했다. 하지만 당사자 이본이 사망하고 레이는 구속, 레이의 아들 대릴은 가해자인 상황에서 그것은 가능한가.

이와 같이 나는 그레이스의 의식변화와 사건이해의 확장이 '가해와 피해의 전복, 가해/피해자의 사죄와 용서, 2차 화해'의 문제로 나아가는 점을 주목했다. 작가는 이 문제를 한층 더 심도 있게 논하기 위해 작품 결말 부분에 LA 경찰청 앞 실라 이모가 주도하는 '레이 기소 반대 및 흑인 차별 반대 시위'라는 서사장치를 매개로 손과 대릴, 미리엄과 그레이스를 배치해 가해/피해자가 시위 현장에서 대면케 되는 설정을 했다. 범인 대릴을 찾는 미리엄과 그레이스 앞에서, 손은 살인자 조카를 위해 "내가 애원하길 바랍니까? 무릎을 꿇고 자비를 구하길 바라는 거예요?"라며 한쪽 무릎을 꿇고 땅을 내려다봤다(스테프 차, 2021: 386). 그런데 이 단계에서 '레이 기소 반대 및 흑인 차별 반대 시위' 현장에서 가해/피해자 대면이라는 서사장치는 두 가지 효과가 있었다. 이는 일차적으로 피해와 가해 당사자의 전복된 사죄와 용서의 문제를 직접 제기했을 뿐만 아니라 이차적으로 흑인 차별 반대를 지지하는 집단이 시위 현장에서 등장하면서 인종 갈등이 개인의 차원을 넘어 '집단'의 화해 문제로 확대되고 있다.

먼저 전자, 개인 간 사죄와 용서 문제를 살펴보면, 숀과 대릴이 미리엄과 그레이스를 만나기 전, 숀은 이본을 죽인 대릴에게 "넌 이모를 알지도 못하잖아."라고 힐책했다. 대릴은 에이바 이모가 "내 가족이 잖아."라고 말하지만 "숀에게는 무의미한 허풍 같았다. 10대 깡패의 가족 운운. 차를 타고 남의 집 창문에다 대고 외칠 소리. 대릴은 에이바를 사랑하지 않았다. 단순히 에이바를 위해 사람을 쏜 게 아니었다." 숀은 조카에게 "에이바는 내 누나였어. 누나가 죽었을 때 내가 알던 모든 게 무너졌어. 예전엔 그 여자를 찾아가는 꿈을 꿨어. 굴욕감을 주고. 죽이는 꿈을. 너 나보다 더 그러고 싶었다는 거냐?"(스테프 차, 2021: 347)라고 했다. 16세의 대릴은 18년 전 사망한 에이바를 본 적도 없고 이본 살인에 에이바는 구실에 불과했다. 대릴의 행위는 16세 갱단의 허세이자 백인 경찰에 의한 알폰소 쿠리얼 사망에 대한 인종보복이었고 숀과 아버지 레이의 삶을 망가뜨린 데에 대한 사적 보복이었다. 대릴을 만난 그레이스도 나이를 물으며 "그럼 아주머니를 모르는구나, 그렇지?" "네게 그분은 개념일 뿐이지."(스테프 차, 2021: 389)라고 했다. 슬프게도 에이바는 누적된 인종 갈등의 분노와 사회적 적대감을 표출하는 매개수단 중 하나였던 것이다. 숀도 그레이스도 이 사실을 깨달았다. 그리고 살인과 복수, 보복살인이 다시는 반복되지 않아야 했다. 그래서 그레이스는 복수하려는 것이 아니라 어른으로서 대릴이 잘못을 깨우치도록 다음과 같이 현실적으로 일깨워준다. "엄마가 끔찍한 짓을 한 건 알고 있어. 하지만 내 엄마였어. 너는 엄마가 있잖아.

그게 무슨 의미인지 알아? 넌 내게서 그걸 앗아 간 거야."(스테프 차, 2021: 390) 일련의 사건을 모두 겪은 그레이스는 복수 대신 어렵게 용서와 화해를 택했다. 그레이스의 사건이해와 의식변화, 해결의 노력은 이 단계에까지 접어들었다.

　한 남자의 목소리가 울렸다. "젠장, 저거 그 여자 아니야?" (…중략…) "여기 오다니 대단하네." 누가 그레이스에게 들으라고 외쳤다. "쓰레기 같은 인종 차별주의자." 연달아 야유와 혐오가 쏟아졌다. 그레이스는 어쩔 줄 몰라 어지러웠다. (…중략…) 모두 이 짜증나고 성가신 여자 때문에 함께 모인 로스앤젤레스 사람들이었다. 그들은 화를 내고 있었고, 그 여자는 분노하기 쉽게 만들어줬다. 인종 차별주의자 살인자의 인종 차별주의자 딸, 그 여자가 터져 나오는 분노의 초점이 됐다. (…중략…) 하지만 새로운 도시는 어디 있을까? 그리고 누가 선한 사람들일까? 로스앤젤레스, 여기가 그곳이어야 했다. 서부의 끝, 태양의 땅, 약속받은 곳. 이민자, 난민, 도망자, 개척자의 종착지. 어머니와 누나가 살다가 죽은 숀의 고향이 그곳이었다. 하지만 숀은 떠났고, 그가 알던 사람들 대부분도 그랬다. 거기서 태어난 아이들이 폭력과 물가에 쫓겨났다. 그리고 남아 있는 이들의 얼굴에서 공포와 불화가 보였다. 호감과 관용, 진보와 이웃사랑을 대표하던 이 도시는 사람들을 쫓아내고 굶기고 죽인 곳이기도 했다. 터져 나갈 듯 도시가 헉헉거리고 숨을 몰아쉬는 것도 이상하지 않았다. 이 도시는 사람과 같았고 사람에겐 한계가 있었으니까. 한 여자가 앞으로 나오더니 두 자매 사이 어디쯤에 침을 뱉었다. 상황을 휴대전화에 녹화하던 젊고 열정적인 백인 여자였다. "당신들이 바로 이 나라의 온갖 문제야." 그녀가 외쳤다. (스테

프 차, 2021: 391~393)

하지만 후자, 집단 간 사죄와 용서의 문제로 살펴보면 인종 갈등은 직접적 가해와 피해 당사자만의 문제가 아니라는 것이 독자에게 사회화되고 있다. 이 점을 부각하기 위해 작가는 '레이 기소 반대 및 흑인 차별 반대 시위'를 서사장치로 활용했다. 그레이스와 숀 일행의 대화의 장소가 이 시위 현장이었듯이, 사회에는 인종이 속한 커뮤니티가 엄연히 존재했다. 숀과 그레이스가 대릴에게 넌 당사자가 아니라고 해도, 소속 커뮤니티의 사람들은 자신도 '당사자'라고 외치고 있다. 대릴이 넓게 보면 유가족이기는 했지만 직접적인 사건의 당사자가 아니었는데 보복 범죄를 한 것처럼, 인종 커뮤니티는 차별과 피해를 자신의 일처럼 여겼다. 차별 받고 있다고 여기는 인종의 누적된 분노와 적대 감정이 유가족 외에도 실재했다. 인종문제는 집단 간의 문제이기도 했던 것이다. 그래서 작가는 '가해와 피해의 실제 내막을 잘 모르면서도 그레이스에게 인종차별주의자 낙인을 찍고 분노를 풀려고 하는 흑인 차별 반대 집단과 그레이스, 미리엄을 대면케 하는 서사장치를 통해 인종 갈등이 집단 및 사회 문제라는 점을 각인하고 사회적 현안으로서의 인종 갈등과 해결의 불/가능성을 독자 앞에 현현케 했다.

특히 이 시위는 평소 연대와 반차별·반폭력을 주창하던 실라 이모가 레이의 기소를 막기 위해 주도한 행사였다. 그렇다면 이 시위는 평화적이어야 했다. 그런데 작가는 숀의 시선을 빌어 실라 이모를 다음과 같이 평가했다. "그녀는 숀이 아는 가장 좋은 사람이었다. 자비

없는 바다에서 그를 붙잡아주고 셀 수 없이 구해준, 가장 선하고 후하며 이타적인 영혼이었다. 실라 이모는 숱한 고통을 겪었지만 자기 아픔의 뿌리를 뽑아 알지도 못하는 사람들의 상처를 치유하는 약을 만들었다. 그런데 어떻게 되었나? 더 큰 슬픔, 더 큰 고통뿐이었다."(스테프 차, 2021: 383) 손은 실라 이모의 노력조차도 효과가 없다고 평가했다. 시위가 폭력으로 이어졌기 때문이다.

차별 반대 운동가로 전신한 실라 이모의 연대의 노력은 그만큼 가치가 있어서 이 시위 현장에는 흑인뿐만 아니라 '백인 지지자'도 모였다. 하지만 그 흑인과 백인 지지자가 무엇을 했는가? 이들은 그레이스와 미리엄에게 극악한 혐오의 표현을 하며 폭력을 휘두르기 위해 다가서고 있었다. '흑인 차별과 폭력'의 반대자들이 또 다른 타인에게 폭력을 서슴지 않는다. LA 경찰청 앞 2019년의 이 모습은 1992년 LA 폭동 당시의 모습과 별반 다르지 않았다. 대릴이 에이바를 빌미로 자신의 사회적 적대감을 살인으로 표출했듯이, 이 자리의 시위자들도 그레이스와 미리엄을 자신들의 분노의 제물로 삼으려 했다. 이러한 국면에서는 에이바의 죽음을 추모하며 다시 동일한 사건이 반복되지 않기를 바라던 실라 이모의 애도 방식이 갖는 의미와 효과가 무화되고 마는 것이다. 애도도 화해도 성립되지 않는다.

그래서 이 순간에 손은 시위자 앞을 가로 막고 다음과 같이 생각하고 행동했다.

"이 무리가 자매에게 분노를 터뜨려봐야 무슨 소용인가? 대릴에게 문제만 생길 뿐이지, 아무런 도움도 될 수 없었다. 쓸 데 없는 인간들. 로스앤젤레스 시청과 경찰서, 법원이 바로 거기 있었다. 그들은 체제의 심장부에서 어머니를 애도하는 두 여자에게 돌을 던지고 있었다. '이건 아무것도 아니에요.' 숀은 크게 외쳤다. '당신들이 아무 노력도 없이 위로받으려고 하는 행동이죠. 뭔가 바꾸고 싶다면, 우린 놔두고 정말로 '뭔가' 해봐요.'." (스테프 차, 2021: 394)

이 말처럼 제물로 낙인찍힌 대상에 대한 순간적인 분노의 표출 방식으로는 인종 갈등은 전혀 해소될 수 없는 문제였다. 가해자였지만 피해자가 된 그레이스의 엄마의 죽음도 애도 받지 못했다. 숀에 의해 그레이스에게 가해지는 폭력은 막아지지만 시위자들은 캘리포니아 주기(州旗)와 나무 등을 불태우며 다른 곳에 폭력을 행사했다.

이러한 위기적 결말의 국면을 통해서 이 소설은 피해와 가해의 직접 당사자 간에 살인이라는 비극적인 사건을 매개로 가까스로 이루어진 용서와 화해의 노력에도 불구하고 인종 집단 간 화해의 가능성은 요원하다는 것을 독자에게 제시하는 문학적 가치가 있다. 그러면서 이 작품은 집단 간 인종 갈등 속에서 각각(에이바, 한정자)의 죽음이 양 진영에서 인정되지 않고 제대로 애도 되지 않는 것을 포착한다. 인종 갈등 하에서 인간의 죽음과 존엄성이 훼손되고 있다. 또한 흑인을 향한 폭력과 차별을 반대하는 시위가 길거리의 폭력으로 이어지는 모습은 지금 여기에서 반복적으로 확인되는 인종 갈등의 방식이다. 그만큼 미국 내 인종 갈등은 현재진행형이며 역사적으로 뿌리 깊은 사회구조적 문제라는 점이 환기된다.

정리하면, 2장의 '피해자 유가족의 분노와 애도'에 대비하여 3장의

'가해자 가족의 사과와 용서'는 궁핍하고 고단한 흑인의 생애와 달리 부모의 돌봄으로 부족함 없이 성장한 이민 한인 2세 그레이스가 엄마의 충격적인 총상과 함께 엄마의 흑인 살해라는 충격적인 사실을 연이어 접하면서 겪는 의식 변화와 연동되어 있다. 또한 작가는 엄마에게 총을 쏜 범인을 피해 유가족의 일원으로 설정하여 피해 가족과 가해 가족의 관계를 전복시킨다. 이는 폭력의 악순환과 지속을 보여주는 것인 동시에 등장인물과 독자에게 인종 간 상반된 입장을 이해하며 사과와 용서의 문제를 넘어 인종 갈등에 대해 생각하게 하는 서사효과가 있다.

그래서 소설 결론의 마지막 단락에는 다음과 같이 기술되어 있다.

"곧, 그들은 앞으로의 일을 고민해야 한다는 걸 깨달았다. 뭐라고 말할지, 무슨 일을 할지, 알고 있는 사실을 안고 어떻게 살아가야 할지. 그때까지 그들은 불길을 함께 바라봤다. 열기와 화재를. 빙빙 돌며 춤추더니 공중으로 뛰어오르는 아이를." (스테프 차, 2021: 396)

이 얘기는 기본적으로 대릴이 범인인 것을 아는 상황에서 숀과 그레이스가 기소된 레이를 어떻게 해야 하는가의 문제다. 어린 대릴의 인생을 위해 범죄를 은폐하면 대릴의 아버지 레이는 살인자로 평생 감옥에 수감되어야 한다. 그러면 대릴은 살인과 아버지에 대한 죄책감으로 평생을 살아야 한다. 이와 달리 대릴을 경찰에 신고하면 대릴은 살인자로서 인생이 사실상 망가지고 만다. 그리고 이 두 가지 선택지 중 어느 쪽을 선택하든 숀과 그레이스의 가족은 에이바 살인 사건과 이본 살인 사건을 껴안고 생을 살아가야 한다. 등장인물들이 어떤 선택을 할지는 남겨둔 채 작품은 마무리된다. 인종 집단의 갈등은 쉽사리 해소되지 않기 때문에 우선 사건 당사자 간 개인의 문제 해결에 우선순위를 둔 것인데, 이것 역시 어떤 결론이 나든 양쪽 가족의 상처는 지워지지 않게 된다.

이와 같이 이 작품은 살인의 책임을 둘러싼 인종 갈등이 관련자에게 뿌리 깊은 상처를 심어주고 28년이란 시간이 지나도 당사자 간의 용서와 화해가 어려우며 구조적으로 누적된 인종 집단 간 불신과 혐오로 인해 해결이 요원하기 때문에 그만큼 더 근본적으로 시급히 해결해야 할 사회적 현안이라는 점을 사회화하는 문학적 가치가 있다. 해결책은 작가 일개인이 내놓을 수 없기 때문에 작가는 해답 대신 피해와 가해의 각 개인, 가족, 집단의 맥락에서 인종 갈등과 살인사건에 대응하는 서사 기획을 통해 독자가 다양한 관점으로 인종 갈등 현상의 복잡성을 이해하고 스스로 성찰할 수 있도록 기회를 제공했다.

4. 이민 2세 작가의 관점과 인종 갈등의 사회화

두순자 사건과 LA 폭동은 유명한 사건이지만 시간이 지나면서 그 사건과 교훈도 많이 잊혔고 이제 로드니 킹 같은 폭력사건은 오히려 흔하고 경찰의 총격 살인에 비하면 약과인 일이 되어 버렸다. 이러한 현실에서 2019년을 배경으로 1991년 두순자 사건을 소환한 『너의 집이 대가를 치를 것이다』는 인종살인 피해와 인종 갈등의 실상이 세상에 구체적으로 알려지고 사회적 기억으로 자리매김할 수 있도록 하겠다는 작가의 기획의도가 명확하다.[8] 누구의 관점에서 어떻게 기억할 것인가.

이 작품은 일차적으로 이민 2세 작가의 LA 폭동 인식을 드러내는 가치가 있다. 작품 속 이민 1세 한인 폴과 이본은 에이바 살해에 대한 잘못을 인정하지 않았다는 점에서 에이바의 죽음도 진정으로 애도하지 않았다. 이 관점이라면 LA 폭동도 흑·백 갈등이지 한·흑 갈등의 요인은 없게 된다. 실제로 한인 1세 중에는 LA 폭동의 원인에서 두순자 사건을 제외해야 한다고 생각하는 사람이 많다. 하지만 이민 2세 작가[9] 스테프 차는 에이바 살해 사건(=두순자 사건)이 LA 폭동으로 이어지는 서사를 구축해 은연중에 해당 사건이 흑인의 반한 감정을 초래했고 LA 폭동의 하나의 원인이었다는 것을 인정하고 있다. 작가

---

8) 2022년 4월 '4·29 LA 폭동' 30주년을 맞아 미국 캘리포니아주에 본부를 둔 화랑청소년재단(총재 박윤숙)은 16일 LA한국교육원 강당에서 재단 소속 청소년과 대학생 250여 명이 참가한 '4·29 LA 폭동 30주년 기념 정체성 세미나'(재외동포재단, LA총영사관 후원)를 열었다. 이 자리에 참석한 제임스 안 LA 한인회장은 "당시 여러분과 같은 또래의 부모님들은 총을 들고 지붕 위에 올라 사업장을 지켰다"며 "아직도 생생히 살아있는 그 기억은 단결만이 불공정한 행위의 집단을 막을 수 있다는 것을 말해준다"고 강조했다. 34지구 연방 하원의원에 도전하는 데이비드 김 변호사는 "이민 1세가 지키고, 일궈 놓은 한인사회를 차세대인 우리가 가꾸고 지켜야 할 의무가 있다"고 말했다. 세미나에 참가한 청소년들은 "소수민족으로 힘이 없어 고통 받았던 1세대들의 아픔을 기억하고, 차세대들이 그런 아픔을 겪지 않게 하기 위해서는 코리안 아메리칸의 정체성을 바탕으로 미래에 다가올 세상을 준비해야 한다."고 입을 모았다. 참석자의 발언 취지는 충분히 이해되지만 스테프 차의 『너의 집이 대가를 치를 것이다』를 읽은 독자라면 이런 입장이 인종 갈등 개선에 큰 도움이 되지 않는다는 것을 깨달았을 것이다. 「LA폭동 30년 앞두고…한인청소년들 "진상 규명보다 화합" 모임」, 『연합뉴스』, 2022.4.19.

9) 한국계 미국인(이민 2세) 작가 캐시 박 홍(1976년생)은 두순자 사건을 LA 폭동의 한 원인으로 인정했다. 두순자에 의해 살해된 라타샤 할린스(Latasha Harlins, 15세)는 사망 당시 인종만 다를 뿐 캐시 박 홍의 나이와 같은 또래였다(캐시 박 홍, 2021: 89~96).

의 세대적 위치와 관점이 효과적으로 활용될 수 있도록 소설에 가족생애사라는 서사전략이 도입되었다.

또한 살인의 잘못의 불인정과 미국 사법의 불공정한 법 집행은, 인종 간 벌어진 살해 사건의 불완전한 해결 과정과 진정한 애도의 구조적 실패를 의미했다. 이는 미국사회의 인종 차별과 위계 구조를 보여주는 이차적 가치가 있다. 그리고 이 인종 차별과 위계 구조가 계속되기 때문에 애도가 지연될 뿐만 아니라 사회적 반감이 높아지고 폭력과 살인, 폭동이 되풀이되는 점이 상기되고 있다. 특히 작가는 '백인 경찰의 총격으로 흑인소년 알폰소 쿠리얼이 사망한 사건과 한인 이본 박의 총상 사건이 일어난 2019년'을 '로드니 킹 사건과 에이바 사건이 일어난 1991년'과 연계하는 서사구조로 흑인 차별과 폭력이 지금 여기에도 지속되고 있다는 것을 드러냈다. 그래서 사회적 차별의 구조 하 피해 유가족의 '충돌하는 애도 방식'의 서사장치는 기억의 주체와 내용의 성격과 결부되어 애도의 불/가능성 문제로 이어졌다.

이처럼 피해자의 죽음이 모욕되고 존중받지 않는 상황에서 '작가는 인종 간 화해와 화합은 가능한 것일까'라는 문제의식으로 나아간다. 1991년의 총격 가해자가 2019년에는 총격 피해자가 되는 서사는 피해 유가족의 사적 보복과 가해와 피해의 전복을 매개로 구체화되었다. 그리고 LA 폭동처럼 인종 집단의 사회적 적대감이 시위에서 폭력으로 분출하는 장면의 2019년 재연은 사적 보복을 넘어서 사회적 폭력 및 집단 갈등, 인종 폭력의 심각성이 각인되었다. 특히 흑인이 백인사회의 사법 정의의 불공정을 지적하고, 그레이스의 아버지 폴이 LA 폭동 당시 경찰도 한인을 버렸다고 비판하는 대목에서 '백인—흑인—아시아계 이민자' 간 인정투쟁과 사법 갈등, 상호 불신이 재확인된다. 미국 내 인종위계 하 구조적 차별과 소수인종 간 충돌의 구조가 개선되지 않기 때문에 그레이스의 각성과 반성, 사죄와 화해의 시도 과정에도 불구하고 작품에서 집단 간 인종 갈등과 폭력은 전혀 해소되지 않는다.

이처럼 이 작품은 인종사건 당사자와 가족의 삶과 고통을 독자에게 잘 보여주고 이해시키는 방식으로 두순자 사건, LA 폭동, 이본 총상사건을 구성했을 뿐만 아니라 인종 집단 갈등의 현재성을 사회화하는 가치가 있다. 여기서 사회화란 단순히 사건의 재연이 아니라 다양한 입장을 통해 인종 문제를 인지하게 된 독자가 여전히 현재진행형인 인종 문제에 어떻게 대응할 것인가 하는 문제의식을 포함한다. 그래서 소설의 "곧, 그들은 앞으로의 일을 고민해야 한다는 걸 깨달았다. 뭐라고 말할지, 무슨 일을 할지, 알고 있는 사실을 안고 어떻게 살아가야 할지. 그때까지 그들은 불길을 함께 바라봤다. 열기와 화재를. 빙빙 돌며 춤추더니 공중으로 뛰어오르는 아이를."이란 마지막 문장은 단순히 그레이스와 손에게 주어진 과제를 의미하는 게 아니라 작가가 독자에게 던진 질문이기도 했다.

그래서 이 작품은 작가가 이 소설을 통해 인종 갈등의 세계를 독자에게 사회화하고 이러한 세계를 숙지한 독자가 지금 여기의 일상에서 인종 문제를 마주하고 각자 어떻게 사고하고 대응할 것인지 숙고해보도록 과제를 던지는 문학적 가치를 확보하고 있다. 작가는 인종과 관련해 '타자를 상상'하는 하나의 방식[10]을 독자에게 제시한 셈이다.

---

10) 흑인작가 토니 모리슨도 인종 차별주의 해결을 위한 타자의 상상을 중시했다. "일과 삶이

다만, 작가가 28년에 걸친 피해/가해 가족생애사 서사전략을 취해 피해자 흑인 집안과 가해자 한인 집안의 대비를 아주 명확히 하면서 백인 이외 인종 간 사회적 위계와 경제적 여건을 분명히 하는 데 성공했지만, 이 과정에서 피해 흑인과 가해 이민 한인의 모습이 의도치 않게 고착화되어 독자에게 전해질 여지가 있다. 이 작품에서 흑인은 무지한 (잠재적) 범죄자이고 이민 한인은 성실하게 노동하여 성공한 소수 아시아계 이민자의 형상을 갖는다. 이 같은 인종 편견의 고착화의 우려에도 불구하고 '흑인과 한인'의 관계가 아니라 '흑인—한인—백인'의 관계에서 이 작품을 살펴보면, "27년 인생에서 처음으로, 그레이스는 미움 받는 느낌이었다. 온몸이 뜨겁고, 살갗이 참을 수 없이 따끔거렸다. 아무에게도 상처 주지 않았는데 누가 못 마땅히 여긴다고 생각하면 미칠 것 같았다"(스테프 차, 2021: 183)는 부분에서 작가는 모델 마이너리티로 살아왔던 그레이스가 인종 위계제적인 미국사회에서 지배적인 인종이 결코 될 수 없다는 엄혹한 사실을 말하고 있다. 이런 점에서 스테프 차가 모델 마이너리티 신화를 강화했다기보다는

우리에게 요구하는 문제들을 감히 해결하려 들기 전에 우리는 최선을 다해 타자를 상상해야 한다. 우리의 편의, 재미, 안전은 타인의 결핍을 바탕으로 하고 있다. 배고픈 이들을 먹이지 않으면 그들이 우리를 먹을 것이며 그들에게 교육을 제공하지 않으면 그들이 스스로 교육하고 배워서 우리가 아는 모든 것을 위험에 빠뜨릴 것이다. 우리는 인종 차별주의를 버리는 상상(꿈)을 해야 한다. 내가 상대를 상대의 인종이나 계층, 종교 때문에 멸시하며 살아간다면, 나는 상대의 노예가 된다. 상대가 비슷한 이유에서 나를 증오하며 살아간다면, 상대가 나의 노예이기 때문이다. 우리가 꿈을 꾸어야 그 꿈에 마땅한 무게와 범위와 수명을 부여할 수 있다. 그래서 누가 살고 누가 그러지 못하는지, 누가 번영하고 누가 그러지 못하는지에 대한 여러분의 생각과 해법, 방향, 선택이 여러분이 선택한 '신성한 목숨'(=자신의 인생, 인용자)만큼의 가치가 있기를 바란다."(토니 모리슨, 2021: 392~403)

미국 내 인종지형도 하에서 그것의 굴절과 한계점을 드러내고 있다고 해석할 수 있다.[11]

사회적 기억화 작업에는 기억의 현재성과 과거 체험, 미래의 관계에 대한 숙고가 요청된다. 본질적으로 독자의 이해와 공감을 자아내기 위한 서사가 가진 딜레마가 있을 것이다. 이를 피하기 위해 작가도 가해자와 피해자 모두를 고려했다. 다만, 미국의 이민자와 달리 한국에 사는 독자는 LA 폭동을 잘 모르고 두순자 사건은 더더욱 기억하지 못한다. 미국 사정을 잘 모르는 한국 독자는 흑인에 대한 부정적 편견을 강화하고 이민 한인의 모범 소수 민족론을 재확인했을 수도 있다. 그럼에도 이민 2세 작가 스테프 차는 책 제목 '너의 집이 대가를 치를 것이다'처럼 인종 문제에 방관하고 무관심하다가 언제든 '피해 가족'이 될 수 있다는 점을 환기하고 사회적 기억 확산과 다양한 세대의 독자

---

11) 참고로 "LA 폭동의 이면에는 한·흑 갈등을 조장해 온 미국사회의 뿌리 깊은 인종주의가 있다. 1960년대 흑인 민권운동이 불타오르면서 백인 주류 사회는 아시아계 미국인을 이용해 흑인의 권리 주장을 잠재우고 백인 우월주의 사회를 합리화하려고 했다. 1960년대 중반부터 주류 미디어는 아시아계 미국인의 성공을 대서특필하면서 이들의 성공 원인을 노력과 근면을 숭상하는 아시아 문화에서 찾았다. 그 주장의 이면은 흑인의 빈곤과 어려움을 백인의 차별이 아니라 다분히 그들 자신의 미개하고 열등한 문화 탓으로 돌리려는 의도가 숨어 있었다. 이 아시아계 '모범 소수자' 신화는 단지 흑인의 민권운동을 비난하는 것을 넘어 흑인과 한인 사이의 갈등을 키워 가는 역할을 했다. 모범 소수자라는 신화와는 다르게 실제로 한인 이민자들의 삶은 나아지지 않았다. 한인을 비롯한 아시아계 미국인에 대한 사회적 차별은 개선되지 않았던 것이다. 한인 이민자가 여타 이민자들에 비해 높은 비율로 세탁업이나 식품점 등 자영업에 종사한 이유도 유색 인종 이민자에 대한 차별 때문이었다. 이들은 스스로 코리아타운을 형성해서 그들만의 경제권을 만들거나, 백인 상업지역을 피해 흑인이나 라틴계 주민의 거주지역에 상점을 열어 생계를 이어 나갔다. 하지만 주민들은 한인의 진출을 자신들에 대한 또 다른 차별로 받아들였다. 한인 자영업자와 흑인의 갈등은 이미 1970년대부터 서서히 싹을 키워 가고 있었다." 손인서(2022. 4.19), 「LA 폭동은 미국 한인사회를 각성시켰다」, 『가톨릭뉴스: 지금여기』.

의 바른 이해를 돕기 위해 개인—가족—집단의 시선을 생애사적으로 포착하는 문학적 시도를 감행하여 사건 이해를 다각화하며 사회 성원의 화합과 평화를 제언하는 사회파 범죄소설을 창출했던 것이다.

참고문헌

『연합뉴스』.

김진영(2012), 「로스앤젤레스 코리아타운의 발전과 한국문화」, 임영상 등, 『코리아타운과 한국문화』, 북코리아, 33~52쪽.

낸시 에이벨만·존 리, 이주윤 역(2020), 『블루 드림즈: 한국계 미국인과 로스앤젤레스 폭동』, 소명출판.

손인서(2022), 「LA 폭동은 미국 한인사회를 각성시켰다」, 『가톨릭뉴스: 지금 여기』, 2022.4.19.

스테프 차, 이나경 역(2021), 『너의 집이 대가를 치를 것이다』, 황금가지.

알리 라탄시, 구정은 역(2011), 『인종주의는 본성인가』, 한겨레출판(주).

장태한(2004), 『아시아 아메리칸: 백인도 흑인도 아닌 사람들의 역사』, 책세상.

장태한(2012), 『미국의 흑인, 그들은 누구인가』, 고려대학교 출판문화원.

최협(2011), 『다민족사회, 소수민족, 코리안 아메리칸』, 전남대학교 출판부.

캐시 박 홍, 노시내 역(2021), 『마이너 필링스』, 마티.

토니 모리슨, 이다희 역(2021), 「우리는 최선을 다해 타자를 상상해야 합니다」, 『보이지 않는 잉크』, 바다출판사.

지은이 소개

김선규: 중앙대학교 다빈치교양대학 교수로 재직하고 있으며, 서양철학을 전공하였다. 주요 저서로는 『AI시대, 행복해질 용기』(공저)가 있으며, 주요 논문으로는 「모더니즘 이후의 정체성, 연속성, 패러독스」, 「자유주의적 다문화주의에서 문화와 관용의 문제」, 「정치관용 비판」, 「통합적 해석학 구상을 위한 시론」 등이 있다.

임밝네: 중앙대학교 사회복지학과 BK21 교육연구팀 연구교수로 재직하고 있으며, 프랑스 파리7 대학에서 이주와 민족 간 관계 사회학 박사를 취득하였다. 주요 논문으로는 「아동보호를 위한 재난 대응에 관한 연구: 프랑스의 재난 대응체계를 중심으로」, 「한국의 혼혈문제: '거절'에서 '가치부여'로」 등이 있다.

강진구: 중앙대학교 국어국문학과를 졸업 한 후 같은 대학 대학원에서 「한국 근대초기 소설론 연구: 우연성 논의를 중심으로」로 문학 박사학위를 받았다. 중앙대, 상지대, 남서울대, 선문대에 출강했으며, 중앙대학교에서 교수를 역임하다 현재는 제주대학교 탐라문화연구원의 학술연구교수로 재직하고 있다. 주요 저서

로는 『한국문학의 쟁점들: 탈식민·역사·디아스포라』, 『한국문학과 코리안디아스포라』 등이 있고, 주요 논문으로는 「한국사회의 반다문화 담론 고찰」, 「한국소설에 나타난 墨西哥(멕시코) 이미지 연구」 등이 있다.

손혜숙: 중앙대학교에서 현대문학을 전공하였고, 현재 한남대학교 탈메이지 교양융합대학 부교수로 재직하고 있다. 주요 저서는 『이병주 소설과 역사 횡단하기』가 있으며, 주요 논문으로는 「상실의 시대, 소년(들)의 재난 대응 양상」, 「송영 소설 연구」, 「인공지능 시대, 감정지능 교육 방안 고찰」 외 다수가 있다.

석창훈: 선문대학교 교양학부 교수로 재직하고 있으며, 종교학을 전공하였다. 주요 저서로는 『종교성 측정의 원리와 실제』(2022년 대한민국학술원 우수학술도서), 『종교적 인간』 등이 있으며, 주요 논문으로는 「Religiosity and Mental Health」, 「초국적 이주현상에 대한 환대의 종교사상」 등이 있다.

구본규: 한국교통대학교와 아주대학교에서 강의를 하고 있으며 사회문화인류학을 전공하였다. 저서로는 『초국주의: 국경을 넘나드는 삶의 방식』, 『한국다문화주의 비판(공저)』 등이 있으며 주요 논문으로는 「초국적인 사회적 장 내에서의 의료경험과 전략: 귀환재사할린한인의 사례를 중심으로」, 「귀환재러한인들의 침 치료 경험과 의료의 초국적 실천」 등이 있다.

차민영: 단국대학교 자유교양대학 영어교과 교수로 재직하고 있으며, 현대미국소설을 전공하였다. 주요 논문으로는 「제인 정 트렌카의 『피의 언어』에 나타난 초국가 입양 디아스포라」, 「다문화

교양교육 콘텐츠를 위한 영미소설: 엘리자베스 김의 『만 가지 슬픔』을 중심으로」, 「이창래의 『원어민』에 나타난 다문화주의 의 한계」, 「이창래의 원어민과 토니 모리슨의 재즈에 나타난 디아스포라적 양상」 등이 있다.

이행선: 국민대학교 교양대학 조교수로 재직하고 있으며, 현대문학을 전공하였다. 저서로는 『해방기 문학과 주권인민의 정치성』 (2019년 세종도서 우수학술도서), 『식민지 문학 읽기: 일본 15 년 전쟁기』, 『동아시아 재난 서사』(공저)가 있다. 주요 논문으 로는 「게오르규의 수용과 한국 지성사의 '25시': 전후문학, 휴 머니즘, 실존주의, 문명비판, 반공주의, 어용작가」, 「한국인 원 폭 피해자와 증언의 서사, 원폭문학: 김옥숙, 『흉터의 꽃』」 등이 있다.

[지 은 이]

김선규(중앙대학교 다빈치교양대학 교수)

임밝네(중앙대학교 사회복지학과 BK21 교육연구팀 연구교수)

강진구(제주대학교 탐라문화연구원 학술연구교수)

손혜숙(한남대학교 탈메이지 교양융합대학 부교수)

석창훈(선문대학교 교양학부 교수)

구본규(한국교통대학교·아주대학교 강사)

차민영(단국대학교 자유교양대학 영어교과 교수)

이행선(국민대학교 교양대학 조교수)

문화다양성연구총서 05

문화다양성과 문화 다시 생각하기

© 중앙대학교 다문화콘텐츠연구소, 2023

1판 1쇄 인쇄_2023년 04월 20일
1판 1쇄 발행_2023년 04월 30일

기획_중앙대학교 다문화콘텐츠연구소
지은이_김선규·임밝네·강진구·손혜숙·석창훈·구본규·차민영·이행선
펴낸이_양정섭

펴낸곳_경진출판
  등록_제2010-000004호
  이메일_mykyungjin@daum.net
  사업장주소_서울특별시 금천구 시흥대로 57길 17(시흥동) 영광빌딩 203호
  전화_070-7550-7776 팩스_02-806-7282

값 18,000원
ISBN 979-11-92542-35-5 93300